CB138929

As Profecias sem Mistério

Paiva Netto

As Profecias sem Mistério

Edição revista e ampliada pelo autor
(acrescida de uma segunda parte)

ELEVAÇÃO

Copyright © 2006 by Paiva Netto

Produção editorial: Equipe Elevação
Revisão: Equipe Elevação
Impressão: Mundial Artes Gráficas
Ilustração da capa: Pieter Paul Rubens
"A Derrota de Senaqueribe" — 1613

Capa e diagramação: Alziro Braga

Depósito legal na Biblioteca Nacional conforme
Decreto nº 1.825, de 20 de dezembro de 1907.

Dados Internacionais de Catalogação na Publicação (CIP)
(Câmara Brasileira do Livro, SP, Brasil)

Paiva Netto, 1941-
As Profecias sem Mistério / Paiva Netto. — 84. ed. rev. e ampl. (acrescida de uma segunda parte). — São Paulo : Elevação, 1998. — (Coleção O Apocalipse de Jesus para os Simples de Coração)

Bibliografia

1. Bíblia. N. T. Apocalipse — Crítica e interpretação 2. Profecias I. Título. II. Série.

05-5113 CDD-228.06

Índices para catálogo sistemático:

1. Apocalipse : Interpretação e crítica 228.06

ISBN 8575130501

Todos os direitos desta edição
reservados à Editora Elevação
Av. Rudge, 938 — Bom Retiro
São Paulo/SP — Brasil — CEP 01134-000
Tel.: (11) 3358-6868 — Fax: (11) 3358-6882

Amigos leitores,

O livro *As Profecias sem Mistério* foi revisto e ampliado pelo autor. A obra apresenta inclusões preciosas na primeira parte e capítulos inéditos na segunda. Chamamos a atenção à Mensagem da Legião da Boa Vontade (LBV) para a 49ª Sessão da Comissão do *Status* da Mulher, das Nações Unidas, Nova York — EUA, divulgada pela ONU, em seus seis idiomas oficiais (Inglês, Espanhol, Francês, Árabe, Russo e Chinês) a delegações de Estado e a organizações não-governamentais. Aliás, a LBV foi a primeira ONG brasileira a possuir o relevante *status* consultivo geral no Conselho Econômico e Social (Ecosoc). É o Brasil cumprindo seu valoroso papel de Solidariedade Ecumênica, no cenário internacional.

Paiva Netto aprofunda sua análise sobre os dramas mundiais, ocorridos nos últimos anos e décadas, unindo harmoniosamente acadêmicos, cientistas, religiosos, ateus e as mais diversas personalidades históricas, de épocas distintas, a exemplo do famoso líder marxista Luiz Carlos Prestes (1898-1990), bem como do renomado médico e político, atualmente na Pátria Espiritual, Dr. Adolfo Bezerra de Menezes (1831-1900), que alertam acerca das constantes ameaças de guerra nuclear, químicas e de outros tipos, sofridas por nosso Planeta, além dos cada vez mais flagrantes prejuízos provocados pelas mutações climáticas causadas pela desatenção humana para com a sua única morada, a Terra.

As idéias e os conceitos emitidos pelo escritor, preocupado em debater os sérios temas que aguçam o interesse dos povos, revelam respostas confortadoras aos Seres Humanos. Jamais percam a esperança, aconselhava o sempre lembrado Papa João Paulo II (1920-2005).

O autor do *best-seller As Profecias sem Mistério*, Paiva Netto, por sua vez, recomenda: "Sejam, pois, os nossos olhos Luz para que possamos descobrir as belezas espirituais do Apocalipse (...) que contém fraternas convocações à Perseverança, à Fé, às Boas Obras, à Oração, à Vigilância e à Obediência à mais elevada Ética".

Boa leitura!

Francisco Periotto — Jornalista

Sumário — Parte I

Sumário — Parte II

Respondendo Pedro e João
aos sinedritas, disseram: Não
podemos deixar de falar daquilo
que vimos e ouvimos. (...)
Importa antes agradar a Deus que
aos homens.

(Atos dos Apóstolos de Jesus,
4:19 e 20)

Se esta obra é de homens, não triunfará. Mas se é de Deus, não a combatais, pois estareis combatendo o próprio Deus.

Gamaliel
(Atos dos Apóstolos de Jesus, 5:38 e 39)

Apresentação

Na beleza da aurora, o cheiro do mar às margens do Tiberíades inebriava. À visão de um límpido céu, que apenas despertava com os primeiros raios de sol, unia-se o espelho verdejante das águas. Naquela manhã, era uma luz diferente a que dava brilho ao horizonte e aos discípulos de Jesus, ânimo renovado para o trabalho e a vida. Recuperavam-se do dramático desfecho da peregrinação de seu Mestre, cruelmente crucificado no Gólgota. Tomé, Natanael, Tiago, João e outros dois que o Evangelho não identifica haviam seguido Simão Pedro com o fito de pescarem. Na praia, um estranho dirigiu-se a eles: "Jovens, acaso tendes algum peixe?". Como a resposta fosse negativa, o desconhecido orientou-os: "Lançai a rede à direita do barco e achareis". Fizeram-no, e tal foi o resultado da pesca que nem podiam com o peso dela. João, o discípulo amado, falou então ao ouvido de Pedro: "É o Senhor!". Simão, que estava nu, vestiu-se e jogou-se ao mar. Os outros discípulos conseguiram, enfim, chegar à terra com o barco repleto. Encontraram já as brasas acesas e Jesus a lhes dizer: "Trazei alguns peixes que apanhastes". Simão Pedro subiu à embarcação e arrastou para a praia a rede, cheia, com 153 peixes grandes, e, apesar de serem tantos, ela não se rompeu. Os discípulos aceitaram o convite para comer, que o Mestre ressuscitado lhes fizera, mas não se atreviam a perguntar-Lhe a identidade, embora a soubessem. Foi essa uma das vezes que o Sublime Galileu apareceu entre os Seus discípulos depois da ressurreição. As anteriores haviam sido a Maria Madalena, no cemitério, aos dois que se dirigiam a Emaús e duas vezes entre os discípulos, uma das quais quando Tomé duvidara da aparição do Celeste Taumaturgo. Após a refeição, por três vezes Jesus perguntou a Simão Pedro: "Tu me amas?". E a cada resposta afirmativa, ordenava: "Apascenta as minhas ovelhas". Mencionou ainda que o chefe dos Apóstolos seria perseguido até a morte no cumprimento de Sua Missão: "Estenderás as mãos e outro te cingirá e te conduzirá aonde não queres ir". E novamente dirigiu-se a Pedro: "Segue-me", mas o discípulo virou-se e percebeu que João os seguia, ao que argüiu: "Senhor, e este?". Jesus determinou que não cuidasse da sorte do discípulo amado: "Se quero que ele permaneça até que eu venha, que tens tu com isso?". Divulgou-se então a notícia de que João não morreria. Mas o próprio Evangelista, em seus registros da Boa Nova, deixa entrever significado menos literal para aquelas palavras enigmáticas do Divino Mestre.

A ainda pouco conhecida mensagem do Apocalipse

De fato, como explica Paiva Netto, não seria João pessoalmente que permaneceria até o anunciado retorno do Cristo, mas a mensagem que ele ajudaria a conduzir às gerações futuras, pois, nonagenário, tendo já vencido as paixões humanas, na solidão do degredo, na inóspita Ilha de Patmos, de tal forma bem sintonizou com o Governo Espiritual da Terra que pôde receber e codificar os símbolos do mais importante livro de todos os tempos: o Apocalipse. A mensagem profética oriunda de Deus foi-lhe apresentada pelo próprio Cristo, por intermédio de um anjo, como se acha consignado nos primeiros versículos do capítulo primeiro da Revelação.

Passados dois mil anos, o Evangelho, que João, Lucas, Marcos e Mateus registraram na condição de "jornalistas" do Espírito, continua infinitamente mais popular e compreendido (ainda que bem pouco seguido) do que o Apocalipse. Por quê? A melhor resposta acha-se nos ensinamentos de Salomão, quando perspicazmente observa haver um tempo certo para todas as coisas. As riquezas do Apocalipse, as de um conhecimento profético sedutor às mentes mais atiladas, reservaram-se para o amadurecimento religioso, social, científico, político, artístico, econômico, enfim, cultural dos povos, o que aliás é antevisto em seu conteúdo, quando João diz chorar muito porque ninguém havia sido encontrado que obtivesse o merecimento de abrir o livro selado com sete selos, apesar de estar escrito não somente por dentro, mas também por fora (Apocalipse de Jesus, 5:1).

Tempo de revelar o Apocalipse aos Simples de Coração

Ora, o fato de o escritor Paiva Netto estar, ao longo de quase meio século, realizando uma inédita conceituação do Apocalipse e, principalmente, a constatação de que tal trabalho elucidativo tem encontrado a mais intensa repercussão na alma popular são os sinais mais evidentes de que o tempo para a compreensão do significado das profecias é chegado.

Não é à toa que a edição de 1997 do *Who is Who* (Quem é Quem), publicação coordenada pelo Gibralter Institute, da Carolina do Norte, EUA, apresenta o perfil biográfico de Paiva Netto, realçando todas as suas realizações nos campos da Educação e da Filantropia e que "ele é também um pensador moderno, que promove avanços éticos e espirituais para o desenvolvimento humano".

Em momento nenhum Paiva Netto nos mostra um Apocalipse com características semelhantes às dos rótulos que a Divina Mensagem do último livro da Bíblia Sagrada recebeu no passado. Não se trata de uma Revelação proeminentemente eivada de catastrofismo, de sinistrose, tampouco de um desfile de esotéricas conclusões teológicas, impenetráveis à inteligência do leigo. Na série O Apocalipse de Jesus para os Simples de Coração, o autor apresenta-nos o Apocalipse da Esperança, da Justiça, da consolidação evolutiva da Humanidade. É o Apocalipse ético e, dessa forma, educativo, que nos faz raciocinar sobre as Leis Eternas e Universais, às quais tudo o que vive deve respeito, a fim de que haja harmonia e felicidade individual e coletiva. É o Apocalipse sociológico e, por isso mesmo, científico, porquanto nos faz enxergar o fio de causas e naturais conseqüências por trás de todos os eventos históricos. É o Apocalipse constitucional, por conseguinte político, quando reclama a atenção de legisladores e executivos da ação pública para o fato de que nada se construirá de definitivo no desenvolvimento das nações distanciando-se dos princípios espirituais que fraternalmente iluminam as Escrituras Sagradas, não somente a Bíblia, mas todos os grandes Livros Sagrados, que, na verdade, cumprem o mesmo papel civilizador em distintas condições regionais, étnicas e temporais. Acima de tudo, Paiva Netto leva-nos à compreensão de um Apocalipse irrestritamente ecumênico, feixe de sabedoria universalista, que não se pode acomodar entre os muros limitadores do sectarismo e do fanatismo.

Se soubermos entender com o autor que o último livro da Bíblia é um luminoso e abrangente tratado de conhecimento íntimo e social, em tempos de profundas transformações, concluiremos também que, nesse sentido superior, o Homem moderno deve tornar-se brilhantemente apocalíptico.

Popularizando a Revelação

Nenhum ambiente melhor que o rádio existiria para a difusão inicial de O Apocalipse de Jesus para os Simples de Coração, justamente pelas características libertárias, vanguardeiras de sua proposta. Dando seqüência às explicações gerais que já fazia pelos meios de comunicação sobre o Apocalipse desde a juventude, foi pelas ondas hertzianas do então Sistema LBV Mundial, hoje Super Rede Boa Vontade de Rádio, que se levantou a voz de Paiva Netto, propalando a Boa Nova moderna para os Simples de Coração, ou seja, numa linguagem acessível e dinâmica, fruto de seu carisma e inato senso pedagógico. Não demorou para que as tão esclarecedoras explanações alcançassem a televisão, as colunas de jornal e a literatura.

Este volume é a reunião de alguns artigos e programas radiofônicos publicados ao longo de mais de três décadas. Não existe neles uma preocupação maior em apresentar erudição, o que por sinal não falta a Paiva Netto, considerado pelo escritor José Cretella Júnior "um exímio estilista, sempre em dia com as novas". Ao contrário, o trabalho que o leitor tem em suas mãos resulta de palestras feitas de improviso, do coração para os corações. Poder-se-á até mesmo encontrar citações mais próprias ao telespectador ou ao ouvinte. Todavia, talvez por isso mesmo estejam estas páginas carregadas daquele sentimento de quem deseja libertar pela simplicidade. É o próprio autor quem explica como surgiu o livro: "Não me sentei à mesa e iniciei a escrevê-lo. Apenas comecei a falar para o Povo, a atender ao anseio da audiência e ver nela, multiplicada, toda a multidão que precisava ser esclarecida. Por isso, procurei ser o mais espontâneo possível e não ter nenhuma ambição de preparar uma obra literária, mas que ela fosse entendida pela pessoa mais simples e que tenha coração".

Nunca é demais recordar que simplicidade de alma é uma atitude espiritual de verdadeira humildade e reverência perante o Criador (nada a ver com covardia) e que independe de classe social, etnia, nacionalidade, sexo, idade ou crença.

Repare bem o leitor na página inicial de Paiva Netto: "A Vinha e o Ceticismo". Era indispensável tê-la em primeiro plano da obra, porque dá logo a entender a dimensão espiritual que o autor confere a todos os ramos do conhecimento. Acreditamos que ela é o seguro paradigma para a assimilação perfeita de tudo o que será afirmado nas palestras subseqüentes sobre o Apocalipse de Jesus.

Carta de Amigo

Ao explicar que o Apocalipse é missiva de Amigo que deseja a todos poupar de sofrimentos evitáveis, o autor fomenta uma consciência humano-ecológica tão necessária quanto urgente, para "um mundo agonizante que precisamos redimir", no dizer do ilustre Pastor evangélico Jonas Rezende, no seu livro *O Fim do Milênio e o Apocalipse — A Revelação de Simão Cireneu*. Afirma Rezende, cheio de uma saudável paixão:

> (...) Faz tempo que Albert Einstein e Bertrand Russell encabeçaram um manifesto de alerta quanto aos perigos que rondam a Humanidade. Bem mais recentemente, 1.575 cientistas, entre eles noventa e nove ganhadores do Prêmio Nobel, redigiram um documento alarmante: *Advertência dos Cientistas do Mundo à Humanidade*. Para esses sábios, a Terra está ameaçada e só nos restam poucos anos, talvez algumas décadas, para reverter o quadro sombrio e ameaçador. Enquanto isso, a expressão *desenvolvimento sustentável* significa muito pouco.
>
> (...) Você já percebeu que não consigo falar sobre ecologia e o futuro da Terra sem todo esse envolvimento emocional. Perdoe-me se, por vezes, exagero, mas busque entender que o momento que vivemos é realmente decisivo. Sinto como se

a Humanidade tivesse urgentemente que escolher: ou o suicídio ou a sobrevivência. (...).

O Pastor Jonas Rezende dedicou assim um exemplar de sua obra:"Para meu mestre e amigo, Paiva Netto, com toda a admiração e ternura cristãs".

No mais, as realizações do autor falam por si e enriquecem seus postulados com a solidez de uma experiência vivida, a de soerguer a alma humana quando ela mais necessita, considerando-se esta verdade expressa pelo escritor inglês William Hazlitt (1778-1830): "Você conhece melhor uma estrada pelo fato de ter viajado por ela do que em virtude de todas as conjecturas e descrições que, no mundo, dela possam fazer". Senão, vejamos a eloqüência deste testemunho de outro eminente líder evangélico, o Pastor Nehemias Marien:

> Amo muito a filosofia do Movimento da Legião da Boa Vontade. (...) Sinto-me muito honrado de, sobre o *clergyman* que me identifica como pastor, usar essa camisa da LBV, porque me considero um Legionário de coração (...), desse movimento humano, cristão, genuíno, a Legião da Boa Vontade. Você sabe que a LBV fala é de Amor, e onde existe Amor não é preciso nem religião, e a Religião de Deus*, como aliás falamos na LBV, é o Amor. (...) Considero assim que, na vivência do Evangelho, a LBV é locomotiva, o carro-forte, que não tem portas. É, realmente, um sincretismo holístico, uma visão ecumênica irrestrita. (...) E o nosso Patriarca Alziro Zarur (1914-1979), a quem tive oportunidade de conhecer, ouvir e aprender com ele, tem um su-

cessor muito bom! É assim que eu comparo o Irmão Paiva Netto: como Josué, no caso de Moisés. Moisés liderou o povo, e Josué foi quem o ampliou.

Em toda a tessitura do presente tomo, observe o leitor a intenção fundamental de resgatar, nunca perder; conciliar, jamais odiar. Se assim não fosse, o autor não teria definido desta forma o destino da organização que dirige: “O caminho da LBV é a Paz”.

Os editores

---

* **Religião de Deus** — Nesta e em outras obras literárias, o leitor deparará com as denominações Legião da Boa Vontade e Religião de Deus. São elas duas instituições irrestritamente ecumênicas, irmanadas para atender de forma integral às carências fundamentais do Ser Humano com o seu Espírito eterno, transformando-o, sem paternalismos, para que ele possa assumir na sociedade o seu papel de elemento para solucionar os problemas existentes. Agem assim para que a Criatura Humana se realize por meio dos poderosos ensinamentos do Espírito (Religião de Deus) e da dinâmica ação de reforma humana e social (Legião da Boa Vontade), decorrência natural da primeira etapa. Disse Jesus: *Buscai primeiramente o Reino de Deus e Sua Justiça, e todas as coisas materiais* (portanto, humanas e sociais) *vos serão acrescentadas* (Evangelho do Cristo, segundo Mateus, 6:33). Da convergência dessas ações — a Espiritual e a Humano-Social — nasce a Política de Deus, para o Homem e para o Espírito do Homem.

A ponte – Grande Jatte – sobre o Sena,
obra de Vincent van Gogh
Paris, Verão de 1887
Óleo sobre tela, 32 x 40.5 cm
Rijksmuseum Vincent van Gogh, Amsterdã

Parte I

A Pequena Vendedora de frutas,
obra de Bartolomé Esteban Murillo (1618-1682)
148 x 114 cm
Alte Pinakothek, Munique

A Vinha e o Ceticismo

Nova Jerusalém

> 23 A cidade não precisa nem do sol, nem da lua, para lhe darem claridade, pois a Glória Divina a iluminou; sua lâmpada é o Cristo de Deus.
> 24 As nações andarão mediante a sua luz, e os reis da Terra lhe trarão a sua glória e a sua honra (Apocalipse, capítulo 21).

A Ciência iluminada pelo Amor eleva o Ser Humano à conquista da Verdade.

A Humanidade tem vivido sob a ditadura de suas próprias criações castradoras nos vastos ramos em que progride. O resultado não tem sido o melhor. Basta ver os escabrosos desníveis sociais mantidos em um mundo "civilizado". Clara propensão suicida. Um dia, a casa pode cair, como na marchinha cantada por Emilinha Borba (1923-2005).

É flagrante a necessidade de alargar a ótica do pensamento criador humano, para que finalmente se torne promotor da gigantesca libertação que resta por fazer. Em que bases? Nas do Espírito, desde que não considerado medíocre projeção da mente, porquanto é a Sublime Luminosidade que dá vida ao corpo. Eis a Grande Vinha que o Criador oferece à criatura para livrá-la da zonzeira do ceticismo excessivo. Bem que uma dose dele seja bastante salutar, desde que apreciemos esta advertência de James Laver (1899-1975), antigo responsável pelos departamentos de Gravura, Desenho e Pintura do Victoria and Albert Museum, de Londres, entre 1938 e 1959:

— O ceticismo absoluto é tão injustificado quanto a credulidade absoluta.

O Espírito é a objetividade; a carne, a vestimenta que urge ser bem cuidada, porque desta depende ele para evoluir.

Com razão escreveu o Profeta Isaías, 55:3 e 6:

> 3 Inclinai os vossos ouvidos e vinde a mim; ouvi, e a vossa alma viverá, porque convosco farei um concerto perpétuo (...).
>
> 6 Buscai o Senhor enquanto se pode achar; invocai-O enquanto está perto.

Seguir o conselho do Profeta é mais do que aumentar o conhecimento; é banhá-lo com a Divina Claridade do Amor, a chave que nos abre as amplas searas da Nova Consciência, que faz da Solidariedade a sua perfeita estratégia. E aqui surge o Novo Renascimento, cuja Suprema Inspiração desce a nós diretamente de Deus.

Não foi sem propósito o conselho do Buda (aproximadamente 556-486 a.C.), no leito de morte, a seu "discípulo amado", como João Evangelista o foi do Cristo:

> — Agora, Ananda, encontra a tua luz!

Ora, o indivíduo que não descobre a Luz para a sua própria luz conserva-se na região da sombra, à margem da realidade, que é muito mais do que considera como o efetivamente concreto. Se ele emprega, consoante afirma o renomado escritor, psicólogo e filósofo norte-americano William James (1842-1910),

> — apenas uma pequena parte dos seus recursos mentais e físicos,

o que é possível pontificar como incontestável, se nem ainda possui o completo controle das funções da sua massa encefálica? Disso decorrem os acidentes de percurso individuais e coletivos, com suas perturbações atávicas, que provocam sectarismos e alimentam até mesmo dogmas científicos paralisadores. Daí também os óbices ainda cultivados na comunicação da Humanidade de Cima com a de baixo (dos Seres Espirituais com os terrenos), tendo em vista o relacionamento árduo da pessoa com o próprio Espírito, que ela teima em menoscabar, como se não fossem partes complementares.

Passado e futuro são ilusões. O que existe é o Presente Eterno! De outra forma, o Tempo nada mais seria do que a grande mentira do Homem, na definição de Immanuel Kant. O Espaço tridimensional (altura, largura e profundidade) igualmente é enganador sem a equação, embora relativa para o Ser Humano restrito, que demonstra a fórmula Tempo permanente, porquanto Presente Eterno. As questões de Espaço e Tempo até hoje confundem o habitante terrestre — e não somente ele, como muitos que evoluem no campo espiritual que envolve este orbe: o Céu da Terra, **que não é uma abstração**. As providências iniciais para o seu deslindamento encontram-se, para surpresa de alguns, no Apocalipse de Jesus, 1:10: o Dia do Senhor*, isto é, a integração da criatura no Espaço-Tempo de Deus.

---

* **O Dia do Senhor** —Veja explicação de Paiva Netto no livro *Somos todos Profetas*, 44ª ed., p. 89, da coleção O Apocalipse de Jesus para os Simples de Coração.

— Achei-me em Espírito, no Dia do Senhor, e ouvi por detrás de mim uma grande voz, como de trombeta.

Para entendermos os ambientes mais elevados, é necessário aceitarmos que funcionam empregando a Luz, que é "matéria" quintessenciada, fluida, em regiões situadas até mesmo depois daquelas que nossa atual compreensão das coisas alcança. Há esferas além das esferas, adiante do que os astrônomos já vêm considerando o hiperespaço. A "fronteira" é muito mais longínqua, porque não há limites para o Universo de Deus.

O Planeta angustia-se sob o impacto de merencória carência sentimental, pois tem preferido desenvolver-se valendo-se dos constringentes meios físicos, em vez de, *pari passu*, agir com o instrumental que lhe oferece a Inspiração Celeste. Esta é uma das providências básicas a serem tomadas para que o saber terreno possa desvendar o fundamento Espírito, que nele próprio habita.

A civilização precisa das suas incomensuráveis qualidades investigativas, mas não deve abrir mão de Deus. Evidentemente, não se trata aqui do caricato ser antropomórfico, histórico empecilho ao urgente fraternal abraço que, um dia, unirá duas grandes irmãs: Ciência e Religião.

Negando, *a priori*, a essência do que procura, fica difícil ao campo científico o privilégio de beneficiar-se com a confirmação do que, por instinto, busca. É como a criança que, batendo o pé nervosamente, protesta dizendo não gostar de um alimento que nem sequer experimentou. Haja paciência do Pai, o Celestial!

O indivíduo que não descobre a Luz para a sua própria luz conserva-se na região da sombra, à margem da realidade, que é muito mais do que considera como o efetivamente concreto.

Dante e Virgílio no inferno,
obra de Delacroix (1798-1863)
1822
Óleo sobre tela, 189 x 246 cm
Museu do Louvre, Paris

Apocalipse e Moderação (I)

Roma — Em outubro de 1990, dei início, pela Super Rede Boa Vontade de Rádio*[1] (SRBV), a uma nova série de palestras, dirigida ao Povo, numa linguagem despojada de quem conversa com um amigo. Chamei-a, por isso, O Apocalipse de Jesus para os Simples de Coração.

A análise do Livro das Profecias Finais exige de nós tranqüilidade, atenção, persistência e toda a isenção possível. É fácil dizer:

> — As crenças já provocaram tantas guerras no mundo, há tanta gente que odeia em nome delas... Vou lá perder tempo lendo o Apocalipse, um livro que vaticina o extermínio da civilização?!

Mas quem foi que disse que o Apocalipse decreta o término da nossa existência planetária? O mundo não vai acabar. Pelo contrário. E é justamente no Evangelho-Apocalipse do Cristo que se encontra o Plano Sociológico de Deus para uma mudança benéfica da Humanidade. De modo particular, o último livro da Bíblia Sagrada prevê essa profunda transformação social, originária do nosso comportamento, bom ou não tão bom assim. Quanto melhor ele for, mais bem-sucedidos seremos na tarefa de materializar na Terra essa Novíssima Ordem, muito superior a tudo quanto aspiram as moribundas ideologias humanas. Jesus advertiu que *a cada um será retribuído*

---

*[1] **Super Rede Boa Vontade de Rádio** — Anteriormente conhecida como Sistema LBV Mundial, trata-se da rede radiofônica criada por Paiva Netto, que hoje conta com emissoras interligadas via satélite e conectadas permanentemente à internet (www.boavontade.com).

de acordo com as suas obras (Evangelho do Cristo, segundo Mateus, 16:27). O saudoso fundador da Legião da Boa Vontade, Alziro Zarur, ensinava:

> — A Lei Divina, julgando o passado, determina o futuro de homens, povos e nações.

Criamos, nós mesmos, o nosso futuro. (Há gente que reclama e pouco faz.) Entretanto, cada dia é dia de renovar nosso destino. Ora, Jesus, que é altamente fraterno, inspirado por Deus, escreveu esse livro por intermédio de João Evangelista (Apocalipse de Jesus, 1:1) para nos alertar, como a dizer: "Comportem-se, meninos! Porque se Vocês andarem jogando pedras uns nos outros, dando tiros uns nos outros, escravizando-se uns aos outros, desrespeitando de forma vil a Mãe Natureza, cada um pensando somente em si, o Planeta pode tornar-se insuportável para todos".

Solidariedade tornou-se estratégia de sobrevivência

É imprescindível promover uma época melhor para as nações. "O negócio é tirar vantagem..." Essa "máxima", que tanto mal fez ao Brasil, hoje quase não se escuta. No entanto, os resultados dessa mentalidade, vemo-los por toda parte: pessoas querendo enriquecer a qualquer custo, como se as demais não existissem, esquecendo-se de que, se não ampliarmos solidariamente o nosso pensamento social, ninguém estará a salvo, nem sequer em condomínios fortificados.

Há muito vimos alertando para o fato de que a Solidariedade hoje se expandiu do luminoso campo da ética e se apresenta como uma estratégia, de modo que o Ser Humano possa alcançar a sua sobrevivência. À globalização da miséria, contrapomos a globalização do Amor Fraterno, como forte instrumento de reação ao pseudofatalismo da pobreza (...).

Estudar as Leis Divinas sem fanatismo

Por isso, há décadas lancei às consciências uma proposta concreta: a Economia da Solidariedade Humana, dentro da Estratégia da Sobrevivência. Aliás, o que igualmente afirmo é que a força do Espírito nos leva a sobreviver. (...) Não foi sem motivo que Virgílio (70-19 a.C.) escreveu, há milênios, na *Eneida*, que "a fome é má conselheira". (...) A escalada da violência não respeitará limites se os povos — e seus governantes — não estiverem verdadeiramente integrados na Lei do Criador do Universo, que, com todo o cuidado, deveria ser estudada pelas maiores cabeças pensantes do mundo, naturalmente que bem longe de qualquer fanatismo, religioso ou ateu. O ilustre Ministro e poeta Olavo Drummond — quando de sua concorrida posse no Tribunal de Contas da União, em Brasília/DF, Brasil, para o que fui honrosamente convidado — demonstrou compreender a urgência dessa diretriz, ao definir:

> — Precisamos fazer o que vocês realizam na Legião da Boa Vontade: a globalização do Amor, pois essa é a mais importante das globalizações.

Um dia cada um aprenderá a governar a si mesmo

Há, ainda, gente que se perturba quando ouve falar em Apocalipse. No entanto, ele apresenta trechos e mais trechos resplandecentes como se fossem a mais bela poesia, a despeito da mensagem poderosa. Certa ocasião, alguém teria dito que o Livro Profético Divino no Novo Testamento seria a prova do desamor de Deus para com as Suas criaturas. Só podemos concluir que, embora respeitável, o notável irmão nunca leu esse Livro ou o fez apressadamente. (...) Não basta a cultura material. Por isso, é necessário aliar à instrução comum dos assuntos humanos, por mais elevados que sejam — Literatura, Idiomas, Física, Matemática, Economia, Química, História, Geografia, Arte, Arte Doméstica, etc. —, os conhecimentos espirituais que compõem o ensino refinadíssimo, para que nos tornemos melhores uns para com os outros. Educação e Cultura, Alimentação*[2], Saúde e Trabalho com Espiritualidade Ecumênica, que implantamos nas Instituições da Boa Vontade*[3], as IBVs, é um método que bons frutos tem proporcionado à nossa sociedade. O estudo do Apocalipse — em Espírito e Verdade, à luz do

*[2] **Nota do Autor: Alimentação** — Além de educação de qualidade, o Instituto de Educação da LBV, na capital paulista (Av. Rudge, 700, Bom Retiro, São Paulo/SP, tel.: (11) 3225-4500, *site* www.iejpn.com.br) dispõe de infra-estrutura modelar, com quadras poliesportivas e ampla praça de lazer. Logo que inaugurei a Obra, pedi que fossem instalados equipamentos de última geração, como, por exemplo, fornos a vapor, importados da Alemanha, nos quais é preparada a alimentação das crianças e adolescentes, conservando o valor nutritivo dos mantimentos e tornando-os mais saudáveis.

*[3] **Instituições da Boa Vontade** — Formadas pela Legião da Boa

Mandamento Novo do Amor do Cristo — é primordial para que saibamos o que realmente estamos fazendo na Terra. Trata-se de uma das vertentes da Pedagogia do Cidadão Ecumênico*4. Um dia, mesmo que distante, o Ser Humano estará tão compenetrado no cumprimento primeiro dos seus deveres, antes de tudo morais e espirituais, que a noção de liderança sofrerá profundo amadurecimento, porquanto os homens ajuizadamente se conduzirão a si próprios, pois educar deve ter seu início no coração. Afinal, antigo preceito de Zarur é o de que

> — governar é ensinar cada um a governar a si próprio.

E isso depreende reeducar também os educadores, daí a Cruzada de Reeducação Geral da Religião de Deus. Grande parte das escolas não estimula o Homem ou a Mulher a refletir, a raciocinar. Sócrates (aprox. 470-399 a.C.), na sua reconhecida sapiência, modestamente proclamava que, quanto mais sabia, convencido ficava de que mais precisava aprender. O segredo desse inacreditável sucesso de cada um vir a realmente entender que é responsável pelos seus próprios

Vontade, Religião de Deus e Fundação José de Paiva Netto.

*4 **Pedagogia do Cidadão Ecumênico** — É do Diretor-Presidente da Legião da Boa Vontade este pensamento: "O jovem é o futuro no presente. Confiemos nele!". Tal assertiva expressa a cultura do respeito às novas gerações, fomentada pela LBV, que mantém centros de ensino em todo o País. "A Educação, quando acertada, liberta. E, com a Espiritualidade, sublima", diz Paiva Netto. Trata-se da Pedagogia fundamentada nos valores nascidos do Amor Universal, dispondo o indivíduo para viver a Cidadania Ecumênica, firmada no exercício pleno da Solidariedade planetária.

atos, deixando de derramar a culpa nos outros, encontra-se no Evangelho-Apocalipse, para quem tem olhos de ver e ouvidos de ouvir e que não se sujeita a qualquer preconceito, ainda que sob o disfarce da intelectualidade mais avançada.

À globalização da miséria, contrapomos a globalização do Amor Fraterno, como forte instrumento de reação ao pseudo-fatalismo da pobreza.

Falta Humildade à Razão? Da mesma forma, jamais deverá faltar Razão à Humildade.

Não se devem criar obstáculos ao entendimento dos assuntos divinos, apesar de alguns, nos tempos atuais, continuarem a confundi-los com emblemáticos desvios da superstição. À beira do Terceiro Milênio (estávamos em 1990), é hora de saber separar essas coisas. O Século da Cibernética não pode baralhar *germano com gênero humano*. Afinal de contas, com todo o indesmentível avanço tecnológico, o Homem anda à procura de entender por que nasceu, por que vive, por que se entristece, por que se alegra e por que um dia compulsoriamente terá de largar a vestimenta material que envolve o seu Espírito. Significa dizer: cresceu-se na forma, mas ainda se fica muito a desejar no tocante à essência. Nós, Seres Humanos, até agora surpreendentemente nos esmeramos na complicação do discernimento daquilo de que somos na realidade constituídos, labutando contra a decifração do nosso destino. Depois nos queixamos do "azar". Seria aconselhável que recorrêssemos ao Apocalipse do Cristo, 10:7:

— Mas nos dias da voz do Sétimo Anjo, quando ele estiver para tocar a trombeta, cumprir-se-á então o mistério de Deus, segundo Ele anunciou aos Seus servos, os profetas.

Não estaria faltando um pouco de Humildade à Razão para o efetivo entendimento dessas palavras aparentemente enigmáticas? (...)

Qual será o **Mistério de Deus**?

A aliança entre a Razão e a Mística, bafejadas pela Humildade, aclarará essa charada, que o Desafiante Divino dispõe à Inteligência e à Sabedoria dos Seres da Terra e do Céu da Terra, o Mundo Espiritual, que não deixa de ser uma realidade porque a Ciência contemporânea não admite o não captado pelos frágeis sentidos humanos ou por suas máquinas constantemente substituídas pelo próprio avanço científico. O que significa afirmar que à Ciência ainda resta muito chão a ser trilhado. Dessa forma, qualquer dia, mesmo sendo daqui a mil anos, ela poderá dar de cara com o Mundo Inteligente Invisível, mais populoso que o orbe terrestre. Se os homens não o fizerem, suas máquinas o conseguirão...

No meu livro de bolso *Reflexões e Pensamentos — Dialética da Boa Vontade*, lançado em 1987, 51ª ed., p. 211, teci algumas modestas considerações a respeito de Religião:

"Não vejo Religião como *ringues* de luta livre, nos quais as muitas crenças se violentam no ataque ou na defesa de princípios, ou de Deus, que é Amor e que, por isso, não pode aprovar manifestações de ódio em Seu Santo Nome nem precisa da defesa raivosa de quem quer que seja. Advertia Zarur: 'O maior criminoso do mundo é aquele que prega o ódio em nome de Deus'.

"Compreendo Religião como Fraternidade, Solidariedade, Entendimento, Respeito à Vida Humana, Salvação das Almas... Tudo isso no sentido mais elevado.

"Não a vejo como aqueles casos patológicos catalogados nas páginas de História, que é a Mestra da Vida, como a definiu Cícero. Entendo Religião como algo dinâmico, vivo, pragmático, realizador, que abre caminhos de Luz no Espírito dos homens e que, por essa razão, tem de estar na vanguarda. Não a considero coisa abúlica, ilusória, afastada da realidade que atormenta os povos, cada vez mais necessitados de Deus, que é o antídoto para todos os males humanos, morais e espirituais, incluindo o fanatismo e o sectarismo degeneradores, que obumbram o espírito das gentes".

Religião para fazer guerra, aumentar o ódio no mundo e acabar com o que resta de Fraternidade situa-se entre o que há de mais perigoso para as nações da Terra. (...).

Guerras quentes...

"A Guerra Fria acabou", dizem. Todavia, temos nós, povos, de cuidar para que esse fato auspicioso não se torne triste prenúncio de novas guerras quentes, que são também o recrudescimento do crime, o tráfico de drogas, a prostituição, o contrabando de artefatos nucleares, e vai irresponsavelmente por aí...

O machado e o sândalo

Enquanto o coração do Ser estiver envenenado pela ira, o perigo é real e não deve ser desprezado. O ódio adoece e dementa a criatura, enfermando e infernizando a sociedade.

Uma das mais tocantes instruções do Buda ensina que

> — O ódio não destrói o ódio, só o Amor o destrói. Sede, pois, como o sândalo, que perfuma o machado que o golpeia.

Algumas pessoas, analisando as Profecias, raciocinam assim: "Vem aí o fim do mundo! Guerras de extermínio!". Tem-se a impressão até de que se sentem satisfeitas com essa terrível possibilidade. Nós, não! Até porque não vibramos nessa faixa sinistra. O que vem ocorrendo é uma extraordinária mudança, tantas vezes por caminhos perigosos que não devemos trilhar. É aquela história: se Você cair de um prédio, pode ferir-se gravemente, até mesmo morrer. A culpa será de Deus ou da construção que foi levantada com vários andares para atender às exigências do progresso, ou, cá entre nós, por desmedida ambição imobiliária? Nem de um nem de outra. A responsabilidade é sua! Se Você puser a mão no fogo e queimar-se, o culpado será o calor incandescente? Se Você admira uma comida saborosíssima, passa dos limites e tem indigestão, o problema é da comida? A não ser que esteja estragada, a causa do mal-estar não será ela, mas nós, que nos deveríamos prevenir contra a gula. Tudo o que é exagerado faz mal. Muita gente se convence e diz: "Ih, eu estou tão apaixonada!". Daqui a pouco esfria porque foi por excesso. Nada como a ação moderada (não confundi-la com pasmaceira), até quando exige certa dose de energia. Seus resultados são melhores e mais duradouros.

Trabalhemos, então, unidos para que a Paz seja uma realidade definitiva na Terra. E o Livro da Revelação de Deus descortina para nós um **seguro roteiro**:

> — Sê fiel até a morte, e Eu te darei a coroa da vida (Apocalipse de Jesus, 2:10).

Compreendo Religião como Fraternidade, Solidariedade, Entendimento, Respeito à Vida Humana, Salvação das Almas... Tudo isso no sentido mais elevado.

As Sabinas, obra de Jacques-Louis David (1748-1825)
1794-99
Óleo sobre tela
Museu do Louvre, Paris

Apocalipse e "Fim do Mundo"

Jesus quer salvar, não flagelar.

Os que acompanham nossa palavra no rádio e na TV e nossos artigos pela imprensa já entenderam que a preocupação fundamental de Jesus no Apocalipse, opostamente ao que julgam alguns, não é flagelar as criaturas, mas salvá-las, admoestando-as para que não sejam vitimadas pelos fatos ali anunciados e que são criações da própria Humanidade, não castigos de um deus sem entranhas. Estarão, assim, alertadas a respeito do Divino Acontecimento, a Volta Triunfal do Cristo, que é o que de mais importante apresenta o Livro Profético. É uma excelente notícia.

Quem são os Simples de Coração

Pregamos o Apocalipse de Jesus para os Simples de Coração. Quando digo Simples, não me refiro a quem tenha ou não dinheiro. Há gente pobre cheia de soberba. E existem pessoas que até poder têm nas mãos e que, no entanto, são humildes. Aliás, quem o tem mesmo neste mundo? Os cemitérios estão cheios de poderosos... Como tantas vezes já comentamos, os homens têm apenas momentos de poder, dos quais prestarão severas contas, mais dia, menos dia. Ele só serve enquanto serve ao Povo, e não aos interesses inconfessáveis de quem quer que seja. Não fazemos distinção de classe social, nível de cultura, situação política ou beleza física. Falamos à inteligência do coração, porque, se temos a do cérebro, desfrutamos também a que é, digamos, representada pelo "órgão do sentimento". (No Oriente, há quem considere o fígado como tal. E existem aqueles que afirmam ser o baço.) Elas têm de subsistir unidas, porque, quando um homem é somente cérebro, poderemos defrontarnos com a secura do grande conhecimento que constrói a bomba atômica, ou, quando é unicamente coração, pode ser arrastado pelos excessos do sentimentalismo.

Cícero e Profecias

No dizer de Cícero (106-43 a.C.), as Profecias são de interesse universal:

> — Não há povo, por mais requintado e culto que seja, que não acredite no dom que certas pessoas têm de prever o futuro.

Apocalipse: livro sociológico.

O Apocalipse não é somente um livro restrito a profecias, considerando-se o conceito limitado a que o Povo, na maioria das vezes, foi levado a ter delas. Daí a importância de explicarmos que o Apocalipse não está, como nunca esteve, aprisionado dentro de qualquer tipo de fronteira, porquanto, sendo Profecia de Deus, tem a amplitude Dele mesmo, que, nesse livro, fala a todos os extratos do pensamento humano, sublimando-o. Por isso, necessário se faz que saibamos ler o seu recado moral, com o do Evangelho. Sobre estes se encontram firmadas as bases das civilizações vindouras, passe o tempo que passar. Quando o seu brado de previsões estiver consumado, restarão, imanentes ao seu texto, normas antes impensáveis da forma pela qual Deus soberanamente governa, não apenas a Terra, mas todo o Universo. É uma mecânica extraordinária que os religiosos intuem e que os cientistas vão revelando.

Profecia não é susto, mas expressão das Leis Divinas e suas conseqüências.

É urgente reformar o conceito de Profecia, que para muitos é a mera anunciação de coisas que se vão dar num futuro próximo ou distante, porquanto ela trata da consolidação dos fatos previstos pelo Poder de Deus nas sociedades humana e espiritual, isto é, da Terra e do Céu da Terra. Da maneira como alguns se referem à Profecia, ela não passa de um susto, a criação de uma grave expectativa para a Humanidade, que nem sempre se consuma de acordo com os seus analistas, mesmo os mais conceituados. No entanto, ela é decisão matemática da Lei Divina, resultante do comportamento humano: o que vai influir sobre a nossa vida, da nossa família, da nossa cidade, do nosso Estado, do nosso país e do mundo, afinal. Vamos, portanto, acabar com essa história de que Profecia é um assombro que Deus quer lançar sobre nós. Alguns pensam assim porque Jesus diz que Sua Volta será como um relâmpago, que corta o horizonte de um lado a outro. Mas o que o Divino Chefe quer dizer é que devemos estar preparados para recebê-Lo a qualquer momento. Nada mais, nada menos.

Apocalipse e combate à hipocrisia

Em nossas preleções, já expliquei que é preciso ampliar o conceito de Religião no que se refere à vida diária dos povos, particularmente pelo prisma dos que militam no setor da Política. Muitos pensam que Religião é assunto exclusivo dos sacerdotes. Não, meus Irmãos. Religião somos todos nós, todo o tempo. Você é Religião! Como dizia Zarur,

> — Política é a Religião filosófica e cientificamente praticada.

Praticar a Religião científica e filosoficamente é ser político.

Gandhi (1869-1948) afirmava que Política sem Religião é armadilha mortal, porque mata a Alma. Por isso, o Apocalipse de Jesus deve ser compreendido e estudado por todos. O último livro da Bíblia Sagrada não é uma brincadeira. Sua mensagem tem muito a ver com a verdadeira libertação, até mesmo dos que não lhe dão o mínimo crédito. O Compêndio das Profecias Finais os acompanha, porque a Revelação é o resultado dos nossos procedimentos, públicos e íntimos, mesmo aqueles que alguns não têm coragem de revelar nem à mãe, nem ao pai, nem à própria consciência. Ainda bem que o Criador, para benefício da criatura, *não se deixa escarnecer*. Conforme dizia o Apóstolo Paulo, *aquilo que semearmos iremos colher* (Epístola aos Gálatas, 6:7). É por essa razão que explicamos que as Sete Trombetas (Apocalipse de Jesus, 8:7 a 13, 9:1 a 21, 11:15 a

19) — que anunciam à Humanidade a chegada de grandes acontecimentos também sociais, políticos e político-guerreiros — são tocadas pelos Anjos no Apocalipse não de forma arbitrária, mas por força dos atos praticados por nós mesmos, Seres Humanos. São as atitudes que andavam escondidas em nosso interior, até que foram abertos os Sete Selos. Ao abri-los, Jesus agiu como o Plutão Astrológico (que está sob o Seu comando), trazendo à tona, como antes nunca se vira, a intimidade das criaturas, com os seus bons feitos e feitos nem tão bons assim. É o bisturi do Apocalipse. Tudo o que apodreceu acaba saindo de dentro de nós para que as boas coisas se revelem.

Desbancando a falsidade

> — Continue o injusto fazendo injustiça, o imundo ainda sendo imundo; o justo permaneça na prática da justiça, e o santo a santificar-se (Apocalipse do Cristo, 22:11).

Já explicamos aqui que o Divino Mestre não está desejando que o infeliz se torne mais desgraçado. Nada disso! Está, sim, pedindo-nos que nos revelemos, porquanto que mundo pode sobreviver sob o nefando culto da falsidade? Firmada sobre a mentira, não há sociedade que possa realmente ser solidária. Eis por que Ele considera a hipocrisia um obstáculo mortal para nossa existência. Observem que alguns dizem: “Sou muito franco! Sou muito franca!”, e, entretanto, suas ações desmentem suas palavras, quando, em verdade, têm de corroborá-las. Ao fim, o que se revela são os nossos pensamentos, que não devem permanecer na escuridão. Mesmo que nossas palavras sejam umas e nossos atos, outros, cedo ou tarde nossos pensamentos fatalmente se patentearão em nossas realizações. *Livrai-vos do fermento da hipocrisia*, advertia o Cristo, no Seu Evangelho, segundo Lucas, 12:1.

Da maneira como alguns se referem à Profecia, ela não passa de um susto, a criação de uma grave expectativa para a Humanidade, que nem sempre se consuma de acordo com os seus analistas, mesmo os mais conceituados.

Apocalipse: Razão e Coração.

Improvável como pareça aos analistas do caos contemporâneo, o último livro da Bíblia Sagrada, por vezes tão temido, por vezes ignorado, traz em si um roteiro ético, sociológico, econômico, político, capaz de abrir os olhos da Humanidade para a construção de dias melhores. O sentido moral (não me refiro aqui a moralismos) tem de ser preponderante, porque os dramas interiores, apesar de todo o avanço tecnológico, prosseguem torturando o Homem moderno.

Certa vez, à mesa, enquanto realizávamos a Cruzada do Novo Mandamento de Jesus no Lar*[1], meu filho Alziro Abraão, àquela altura com 17 anos, concluiu com perspicácia:

> — Realmente, o Homem, apesar do extraordinário avanço tecnológico, não está evoluindo como deveria. Na verdade, só está andando mais depressa, sem saber com certeza, ainda, para onde vai. Por esse motivo, o mundo continua sendo um grande quebra-cabeça.

Inteligência do cérebro e do coração

Ensinava o saudoso Irmão Zarur, nas suas prédicas populares, evangélicas e apocalípticas,

*[1] **Cruzada do Novo Mandamento de Jesus no Lar** — Prática mística realizada pelos Cristãos do Novo Mandamento — adeptos da Religião de Deus, a Religião do Amor Universal — em que, em dia específico da semana, se reúnem com familiares e amigos para o estudo da Doutrina Ecumênica da Religião do Terceiro Milênio.

que a solução, para o Brasil ou qualquer nação do mundo, é "ligar a tomada em Cristo Jesus", o que pode soar absurdo a homens e mulheres excessivamente racionais. Não sou contra a Razão, como não me oponho ao sentimento. *In medio virtus*, preconizava Aristóteles, em seu *Ética a Nicômaco*. Por isso, há décadas venho afirmando que precisamos unir à inteligência do cérebro a do coração. Costumo valer-me deste exemplo: quando em boa hora surgiu o Iluminismo, depois da Idade Média, já dentro da Idade Moderna, os homens viram no Racionalismo a solução efetiva, enquanto acusavam as religiões pela aflição permanente das criaturas. É óbvio que a Razão realiza importantíssimo trabalho pelo crescimento dos povos, mas não bastou para emancipá-los de seus tormentos. Trouxe incontáveis inovações. Contudo, somou-se àquilo que os iluministas qualificaram de erros religiosos uma carrada de novos enganos. Adicionaram-se aos anteriores os equívocos advindos do uso desmedido da Razão. Novamente, a Humanidade coloca-se na busca do equilíbrio, um caminho para a solução de suas angústias.

O Amor é o espanto de Deus

É quando, radioso, emerge, liberto da obscuridade e do estigma do medo, o Apocalipse do Divino Chefe: uma carta de Amigo que apenas deseja o bem do destinatário, escrita com providencial antecedência aos dramas que a Humanidade teria de enfrentar, pelos milênios, em virtude da desarmonia criada por si mesma para com as Leis Universais Eternas. Jesus, o Co-Autor do Apocalipse, é a expressão mais elevada da Fraternidade. E é por esse prisma que o texto profético deve ser analisado. (...) O Homem faz muita questão de ser "racional". Por isso, às vezes, demora a entender toda a Programação Divina para o desenvolvimento das gentes, porque não leva na consideração devida a Lei do Amor, isto é, a Lei da Solidariedade Social. Eis que o Amor é o espanto de Deus para algumas criaturas, ensinava Dom Bosco (1815-1888). É a surpresa benéfica, que não se espera num Planeta permanentemente atribulado. Há previsões anunciando que, quando os fatos criados pelas ações humanas chegarem ao paroxismo dos desatinos, o Poder Divino se manifestará por intermédio de uma solução que ninguém jamais imaginaria.

O mundo se misturará como um oceano

Fala Dom João Bosco, notável educador católico*[2]:

> — Guerra entre os príncipes e súditos, entre a verdade e o erro, a luz e as trevas, o pobre e o rico. (...) Um grandioso acontecimento se está preparando no céu, para fazer pasmar as gentes. (...) Far-se-á uma grande reforma entre todas as nações, e o mundo irá misturar-se como um oceano. (...) Nunca o grande marulho se afervorou tão forte; nunca se viu um lobo desta espécie. (...) Momento mais potente que o reboar do trovão, de rumor, alarido e pânico. (...) Um raio despontará, em seguida, para consolar os tímidos, que sentem o gelo entre seus ossos. (...) Depois, paz universal.

---

*[2] Revista *Vita e Pensieri*, de Milão, ano II, vol. 3, p. 188.

Deus, Amor e Justiça.

Dom Bosco, na sua previsão, ao mesmo tempo alentadora e enérgica, demonstra que, se Deus é Pai, por essa razão respeita o livre-arbítrio de Seus filhos. *Deus é Amor* e, inegavelmente, também Justiça (Primeira Epístola de João, 4:8):

> — Aquele que não ama não conhece a Deus, pois Deus é Amor.

Zarur costumava dizer que "nada existe fora desse Amor", que é Deus. Portanto, esse Amor, para os em demasia racionais, é realmente um espanto, um confortador imprevisto, o espanto de Deus, como pregava o taumaturgo de Turim*[3]. É ainda no capítulo 4, versículo 16, da mesma Primeira Epístola que o Discípulo Amado volta para reforçar:

> — E conhecemos e cremos no Amor que Deus tem por nós. Deus é Amor, e aquele que permanece no Amor permanece em Deus, e Deus, nele.

E, se o Ser Humano até agora não compreende Deus ou O vê, de forma equivocada, como um ser truculento, é porque, na verdade, ainda não O sente. Assombra-se com as ações do Seu Amor, pois nem sempre as entende, **porque o Seu Amor também é Justiça.**

Ásperas recusas

Em documento dedicado a todos os Homens e Mulheres de Boa Vontade, publicado em 28 de

*[3] **Taumaturgo de Turim** — Paiva Netto refere-se a Dom João Bosco, o fundador da Ordem Salesiana.

abril de 1992, no *Correio Braziliense*, quando refletia sobre o concretizar na Terra de uma profunda transformação de natureza espiritual, lembrando uma citação de Alziro Zarur*[4] em 1953, destaquei a advertência de Rabindranath Tagore (1861-1941), grande poeta e pensador hindu, contemporâneo e amigo de Mohandas Karamchandi Gandhi, que meditava com humildade:

> — Graças Te dou, ó Deus, porque me salvas sempre com ásperas recusas.

Exatamente, velho Tagore, porque nem sempre o que pedimos a Deus é o melhor para nós.

Ora, o Livro das Profecias Finais é uma Revelação Divina (Apocalipse, 1:1). Por isso, não pode ser algo que venha a atemorizar cumpridores de suas obrigações, perante a própria consciência e a Consciência do Criador. (...) Deus quer o nosso bem, mesmo que não o saibamos ou não o entendamos.

Mas o Apocalipse, sobre o qual temos falado e muito mais pretendemos comentar, não pode ser analisado sob forma meramente literal, escrava das limitadoras dimensões de tempo e espaço terrenos, **ou sob o reprovável critério do recalque.**

Para finalizar estas palavrinhas, o importante é que jamais nos esqueçamos de que, se Deus é

*[4] **Citação de Alziro Zarur** — Aqui, o autor refere-se à Revolução Mundial dos Espíritos, anunciada pelo fundador da LBV no *Jornal de Umbanda*, em dezembro de 1953.

Amor, constitui também elevada Justiça, a qual só pode ser aplicada por Ele.

Muito apropriadamente concluiu Alziro Zarur, numa de suas memoráveis palestras:

> — A Lei Divina, julgando o passado de cada um — homem, povo ou nação —, determina-lhe o futuro.

Precisamos unir à inteligência do cérebro a do coração.

Apocalipse e Sabedoria

— Quem tem ouvidos de ouvir ouça o que o Espírito diz às igrejas do Senhor. Ao vencedor, darei a comer os frutos da Árvore da Vida Eterna, que se encontra no paraíso de meu Deus (Apocalipse de Jesus, segundo João, 2:7).

A Legião da Boa Vontade, ao proporcionar Educação e Cultura, Alimentação, Saúde e Trabalho com Espiritualidade Ecumênica ao Povo, em todos os ideais que divulga e em todas as ações que realiza, fundamenta-se na vivência do Evangelho-Apocalipse de Jesus, interpretado em Espírito e Verdade, pelo prisma do Seu Mandamento Novo: *Amai-vos uns aos outros como Eu vos amei* (a Lei). *Somente assim podereis ser reconhecidos como meus discípulos* (o regulamento da Lei), enunciado no Evangelho, segundo João, 13:34 e 35. Alguém poderá argüir: "Mas por que Evangelho-Apocalipse? Não são dois livros tão diferentes?". Ao falar de improviso sobre o último livro da Bíblia Sagrada, inspirado nos ensinamentos de Alziro Zarur, muitas vezes expliquei a complementaridade entre ambos. No primeiro, Jesus vem semear o Amor de Deus nos corações e acaba aparentemente derrotado pela inveja e pela maldade. No segundo, o Divino Mestre ressurge com Poder e Grande Glória e vem colher os frutos das ações humanas, para dar *a cada um de acordo com as próprias obras*. É a Vitória do Amor e da Justiça, pois o Amor é o grande campeão das mais difíceis batalhas. Se o Evangelho é a Boa Nova, o Apocalipse é a Boa Nova moderna, como preconizava o proclamador da Religião de Deus*[1]. No Evangelho, Jesus ensina a sermos equilibrados, generosos, amantes da Verdade, cumpridores do Amor Universal. Então, trata-se o Evangelho, de ensinamento prévio, básico para a decifração perfeita do Apocalipse. Se não tivermos uma boa dose de bom senso no coração, não poderemos entender devidamente o sentido do Livro das Profecias Finais. Não se deve analisar a Revelação como quem relaciona arroz, feijão, azeite ou carne-seca num depósito. Ela exige que exercitemos a humildade (a corajosa, não omissa), para receber o banho lustral da Sabedoria, o que geralmente não se conquista nas escolas do mundo, por melhores que sejam, como *o samba* que *não se aprende no colégio*, no dizer de Noel Rosa (1910-1937). Quando a gente quer, a vida ensina a ser sábio.

Geometria cartesiana e Sabedoria Divina

A escola desenvolve a inteligência, a intelectualidade, o saber técnico, mas a Sabedoria está acima de tudo isso. É uma ilumina-

*[1] **Proclamador da Religião de Deus** — Alziro Zarur nasceu na cidade do Rio de Janeiro/RJ, Brasil, no Natal de Jesus de 1914. Jornalista, radialista, escritor e poeta, fundou a Legião da Boa Vontade (LBV), em 1º de janeiro de 1950, e brilhantemente a presidiu até sua passagem para o Plano Espiritual, em 21 de outubro de 1979. Polêmico, carismático e pregador entusiasta do Evangelho e do Apocalipse de Jesus de forma popular e inovadora, Zarur foi também o grande precursor do Ecumenismo Total no mundo, tese que já sustentava desde a adolescência, quando lançou os fundamentos de sua Cruzada de Religiões Irmanadas.

ção divina que pode descer sobre religiosos e ateus, indistintamente. De pouco adiantará ao habitante do Terceiro Milênio, que se está educando agora, formar-se nas respeitáveis escolas superiores se não for capaz de domar seu coração, porque este tem sido o drama do mundo. De que lhe valerá (e à sociedade) tornar-se um bom profissional se, contudo, desconhecer a ética de erguer-se como um profissional bom?

Eis por que pugnamos por Educação e Cultura aliadas à ação iluminante da Espiritualidade Ecumênica. Por sinal, para que se faça, como diria Ubaldi (1886-1972), a Grande Síntese entre as luzes do intelecto e o Sol do conhecimento espiritual, a LBV avança pioneiramente para trazer às salas de aula — ao consolidar a Pedagogia do Cidadão Ecumênico, ou do Cidadão Solidário, nas suas escolas de ensino fundamental e médio — a capacitação para o discernimento ético, visando à Vida Eterna. E o que é também importante: tal Pedagogia é aplicada aos desafios da existência terrena. Assim como na geometria cartesiana, é preciso fazer com que a Educação material (eixo dos "xis") encontre o saber proveniente das mais elevadas esferas da Sabedoria Divina, que é o Amor (eixo dos "ípsilons"). O sábio entende e utiliza a inteligência, a intelectualidade, o conhecimento técnico ou específico em prol dos Seres Humanos. Ora, há tanta gente inteligentíssima fazendo o mal neste Planeta! Por acaso é sábia a pessoa que prejudica o semelhante?

Não é! Ganhemos, pois, Sabedoria com Jesus, que, sendo o Co-Autor do Orbe Terreno*2, lavou os pés de Seus irmãos, conforme a narrativa de João, 13:1 a 20. E aí estaremos no caminho certo para iluminar o Espírito sob uma claridade que não produz sombras: a de Deus.

Se não tivermos uma boa dose de bom senso no coração, não poderemos entender devidamente o sentido do Livro das Profecias Finais.

---

*2 **Jesus é o Co-Autor do Orbe Terreno** — Evangelho do Cristo, segundo João, 1:1 a 5, 9, 10 e 14: *1 No princípio era o Verbo, e o Verbo estava com Deus, e o Verbo era Deus. 2 Ele estava no princípio com Deus. 3* ***Todas as coisas foram feitas por intermédio Dele, e sem Ele nada do que foi feito se fez****. 4 A vida estava Nele, e a vida era a luz dos homens. 5 A luz resplandece nas trevas, e as trevas não prevaleceram contra ela (...) 9 a saber: a verdadeira luz que, vinda ao mundo, ilumina a todo Homem. 10 Estava no mundo, o mundo foi feito por intermédio Dele, mas o mundo não O conheceu. 14 E o Verbo se fez carne e habitou entre nós, cheio de graça e de verdade, e vimos a Sua glória, glória como do unigênito do Pai.*

Os Profetas e o Fim dos Tempos (I)

O Apocalipse não é um bicho-de-sete-cabeças

Meus Amigos e meus Irmãos, muita gente pensava que a revelação profética estivesse circunscrita ao último livro das Sagradas Escrituras. Entretanto, o Apocalipse permeia toda a Bíblia, exatamente por ser uma Divina Revelação.

Como este ainda é um mundo de expiações, há pessoas que equivocadamente o vêem como tenebrosa mensagem, capaz de nos tirar o sono, como se fôssemos frágeis crianças amedrontadas. O Apocalipse não é um bicho-de-sete-cabeças; bicho-de-sete-cabeças é não o ler. Por isso, para entendê-lo, costumo afirmar, neste campo ecumênico da Religião de Deus, que o Apocalipse, em última análise, é o livro mais promissor da História, porque anuncia a Volta Triunfal do Cristo, como concluía Zarur. E, da mesma forma, pregamos a Política Divina, Política para o Ser Humano e, guardem bem, para o seu Espírito eterno. Preparemo-nos, então, com esse conhecimento evangelizador, para nos tornar íntimos do seu significado transformante. E, por intermédio do Centro Espiritual Universalista*[1]

*[1] **Centro Espiritual Universalista** — Trata-se de uma área da Religião de Deus que se dedica ao desenvolvimento dos dons espirituais do Ser Humano, seja qual for sua crença, etnia, nacionalidade, condição social, pois todos, querendo ou não, somos dotados de faculdades mediúnicas, carismáticas, e devemos aprender a colocá-las a serviço do Cristo, sob a ética do Seu Novo Mandamento — *Amai-vos como Eu vos amei* —, para o bem de nossos semelhantes.

(CEU), promoveremos o desenvolvimento da nossa mediunidade, carisma, sensitividade ou paranormalidade, isto é, a nossa qualificação de entremear vida material e extrafísica, de modo que participemos do novo Céu e da nova Terra (Apocalipse de Jesus, 21:1), com a descida da Nova Jerusalém (Apocalipse do Cristo, 21:2 e 10), que baixa do Alto, isto é, da Pátria Espiritual. Assistiremos, pois, à aliança consciente dos dois mundos: o Superior com o humano. Daí a importância do Templo da Boa Vontade*[2] (TBV) — que une à Humanidade de Cima a Humanidade de baixo, como escrevi a respeito da sua notável abrangência*[3]: Céu–Terra, Terra–Céu, poderosa alavanca para efetivar a Revolução Mundial dos Espíritos de Luz*[4]. Graças a todo esse discernimento, aprendemos que o Apocalipse não é um livro infernal; é infernal para os infernais... Ele próprio ensina, reforçando a advertência do Cristo no Evangelho, que *a cada um será dado segundo as suas próprias obras* (Apocalipse de Jesus, 22:12). E é precisamente a Profecia que nos dá conforto, porque consolar é também alertar, avisar do perigo que corremos se nos afastamos

*[2] **Templo da Boa Vontade** — O monumento mais visitado de Brasília/DF está localizado no SGAS 915, Lotes 75/76, tel. (61) 3245-1070.

*[3] **Notável abrangência do Templo da Boa Vontade** — Leia sobre "A Abrangência do Templo da Boa Vontade" no segundo volume das *Diretrizes Espirituais da Religião de Deus*, de Paiva Netto.

*[4] **Revolução Mundial dos Espíritos de Luz** — Ao título criado por Alziro Zarur, Paiva Netto acrescentou "de Luz", pois essa Revolução surgiu para iluminar o Ser Humano e seu Espírito eterno, esclarecendo a todos que o "Mundo Espiritual não é uma abstração". Leia mais sobre o assunto no livro *Voltamos!*, também de Paiva Netto, lançamento da Editora Elevação.

do comportamento ético abençoado pelo Criador e intrinsecamente desejado por Suas criaturas, crentes ou atéias. Há ateus mais caridosos que alguns religiosos, que se vão rebelando contra a impunidade desagregadora de todo esforço social e espiritual (...).

Deus não faz apologia à impunidade

E isso, por ser Lei de Deus, é inderrogável pela ação descomedida do Ser Humano, que ainda não aprendeu a encontrar o tranqüilo itinerário para a sua verdadeira felicidade. *Está feito*, diz o Anjo no Apocalipse, 16:17, logo após o Armagedom:

> — Então derramou o sétimo Anjo a sua taça pelo ar, e saiu grande voz do Templo, do lado do trono, dizendo: Está feito!

Sim, finalmente *está feito!* E a cada um, no dia da Volta do Cristo, será dado consoante as suas ações:

> — Porque o Filho de Deus há de vir na glória de Seu Pai, com os Seus Anjos, e então dará a cada um a paga, segundo as suas obras (Evangelho, segundo Mateus, 16:27).

Nada mais justo. Deus não faz a apologia da impunidade nem do privilégio.

O Evangelho-Apocalipse deve iluminar as constituições do mundo

Por que amamos e respeitamos o Livro das Profecias Finais? O papel moral, portanto educativo, da Revelação que é de Deus, por intermédio do Cristo e do Espírito Santo, destaca-se ao longo da Bíblia, pelo seu Divino Conteúdo, como um seguro fundamento para a sublimação de todas as leis que compõem até mesmo as constituições dos povos, porque tudo vai mudar:

> — E vi novo Céu e nova Terra, porque o primeiro Céu e a primeira Terra passaram, e o mar já não existe (Apocalipse de Jesus, 21:1).

Albert Einstein (1879-1955) foi um esforçado defensor desse ideal fantástico de renovação. Evidentemente, não nos referimos a globalizações galopantes, que fazem de ricos mais ricos e de pobres mais pobres, nem de novas ordens hitlerianas. Mas não se fala, e já se falou tanto, no advento de um Governo Mundial?

Alziro Zarur, na página 107 do *Livro de Deus**[5], assim se expressou a respeito do assunto:

> — Einstein propôs a criação de um Governo Mundial, por acreditar que só uma instituição supracional poderia evitar a guerra atômica. Ora, meu Brasil, o Governo Mundial estará finalmente nas Santas Mãos de Jesus*[6]. E seu fundamento,

---

*[5] ***Livro de Deus*** — Obra de autoria de Paiva Netto, lançada em 1982, apresentando a seqüência da magistral pregação doutrinária (religiosa, filosófica, científica e política) de Alziro Zarur.

*[6] **Nota do autor — Santas Mãos de Jesus** — A referência a Jesus pode fazer parecer que Alziro Zarur esteja apresentando uma proposta sectária, logo ele, que pregou o Ecumenismo Irrestrito, desde quando lançou, na década de 1940, a Cruzada de Religiões Irmanadas, como que numa antevisão do atual inter-relacionamento religioso. Ora, é fato histórico que o velho Zarur sempre concebeu

por mais estranho que pareça aos homens práticos e pragmáticos, neste fim de século, é o Amor do Novo Mandamento, que dará aos sobreviventes a Paz de Deus, que o mundo não pode dar.

Mas como isso poderá ocorrer, mesmo que a longo prazo, se os homens não se entendem, porque não se amam, porquanto não aprenderam a conhecer melhor a si mesmos, conseqüentemente a seus irmãos, como filhos de um único Deus, que é Amor?! Isso me faz recordar o pensamento inscrito no frontal do Templo de Apolo, em Delfos, Grécia: "Conhece-te a ti mesmo". De que maneira isso se dará se ainda teimamos em permanecer tão longe da Verdade Divina? Recorro ao Evangelho de Jesus, segundo João, 8:31 e 32, na certeza de encontrar o caminho certo da realidade capaz de nos libertar para todo o sempre:

> 31 Disse, pois, Jesus aos que haviam acreditado Nele: Se permanecerdes na minha palavra, sereis verdadeiramente meus discípulos;
>
> 32 e conhecereis a Verdade e a Verdade vos libertará.

Jesus acima de todos os conflitos religiosos e sempre lutou por essa causa. Não foi, pois, sem motivo que, na década de 1950, o filósofo, sociólogo e cientista italiano Pietro Ubaldi declarou que "a Legião da Boa Vontade é um movimento novo na história da Humanidade. Colocará o Brasil na vanguarda do mundo". Em 1989, numa entrevista que concedi ao jornalista e homem de TV polonês Roman Dobrzyński, destaquei que uma das missões da LBV é exatamente *dessectarizar* Jesus. Leia a íntegra da Proclamação do Cristo Estadista no segundo volume das *Diretrizes Espirituais da Religião de Deus*, p. 31, ou pelo *site* www.boavontade.com.

Evidentemente, como ensinava Zarur, **Jesus se referia à Verdade de Deus**, não à dos Seres Humanos, que muda conforme a latitude, o clima, os interesses religiosos, sociais, políticos, econômicos, financeiros, artísticos, esportivos e tantos outros que nem podemos imaginar. Diante da luminosa conclusão do fundador da LBV Mundial, poderíamos assim repetir a extraordinária lição do Divino Mestre: *Conhecereis a Verdade* (de Deus), *e a Verdade* (de Deus) *vos libertará*, porque é desta que fala Jesus. Alcançando-a, começaremos realmente a discernir a noção crística de nós mesmos. E o Apocalipse tem muito a ver com isso, porque é uma Revelação, e do Criador para as Suas criaturas:

> — Revelação de Jesus, o Cristo, que Deus Lhe deu para mostrar aos Seus servos as coisas que em breve devem acontecer (...) (Apocalipse de Jesus, 1:1).

Advento do Governo Mundial

Dessa forma, pela claridade que resplandece das páginas do Evangelho-Apocalipse do Divino Mestre, o ensinamento exposto no frontispício do templo do deus da beleza na mitologia greco-romana, *Nosce te ipsum**[7], tornar-se-á um fato definitivo. A marcha ascensional da Humanidade é morosa, até mesmo prejudicada por interesses

*[7] **Nosce te ipsum** — "Conhece-te a ti mesmo". No portal do Templo de Apolo, em Delfos, Grécia, essa advertência se encontrava registrada em grego antigo, mas é muito conhecida na sua forma latina.

escabrosos, conquanto inexorável. As portas da consciência moral dos povos, convertidos à Solidariedade pela libertação da ira que os perturbava, serão abertas para o advento do Governo Mundial, porque as barreiras do ódio cairão. Tomara que, ao seu tombar, não surjam outras mais perigosas à sobrevivência humana, até hoje ameaçada. E, para que isso não ocorra, só se nos integrarmos no energético pensamento de Amor, com o qual Deus construiu e dirige o Universo.

Basta jamais nos esquecermos da lição moral e educativa constante da Parte Divina da Bíblia para reconhecer a sua importância, quanto ao nosso destino, como solidíssimo sustentáculo de todos os preceitos que nortearão os transcendentes rumos das vindouras populações humanas e espirituais, que, no relato do Apocalipse, 21:1 a 8, habitarão novo Céu e nova Terra, pois, ainda no capítulo 21:

> 24 As nações andarão mediante a sua luz, e os reis da Terra lhe trarão a sua glória e a sua honra.
>
> 25 As suas portas nunca jamais se fecharão de dia, porque noite ali não haverá.
>
> 26 E lhe trarão a glória e a honra das nações.
>
> 27 Nela jamais penetrará coisa alguma contaminada, nem os que praticam abominação e mentira, mas somente aqueles que estão inscritos no Livro da Vida do Cordeiro de Deus, o Livro da Vida Eterna (porquanto),
>
> 23 A cidade (a Nova Jerusalém) não precisa nem do sol, nem da lua, para lhe darem claridade, pois a Glória Divina a iluminou; sua lâmpada é o Cristo de Deus.

Santo Agostinho e a regeneração da Terra

Assistiremos, por fim, com a descida da Nova Jerusalém, à elevação deste Planeta de orbe de expiação a de regeneração. Trata-se da União das Duas Humanidades, com as excelentes conseqüências, em todos os setores da vida, para aqueles que houverem perseverado na Solidariedade Humana, Social e Espiritual.

No concernente à elevação da Terra a um patamar mais elevado na escala dos mundos, refere-se Santo Agostinho (Espírito) em *O Evangelho segundo o Espiritismo*, de Allan Kardec, em "Há muitas moradas — Progressão dos mundos":

> — Segundo aquela lei, este mundo esteve material e moralmente num estado inferior ao em que hoje se acha e se alçará sob esse duplo aspecto a um grau mais elevado. Ele há chegado a um dos seus períodos de transformação, em que de **orbe expiatório***[8] mudar-se-á em **planeta de regeneração**, onde os homens serão ditosos, porque nele imperará a lei de Deus — Santo Agostinho (Paris, 1862). Progredir é, pois, Lei de Deus.

O Apocalipse permeia toda a Bíblia, exatamente por ser uma Divina Revelação.

---

*[8] Os negritos são nossos.

Moisés e a misericórdia de Deus

Moisés, no Deuteronômio, 30:9 e 10 (A misericórdia de Deus para com os que se arrependem) e de 11 a 14, anuncia esses tempos de glória e afirma que o Criador não se põe distante de Suas criaturas:

> 9 O Senhor, teu Deus, te dará abundância em
> toda obra das tuas mãos, no fruto do teu ventre, no
> fruto dos teus animais e no fruto da tua terra e te
> beneficiará; porquanto o Senhor tornará a exultar em
> ti, para te fazer bem, como exultou em teus pais;
> 10 se deres ouvidos à voz do Senhor, teu Deus,
> guardando os Seus mandamentos e os Seus estatu-
> tos, escritos neste Livro da Lei, se te converteres
> ao Senhor, teu Deus, de todo o teu coração e de
> toda a tua alma.
> 11 Porque este mandamento que, hoje, te orde-
> no não é demasiado difícil, nem está longe de ti.
> 12 Não está nos céus, para dizeres: Quem
> subirá por nós aos céus, que no-lo traga e no-lo
> faça ouvir, para que o cumpramos?
> 13 Nem está além do mar, para dizeres: Quem
> passará por nós além do mar que no-lo traga e no-
> lo faça ouvir, para que o cumpramos?
> 14 Pois esta palavra está mui perto de ti, na tua
> boca e no teu coração, para a cumprires.

A compreensão da Profecia em Espírito e Verdade, à luz do Novo Mandamento do Cristo

(Evangelho, segundo João, 13:34 e 35 e 15:12 e 13), isto é, sem fanatismo, constitui claramente o caminho a ser trilhado pelas nações, de forma que venhamos a ter um Brasil melhor e uma Humanidade mais feliz, já que o Pai Celestial não se encontra afastado de Seus filhos, e Sua Lei é potente aos olhos dos que a querem conhecer. Disse Jesus no Seu Evangelho, segundo Lucas, 17:21:

— O Reino de Deus está dentro de Vós.

Deus é o grande decifrador dos mistérios

Diante disso, apresento-lhes agora, pelo rádio, pela TV e pela imprensa, trechos de uma pesquisa que só tinha dado a conhecer a alguns Irmãos que trabalham diariamente comigo.

Percorramos juntos, fraternalmente, as vias luminosas do Texto Sagrado, conforme Isaías, 34:16:

> — Buscai no Livro do Senhor e lede; nenhuma destas coisas falhará.

Registraram bem a advertência do quinto Evangelista*[1]: ***nenhuma destas coisas falhará***? Realmente guardaram a admoestação do Profeta? Completemo-la, então, com estas palavras de Ezequiel, 3:11:

> — (...) Quer ouçam quer deixem de ouvir. (...) Assim diz o Senhor.

*[1] **Quinto Evangelista** — Referência a Isaías, tamanho o acerto com que profetizou a respeito da vinda e da existência sacrificial do Messias, Jesus, o Cristo de Deus.

Vejam Quem afirma isso: o Senhor! Quer dizer: Deus, o Pai Celestial, proclama o que tem de ser revelado, quer os homens, tantas vezes desatentos, se interessem em saber ou não. O raciocínio é simples: Ele cumpre o dever de verdadeiro Amigo: **avisa-nos**!

E, aqui, uma pergunta oportuna: desde quando o Mestre pode submeter-se à ignorância do discípulo? É obrigação do preceptor livrar seu pupilo do analfabetismo humano, moral ou espiritual. Do contrário, não é um verdadeiro mentor. Jesus adverte que *o discípulo não pode ser maior que o seu mestre* (Evangelho do Cristo, segundo Mateus, 10:24) até que se torne mestre também.

O fim vem! O fim vem!

Aprendamos, portanto, com quem igualmente sempre possui algo de valioso a nos ensinar. Ezequiel, em seu livro extraordinário, 7:2, anuncia:

> — Ó tu, Filho do Homem, assim diz o Senhor Deus, acerca da terra de Israel: Haverá fim! O fim vem sobre os quatro cantos da Terra.

Os quatro cantos da Terra. Antigamente, pensava-se que a Terra fosse plana. Por conseguinte, teria quatro cantos. Destaco essa passagem porque Ezequiel diz que *o fim vem sobre os quatro cantos da Terra*. Aproxima-se, portanto, se damos valor ao alertamento do Profeta, uma tremenda transformação para todos.

Avizinha-se de nós o término do reino da maldade, da impunidade, da insensibilidade, contudo o início da regeneração, porquanto Deus declara no Apocalipse, 21:5: (...) *Eis que faço novas todas as coisas*.

O Apocalipse é o último livro do Novo Testamento, portanto da Bíblia Sagrada. Iremos mostrando, na série *Os Profetas e o Fim dos Tempos*, que existe uma eloqüente correlação entre ele e o Velho Testamento, e assim com o Evangelho, porque, afinal de contas, a Profecia é a palavra de Deus na parte eterna da Sagrada Escritura. Todos os governos da Terra deveriam inspirar-se nele, de forma alguma ao pé da letra, visão belicista que promoveu, e ainda fomenta, tantos cruéis embates em nome Daquele que é Amor. Seu discernimento deve ser, por conseqüência, sempre desenvolvido em Espírito e Verdade, à luz do Novo Mandamento do Cristo, que é o Amor elevado à enésima potência:

> — Amai-vos uns aos outros como Eu vos amei. Não há maior Amor do que este: dar a sua própria Vida pelos seus amigos.

E lá no versículo 35 do capítulo 13 do Evangelho, segundo João, destaca-se uma advertência muito séria de Jesus, que é a base de toda sociedade que queira realmente ser solidária e que pretenda superar todas as ameaças do caminho, porque não há outro, a não ser o da destruição, o qual queremos bem longe deste mundo. Ele diz:

> — Somente assim podereis ser reconhecidos como meus discípulos, se tiverdes o mesmo Amor uns pelos outros.

Qualidade civilizadora do Amor Fraterno e da Justiça Divina

Não existe outra forma para o estabelecimento definitivo, mesmo que paulatino, da Solidariedade social. Enquanto o Ser Humano não compreender a qualidade civilizadora do Amor Fraterno, unido à Justiça inspirada pelo Deus Divino — não o antropomórfico, criado pelo Ser Humano à sua imagem e semelhança, repleta de falhas —, muito tempo estará sendo perdido. O outro lado da moeda, conhecemo-lo bem. Está patenteado no rio de sangue do sucesso de uns sobre a exploração de outros; na ameaça, sempre presente, de uma destruição jamais vista. Quem deseja isso? Nós não!

Regeneração nunca distante

Bem, estamos demonstrando que a Profecia não é coisa nebulosa; senão, de que adiantaria estudar o Apocalipse? Estaríamos perdendo o nosso precioso tempo. (...)

O fim de um ciclo determina o início de outro. Por isso, como já afirmamos, a regeneração mostra-se tão próxima em tempo profético, não do calendário humano.

> — Revelação de Jesus, o Cristo, que Deus Lhe deu para mostrar aos Seus servos as coisas que em breve devem acontecer (...), pois o tempo está próximo (Apocalipse, 1:1 e 3).

Vivemos constantemente pequenos ciclos de transformação apocalíptica, ou seja, de restrita expressão histórica, humana e espiritual, ante as grandes eras de transformação, como esta que passamos. Está, portanto, sempre ao nosso lado a oportunidade de regeneração, nesses pequenos ciclos que se sucedem, porque Jesus, todos os dias, nasce nos corações de Boa Vontade e também porque Deus declara no Apocalipse, 21:5: *Eis que faço novas todas as coisas*, tais como: a Nova Jerusalém, o novo Céu, a nova Terra, para quem alcançar merecimento.

Livre-arbítrio gera determinismo

Mas prossigamos:

Para justificar a necessidade da Revelação, voltemos a Isaías, agora no 41:22:

> — Trazei e anunciai a nós os fatos que hão de acontecer; anunciai-nos as profecias anteriores, para que atentemos para elas e saibamos se se cumpriram; ou fazei-nos ouvir as coisas futuras.

Zarur resumiu tudo isso na equação perfeita que ilumina a consciência dos que defendem o livre-arbítrio e dos que professam o determinismo ou até mais: o absurdo fatalismo. Uns acham que temos apenas livre-arbítrio e que podemos fazer o que quisermos, sem que haja conseqüência. No entanto, é só observar o mundo para perceber como estão errados. Essa esbórnia que ameaça o Planeta é justamente derivada disso:

> — Não, eu tenho livre-arbítrio! Ora, eu faço o que quiser. Eu, eu, eu!... Ademais, eu não preciso de ninguém! Eu não devo nada a ninguém!

Eu valho por mim mesmo (ou por mim mesma). Quero é saber de mim. Eu, eu, eu!... Os outros que se lixem!

Como se o que acontece com os outros não o afetasse...

Meu Irmão, será que Você não deve mesmo nada a ninguém?! E, Você, minha Irmã?! Ah, é?! Então, vejamos: a roupa que Você veste não foi feita por Você. Rarissimamente, as pessoas confeccionam suas próprias vestimentas. Só se forem costureiras ou alfaiates. Mesmo assim, e o tecido? E os botões? Não foram feitos por eles. Vieram de alguma fábrica, de uma micro, média ou grande empresa. E a pasta de dente? E a escova? E mais: o feijão? E o arroz? Foi Você quem os plantou, meu Irmão? Foi Você, minha Irmã? É preciso *urgentemente* derrubar a sociedade do homem solitário, para fazer surgir a Sociedade do Homem Solidário.

Recordando a máxima de Zarur que concilia determinismo e livre-arbítrio, diz o ilustre poeta e pregador:

> — A Lei Divina, julgando o passado de homens, povos e nações, determina-lhes o futuro.

Juntou o livre-arbítrio da criatura humana a ser medido por Deus (a Lei Divina, julgando o passado de homens, povos e nações) ao determinismo resultante dos nossos atos bons ou maus (determina-lhes o futuro). Daí surge o determinismo (bem diferente do fatalismo), mas não como algo aleatório, como uma bomba voadora que não sabemos onde cairá, uma decisão de um deus maluco, que de repente resolve dividir benesses e torturas entre seres terrestres ou celestes, conforme o seu bestunto alienado. Não! Somos nós quem criamos o destino, de acordo com o emprego que fizermos do nosso livre-arbítrio. Para os que o usarem inadequadamente, o alertamento dos versículos 1 e 2 do Salmo 94:

> 1 Ó Senhor, Deus das vinganças, ó Deus das vinganças, resplandece!*2
> 2 Exalta-te, ó Juiz da Terra; dá o pagamento aos soberbos!

E para os que dele fizerem, com Boa Vontade, a glória para os seus destinos, aqui e na Pátria Espiritual, o conforto do Salmo 91:1 a 16:

Sob a sombra do Altíssimo

> 1 O que habita no esconderijo do Altíssimo e descansa à sombra do Onipotente
> 2 diz ao Senhor: Meu refúgio e meu baluarte, Deus meu, em quem confio.
> 3 Pois Ele te livrará do laço do passarinheiro e da peste perniciosa.
> 4 Cobrir-te-á com as Suas penas, e, sob Suas asas, estarás seguro; a Sua verdade é pavês e escudo.
> 5 Não te assustarás do terror noturno, nem da seta que voa de dia,

*2 **Nota do autor — Deus das vinganças** — Estamos diante da linguagem necessariamente arrebatada dos Profetas, que precisam fazer-se escutar pelos ouvidos moucos de povos de dura cerviz. Deus jamais se vinga, porquanto é Amor. O que ocorre é que cada um receberá de acordo com suas obras, públicas ou ocultas, no decorrer das vidas sucessivas.

6 nem da peste que se propaga nas trevas, nem
da mortandade que assola ao meio-dia.
7 Caiam mil ao teu lado e dez mil à tua direita;
tu não serás atingido.
8 Somente com os teus olhos contemplarás e
verás o castigo dos ímpios.
9 Pois disseste: O Senhor é o meu refúgio.
Fizeste do Altíssimo a tua morada.
10 Nenhum mal te sucederá, praga nenhuma
chegará à tua tenda.
11 Porque aos Seus Anjos darás ordens a teu
respeito, para que te guardem em todos os teus
caminhos.
12 Eles te sustentarão nas Suas mãos, para não
tropeçares nalguma pedra.
13 Pisarás o leão e a áspide, calcarás aos pés o
leãozinho e a serpente.
14 Porque a mim se apegou com amor, Eu o
livrarei; pô-lo-ei a salvo, porque conhece o meu
nome.
15 Ele me invocará, e Eu lhe responderei; na
sua angústia Eu estarei com ele, livrá-lo-ei e o
glorificarei.
16 Saciá-lo-ei com longevidade e lhe mostra-
rei a minha salvação.

Sempre vale a pena pregar

Às vezes, penso: estou dizendo tanta coisa aqui. Será que estou sendo ouvido? Contudo, o meu dever, como o de tantos outros, é pregar. Retornemos, então, pacientemente, ao Profeta Isaías, 42:23:

— Quem há entre vós que ouça isto? Que atenda e ouça o que há de ser depois?

(Bom, há sempre um pugilo de criaturas humanas e espirituais — Seres Humanos: os Espíritos reencarnados; Seres Espirituais: os livres do corpo — dispostas a ouvir a Palavra Divina. E esse é o nosso conforto, o nosso incentivo.)

Afinal, quem ouvirá a pregação da Palavra de Deus, que está sendo feita por tanta gente dedicada, em todo o mundo? Pelo menos, na hora decisiva, um terço da Humanidade! Infelizmente, pela força de padecimentos. Quem afirma isso? O Profeta Zacarias, 13:8 e 9 do seu livro, no Velho Testamento da Bíblia Sagrada:

> 8 Em toda a Terra, diz o Senhor, dois terços dela serão eliminados e perecerão, mas a terceira parte restará nela.
>
> 9 Farei passar a terceira parte pelo fogo, e a purificarei como se purifica a prata, e a provarei como se prova o ouro; ela invocará o meu nome, e Eu a ouvirei; direi, então: é meu povo, e ela dirá: o Senhor é meu Deus!

Jamais temer

Não podemos apontar flores onde somente florescem urtigas. Observem que, apesar da queda do Muro de Berlim, as nações continuam se armando; o desemprego, crescendo; a Natureza, aturdida pelo desprezo de poderosos e de grande parte do Povo, etc. Não estamos inventando nada. Está aí à vista de todos. Contudo, podemos convidar as criaturas a sobreviver a todas essas coisas, semeadas por tantas pessoas, pois apenas há uma resposta para a dificuldade: superá-la sobranceiramente. Não adianta fechar os olhos diante dos problemas. Mais sábio é transfigurá-los em vitória.

Vejam que, apesar do relato de acontecimento tão doloroso, causado claramente pelos atos humanos (basta acompanhar a mídia), Deus sempre comparece com palavras de esperança: (...) *ela* (a terça parte restante) *invocará o meu nome, e Eu a ouvirei; direi, então: é meu povo, e ela dirá: o Senhor é meu Deus!*.

Para terminar: temos, então, de nos fortalecer, porque, como sempre adverte a Legião da Boa Vontade, "não há segurança fora de Deus". E eu mesmo fui inspirado a escrever que o segredo da segurança pessoal no Fim dos Tempos é precisamente estarmos integrados na Lei Divina, expressa na Terra pelo Cristo, que é Deus em nós, pois nunca se soube que Jesus jamais deixasse de responder ao apelo de uma Alma sentida.

Não adianta fechar os olhos diante dos problemas. Mais sábio é transfigurá-los em vitória.

São Jerônimo, obra de Caravaggio
Óleo sobre tela, 112 x 157 cm
Galeria Borghese, Roma

Amor e Mestra Dor

Meus Amigos e meus Irmãos, estamos numa pequena série dentro da grande série de *O Apocalipse de Jesus para os Simples de Coração*, denominada "Os Profetas e o Fim dos Tempos". Entremeei passagens do Antigo Testamento com outras do Testamento Novo para mostrar que a Palavra de Deus permeia a Escritura do princípio ao fim. E digo mais: a Profecia é encontrada em todos os livros sagrados das religiões da Terra, porque Deus não tem privilegiados. Jesus mesmo diz que buscaria Suas ovelhas dos quadrantes e que, então, haveria *um só Rebanho para um só Pastor* (Evangelho do Cristo, segundo João, 10:16). Isso é um anúncio de que, mais dia, menos dia, as barreiras cairão. E o mundo, ao fim de tudo, confraternizará: *um novo Céu, uma nova Terra*, de acordo com o exposto no Apocalipse, 21:1:

> — E vi novo Céu e nova Terra, porque o primeiro Céu e a primeira Terra passaram, e o mar já não existe.

Mas antes, porém, por causa de impertinência dos atos humanos que não aceitam os reiterados convites do Amor Divino para a Suprema Fraternidade, é trazido à cena o Professor Sofrimento, porque, onde o Amor não consegue realizar a sua generosa obra, a Mestra Dor é convocada a atuar. É como numa operação cirúrgica urgente, em que o bisturi funciona para salvar a criatura.

Renovação de tudo

— Eis que faço novas todas as coisas (Apocalipse de Jesus, 21:5).

O Apocalipse não é aquela destruição infrene — que homens selvagens querem imputar a um Deus que é Amor, como que causada pelo Seu Texto Sagrado. Quem torna as coisas duramente fatais são as ações humanas.

Entretanto, o Criador insiste, no Apocalipse, a expor o resultado de Suas ações de misericórdia em favor de Suas criaturas, nem sempre cordatas.

Eis que faço novas todas as coisas: novo Céu, nova Terra, Nova Jerusalém com a Árvore da Vida Eterna, que dá um fruto cada mês e cujas folhas servem para a cura das nações. *Cura das nações*: não é, portanto, para a destruição. É para dar fim à enfermidade dos povos.

Onde o pavor do Apocalipse, a não ser aquele pacientemente erguido pela insensatez que tem (des)governado as multidões, milênios após milênios? Com essas palestras, quero provocar o raciocínio de Vocês, no tocante a coisas batizadas como infernais, desesperadoras, mas que, na verdade, vinham obscurecendo o lado consolador do Apocalipse, para os que souberem perseverar.

Deus, Fundamento da Profecia.

Bem, vamos prosseguir, voltando agora ao excelente Isaías, 43:11 e 12. Vejam aqui o fundamento profético:

> 11 Eu sou o Senhor (o Senhor Deus), e fora de mim não há salvação (pois não há salvador algum fora de Deus, é tão claro).
>
> 12 Eu anunciei a salvação e a realizei (quer dizer: Eu salvei), e a fiz ouvir; deus estranho não houve entre vós, pois vós sois as minhas testemunhas, diz o Senhor; Eu sou Deus.

Meus Amigos e meus Irmãos, aprendemos na Religião Ecumênica do Amor Universal que a Parte Divina da Bíblia Sagrada é a Profecia, que é "o testemunho de Jesus", o qual devemos manter, como aconselha o Anjo a João Evangelista, também no versículo 10 do capítulo 19 do Apocalipse.

Velho e Novo Testamentos sincronizados

E o que descobrimos, então? Velho Testamento — Isaías — e Novo Testamento — Apocalipse de Jesus perfeitamente sincronizados.

É Deus quem revela a Profecia (Velho Testamento), a qual é o testemunho de Jesus (Apocalipse), que é Um com o Pai Celestial. É justamente o Espírito de Profecia, que vem de Deus, como veremos daqui a pouco.

Ainda referentemente ao versículo 12 — *Eu anunciei a salvação e a realizei, e a fiz ouvir* (...) —, exponho-lhes mais este comentário: pois aqueles que merecem ouvir já amadureceram para tal, porquanto ensina o Cristo que:

> — A cada um será dado de acordo com suas próprias obras (Evangelho, segundo Mateus, 16:27).

Motivo da insistência

Ainda o Profeta Isaías. Não podemos abrir mão dele, 46:9:

— Lembrai-vos das coisas passadas desde a antiguidade (...).

Quer dizer, percebam, por favor: **desde a antiguidade**. Ou seja, temos de estudar do mesmo modo o Velho Testamento. Por que essa minha insistência? É que, para muita gente, o seu texto é coisa passada, superada, mas, como insistia Zarur, não é, não! Pois na Parte Divina, constante também, e fortemente, do Velho Testamento, a Profecia é eterna. Falamos, há pouco, da palavra contida no versículo 10 do capítulo 19 do Apocalipse, na proclamação do Anjo que se manifesta a João: **o testemunho de Jesus é o Espírito de Profecia**. Profecia de que está pleno, repleto, o Velho Testamento. Profecias para o futuro (próximo e distante), como as de Daniel, que as anunciou para todas as épocas, a exemplo do que se acha consignado em 8:19, para a era derradeira:

— E disse: — Eis que te farei saber o que há de acontecer no último tempo da ira, porque ela se exercerá no determinado Tempo do Fim.

E reforçamos com Isaías, 43:11:

— (...) Eu sou o Senhor, e fora de mim não há salvação.

Profecia e salvação

A Profecia é para nos jogar no buraco ou nos salvar? É para nos salvar! Então, é por isso que o grande Autor, o Único Supremo Escritor das Profecias, se apresenta para nós: Deus!

> — (...) Lembrai-vos das coisas passadas desde a antiguidade. Lembrai-vos de que Eu sou Deus e não há outro Deus, não há outro semelhante a mim (Isaías, 46:9).

E, agora, trecho do versículo 10:

> — Recordai "que anuncio o fim **desde o princípio** (...)".

Onde tudo ocorre primeiro

Quer dizer, Ele é o dono do Espaço e do Tempo, por isso sabe todas as coisas.

Então, Vocês entendem por que expliquei, em outro volume desta coleção (*Somos todos Profetas*), quando analisávamos o Dia do Senhor, que este é o estado ideal de integração **no Espaço e no Tempo de Deus**. Se realmente nos integrarmos neles, nos quais tudo ocorre primeiro e é planejado, entenderemos a Profecia. Não estaremos subjugados pelo calendário humano, que é totalmente instável, apesar de existirem vários... E mais ainda: além de entendermos a Profecia e de podermos decifrá-la, seremos a própria Profecia, que é a Verdade antecipada.

Muitas vezes falo aqui empolgado, com uma eloqüência enorme diante de Vocês, mas agora esse assunto é tão profundo que estou indo devagar, para que todos possam absorver o ensinamento. Obrigado pela atenção, e vamos continuar.

Esse estudo de Isaías (e de outros Profetas) que estamos fazendo com o Apocalipse (Profeta Isaías, 43:11 e 12; Apocalipse de Jesus, 19:10) nos mostra a realidade a respeito da ligação entre Velho e Novo Testamentos. Eis aí mais uma parte profética da Bíblia, do Gênesis mosaico ao Apocalipse de Jesus, unidamente laborando na missão de abrir os olhos terrestres para a Cultura de Deus.

Um Deus de Amor com Amor escreve a Profecia

Vamos *logicar**[1] para que todos entendam: já que Deus é Amor, é com o Amor mesmo, que é o próprio Deus — o verdadeiro Autor das Escrituras Sagradas na sua Parte Eterna —, que elas foram escritas. É claro!

Para compreenderem bem a respeito disso, na Bíblia Sagrada existem: Parte Eterna e parte humana; Parte Divina e parte das criaturas terrestres. Vocês poderão pesquisar nas diversas publicações da Religião de Deus, por exemplo em *A Bíblia para o Povo**[2], a partir da p. 92, no capítulo "Lei — Parte Divina e parte humana".

Não há espaço para tratar disso agora. Entretanto, resumindo: a Parte Divina da Bíblia é a

---

*[1] **Nota do autor — "Vamos *logicar*"** — Era uma expressão muito usada pelo professor Leopoldo Machado, Legionário da Boa Vontade nº 2. O primeiro foi Alziro Zarur, o fundador da LBV Mundial.

*[2] ***A Bíblia para o Povo*** — Obra de Paiva Netto, lançada em 1989.

Profecia; a humana são os erros de todos nós, seres terrenos. Isso em nada prejudica a excelência das Escrituras Sagradas. Pelo contrário. Destaca mais o seu Valor Divino, porque, apesar dos equívocos das criaturas falíveis, a Bíblia sobreviveu a tantos absurdos relatados.

A Profecia é de Deus. Velho e Novo Testamentos comprovam.

A Profecia não é do Profeta. Este é apenas um instrumento, o medianeiro. No Velho Testamento, aprendemos que a Profecia é de Deus. Acabamos de ver na palavra de Isaías:

> — Eu, Eu sou o Senhor, e fora de mim não há salvação. (...) (43:11).
>
> — (...) desde o princípio anuncio o que há de acontecer e desde a antiguidade (profetizo) as coisas que ainda não sucederam. E digo: o meu conselho permanecerá de pé, farei toda a minha vontade (46:10).

No Apocalipse, 1:1, encontramos a reiteração cabal de que Deus é o Supremo Autor da Profecia:

Título, Autor e Assunto do Livro.

> — Revelação de Jesus, o Cristo, **que Deus Lhe deu** (...).

Só a Verdade ficará de pé

Zarur tinha toda a razão quando afirmava, alto e bom som, pela mídia:

— Só a Verdade permanece de pé. Quem está com a Verdade, nada pode temer.

Legionários da Boa Vontade

Por isso, repetimos sua quadrinha, com Fé Realizante*[3]:

Marcharemos no Sul e no Norte...
Ninguém pode esta marcha deter!
Pois, se nós não tememos a morte,
A quem é que nós vamos temer?

Onde o Amor não consegue realizar a sua generosa obra, a Mestra Dor é convocada a atuar. É como numa operação cirúrgica urgente, em que o bisturi funciona para salvar a criatura.

---

*[3] **Fé Realizante** — Os conceitos foram definidos por Allan Kardec (Fé Raciocinada), Alziro Zarur (Fé Raciocinante) e Paiva Netto (Fé Realizante e Fé que diviniza). Leia mais sobre o assunto na coleção Diretrizes Espirituais da Religião de Deus.

A Profecia é de Deus

Velho Testamento: Profecia desde o Pentateuco mosaico. Novo Testamento: do Evangelho de Jesus, segundo Mateus, Marcos, Lucas e João, até o Apocalipse também há profecia, mesclada com outros relatos divinamente instrutivos. A Profecia é de Deus, o verdadeiro Autor das Escrituras Sagradas na sua Parte Eterna. Ele, generosamente manifesto, com a Sua Mão Celeste e Protetora, entre as trapalhadas humanas, a demonstrar que a Bíblia porta a Sua Palavra de Salvação além dos Tempos, na Sublime Tarefa de nos remir, a despeito de nós.

O Profeta é o alto-falante

Tenho de bater, rebater, fazer como Napoleão Bonaparte (1769-1821):

> — A melhor figura de retórica é a repetição,

porque muita gente ainda pensa que a Profecia é do profeta, pois confunde profeta com videntes, com os sensitivos (bons ou ruins) da atualidade. A Profecia é de Deus. Não estou aqui entrando no mérito da mediunidade, da paranormalidade, da sensitividade de quem quer que seja. Só estou demonstrando a categoria do Profeta de Deus. Ele é apenas um instrumento, bem que fiel e valioso. Daniel, no seu livro, afirma que recebeu a Profecia, mas que não a entendeu:

> — Eu, pois, ouvi, mas não entendi, por isso perguntei: Senhor meu, qual será o fim destas coisas? Ele respondeu: Vai-te, Daniel, porque estas palavras estão cerradas e seladas até o Tempo do Fim (Daniel, 12:8 e 9).

O Único Capaz

Ora, os segredos de Deus seriam revelados mais tarde, pelo Cristo, o único que foi considerado capaz de abrir os Selos. Vocês se lembram, no Apocalipse, daquela passagem em que João Evangelista fica desesperado, chegando mesmo a chorar, porque ele e os outros (no Céu e na Terra) não encontravam ninguém capaz de abrir o Livro, selado por dentro e por fora, escrito por dentro e por fora, até que Jesus se manifestou, na forma simbólica de um cordeiro, e *os quatro seres viventes e os vinte e quatro anciãos* reconheceram e proclamaram-No como o Único Ser capaz de realizar tamanha façanha?

Está aqui: A Visão do Livro selado com sete selos e a do Cordeiro de Deus, capítulo 5, versículos 1 a 14 do Apocalipse:

> 1 Vi na mão direita Daquele que estava sentado no trono um livro escrito por dentro e por fora, de todo selado com sete selos.
>
> 2 Vi também um Anjo forte, que proclamava em grande voz: Quem é digno de abrir o livro e de lhe desatar os selos?
>
> 3 Ora, nem no Céu, nem sobre a Terra, nem debaixo da terra, ninguém podia abrir o livro, nem mesmo olhar para ele;

4 e eu chorava muito, porque ninguém fora achado digno de abrir o livro, nem de o ler e nem mesmo de olhar para ele.

5 Todavia, um dos anciãos me falou: Não chores: eis que o Leão da tribo de Judá, a Raiz de Davi, pela Sua vitória alcançou o poder de abrir o livro e os seus sete selos (Ele é o Cristo de Deus).

6 Então vi, no meio do trono e dos quatro seres viventes e entre os anciãos, de pé, um Cordeiro como tinha sido morto. Ele tinha sete chifres, bem como sete olhos que são os sete Espíritos de Deus mandados por toda a Terra.

7 Veio e tomou o livro da mão direita Daquele que estava sentado no trono;

8 e, quando tomou o livro, **os quatro seres viventes e os vinte e quatro anciãos prostraram-se diante do Cordeiro de Deus**, tendo cada um deles uma harpa e taças de ouro cheias de incenso que são as orações dos Santos,

9 e entoavam um novo cântico, **dizendo**:

Digno és, Senhor, de tomar o livro e de desatar-lhe os selos, porque foste morto e com o Teu sangue compraste para Deus os que procedem de toda tribo, e língua, e povo e nação,

10 e para o nosso Deus os constituíste reis e sacerdotes; e reinarão sobre toda a Terra.

11 Vi e ouvi, então, a voz de muitos Anjos ao redor do trono, dos seres viventes e dos anciãos, cujo número era de milhões de milhões e milhares de milhares,

12 proclamando em grande brado:

Digno é o Cordeiro de Deus, que foi morto, de receber a virtude e a dignidade, e o poder, e a riqueza, e a sabedoria, e a fortaleza, e a honra, e a glória, e o louvor.

13 Então ouvi o que toda criatura que há no céu e sobre a terra, e debaixo da terra e sobre o mar, e tudo o que neles há, dizendo: Àquele que está sentado no trono, e ao Cordeiro de Deus, sejam o louvor, e a honra, e a glória, e o domínio pelos séculos dos séculos.
14 E os quatro seres viventes respondiam: Amém; e também os anciãos prostraram-se e O adoraram.

Eis, pois, que as palavras cerradas até mesmo a Daniel, que o Anjo Gabriel chamou de "muito amado", no livro do mesmo Profeta (10:11), no Antigo Testamento, foram abertas por Jesus, no Novo Testamento.

Muita gente ainda pensa que a Profecia é do profeta, pois confunde profeta com videntes, com os sensitivos (bons ou ruins) da atualidade. A Profecia é de Deus.

Natal, Fraternidade, Ano-Novo e a mensagem do Apocalipse.

O Natal é a expansão da Fraternidade, e o Ano-Novo é a renovação da Esperança, cujo resultado depende de nós, criadores da riqueza ou mantenedores da pobreza, individual e coletiva, material e espiritual. A cada 25 de dezembro e 1º de janeiro, precisamos, crescentemente, destacar os ensinamentos do Divino Mestre acima das tradições humanas, por mais belas, pois estas não podem substituir o sacrifício Daquele que, há dois mil anos, entregou Sua vida por Amor a nós. Somos ainda civilização cristã bem distante da ética do Evangelho e do Apocalipse, senão como justificar tamanhas atrocidades que se repetem e se multiplicam no mundo?!

Nosso melhor desejo natalino e de feliz Ano-Novo ao querido Povo brasileiro e aos estrangeiros de Boa Vontade é o de que possam encontrar, sempre mais, o conforto, a sabedoria e a libertação que as lições do Divino Mestre nos proporcionam para a eternidade: *Amai-vos uns aos outros como Eu vos amei. Somente assim podereis ser reconhecidos como meus discípulos* (Evangelho, segundo João, 13:34 e 35).

Apocalipse que liberta

Convido todos para uma breve reflexão sobre os três primeiros versículos do Apocalipse de Jesus, que, pelo rádio, pela TV e pela imprensa, temos explicado aos Simples de Coração:

Título, Autor e Assunto do Livro.

1 Revelação de Jesus, o Cristo, que Deus Lhe deu para mostrar aos Seus servos as coisas que em breve devem acontecer, e que Ele, enviando-as por intermédio do Seu Anjo, notificou ao Seu servo João,

2 o qual atestou a Palavra de Deus e o testemunho de Jesus Cristo, quanto a tudo o que viu.

3 Bem-Aventurados aqueles que lêem e aqueles que ouvem as palavras da profecia deste Livro e guardam as coisas nele escritas, pois o tempo está próximo.

Pela atenta leitura dos versículos acima, sabemos que o Apocalipse não é de João, e sim de Jesus. E até mais: o Livro das Profecias Derradeiras pertence ao próprio Deus. Muitos Irmãos em Humanidade sabem disso, escrevem sobre o assunto, mas alguns utilizam termos tão difíceis que às vezes não se tornam corretamente entendidos pelos leitores.

O que estamos promovendo é a abertura, na Super Rede Boa Vontade de Rádio, de um meio simples para o diálogo com os que nos dão a honra de sua simpática audiência, para que todos alcancem, por menos instruídos que possam ser, sem significativos obstáculos, a compreensão de um Livro cuja finalidade não é a de apenas proporcionar erudição, mas salvação, tranqüilidade, equilíbrio.

Mas de que Ciência estamos falando?

O Apocalipse não é um volume de mistérios sem solução. Ainda bem... Temos de libertar desse estigma a mais importante obra literária e espiritual da atualidade planetária, que se inicia, dizendo de si mesma tratar-se de uma Revelação.

Os livres são aqueles que têm a visão apurada das coisas divinas, pois, no Evangelho, Jesus nos oferece o caminho da libertação de tudo quanto nos oprime e tortura: *Conhecereis a Verdade* (de Deus)*, e a Verdade* (de Deus) *vos libertará* (Boa Nova do Cristo, segundo João, 8:32). O fundador da LBV frisava a natureza superior da Verdade que liberta. Realmente, as verdades humanas muitas vezes nos conduzem a situações de atraso. Basta lembrar quantas conclusões já foram tidas como cientificamente inalteráveis, e hoje até as crianças as vêem como grandes infantilidades, como, aliás, a própria Ciência reconhece. Por isso, quando alguém argumentar ser alguma coisa impossível, tendo em vista determinado parecer científico, qualquer um poderá questionar: mas de que Ciência estamos falando? A do passado, a contemporânea ou a Ciência do futuro? Sim, porque os enunciados da respeitável e utilíssima Ciência, sem a qual não podemos mais viver, evoluem e o devem fazer permanentemente.

Milênios de atraso na aceitação do átomo

Durante milênios, a Humanidade ficou presa ao conceito dos quatro elementos da criação definidos por Aristóteles (384-322 a.C.): fogo, água, terra e ar. Entretanto, há 2.500 anos, Leucipo (aproximadamente 480-420 a.C.) e seu discípulo Demócrito (aproximadamente 460-370 a.C.) (alguns dizem ter sido Albert Einstein uma reencarnação de Demócrito) já tinham inferido e provado a existência de uma forma mínima da matéria: o átomo. Hoje, sabe-se que ele próprio igualmente se subdivide. Ora, apesar da avançada conclusão desses dois gênios da antiguidade grega, muitos estudiosos demoraram cerca de 2.500 anos atados ao ensinamento aristotélico. Leibnitz (1646-1716) tinha razão: *Natura non facit saltum*, isto é, a Natureza não dá saltos. E nós, inspirados nele, podemos, diante dos fatos, afirmar que, no campo espiritual, **até agora** *humanitas non facit saltum*: a Humanidade não dá saltos, também. Mas tudo isso vem melhorando. O Ecumenismo Irrestrito e Total, pregado e vivido pela Religião de Deus, é um exemplo.

Desejo sublinhar que, sendo a Boa Nova de Jesus Cristo no Apocalipse uma Revelação que Lhe foi dada pelo próprio Pai Celestial e tendo em vista que o conhecimento da Verdade de Deus nos liberta, essa mesma Revelação só pode existir para nos livrar da ignorância, e não para ser indecifrável, justamente por se constituir numa Revelação, e logo do Criador para as Suas criaturas.

A Revelação (o Apocalipse) nos vem de Deus por intermédio de Jesus, que a passou a um Anjo e, este, finalmente, a entregou ao Evangelista-Profeta. João deu testemunho daquilo que viu e ouviu, tendo sido fiel no cumprimento da tarefa recebida. Por isso mesmo foi digno de que Jesus o testemunhasse perante o Pai Celestial, assegurando que o Discípulo permaneceria aqui até quando Ele (Jesus) voltasse. É evidente que o Divino Mestre não se referia à existência física do Apóstolo naquela encarnação. Falava de seu Espírito eterno e, principalmente, do trabalho de anotação do Apocalipse, que, de fato, não se perderia e permanece vivamente repleto de significado para a Humanidade, quando esta vive uma das mais importantes passagens de seu amadurecimento espiritual.

Quando alguém argumentar
ser alguma coisa impossível, tendo em
vista determinado parecer científico,
qualquer um poderá questionar: mas de
que Ciência estamos falando? A do
passado, a contemporânea ou a
Ciência do futuro?

A Criação de Adão, obra de Michelangelo Buonarroti (1475-1564)
1510
Afresco, 280 x 570 cm
Capela Sistina, Vaticano

Apocalipse e Poder de Deus

Meus Amigos e meus Irmãos, pregar o Apocalipse, mostrando o seu significado pragmático para homens, povos e nações, é uma das maiores atividades da Religião de Deus nos dias que correm, revelando coisas que, para certos seres "modernos" e "práticos", aparentemente têm importância menor, mas que, pelo contrário, têm relevância suprema, porquanto o que existe de importante nesta hora final de ciclo apocalíptico, de século e de milênio e início de um novo período evolutivo para a Humanidade, é justamente entender o maior livro de profecias da Terra e também nos livrarmos de mistificadores, que campeiam pelo mundo, entre os quais, gente que prega o ódio em nome de Deus (que é Amor), que brinca com a mediunidade (Dom Divino) e assim por diante:

> — Servidores dos três espíritos imundos, semelhantes a rãs, operadores de sinais, que se dirigem aos reis do mundo inteiro, com o fito de ajuntá-los para a peleja do grande dia (Armagedom) do Deus Todo-Poderoso (Apocalipse de Jesus, segundo João, 16:13 e 14).

Claro que há honrosas exceções, e esses alertamentos justamente valorizam aqueles que têm realmente mediunidade ou carisma, que são paranormais. Vários nomes são usados: mediunidade, carisma, paranormalidade e tantos outros que, no fundo, são a mesma coisa (...): expressões da Graça Divina.

Na existência terrena uns chegam a Deus pelo intelecto, num caminho talvez mais demorado; outros, pela intuição e, por isso, vão mais rápido. A humildade é fator preponderante para o aceleramento da subida de um Espírito na direção de Deus, da criatura rumo ao seu Criador. Entretanto, ainda há quem a confunda com omissão ou covardia, com o que não concordamos, pois a humildade é, acima de tudo, corajosa. (...) Já que estamos falando nela, acho que humildes e caridosos não são apenas aqueles que vão a hospitais, casas de saúde, prontos-socorros, para confortar os doentes do corpo. Esta, por si só, é uma enorme tarefa. A Legião da Boa Vontade e a Religião de Deus cumprem-na rigorosamente. Existem, contudo, outros enfermos, os do Espírito, e estes são anteriores àqueles que caem adoentados na carne, porque toda enfermidade tem início na nossa parte invisível. O corpo age como um filtro que livra o perispírito dos males acumulados na nossa parte etérea.

Roteiro do êxito na vida

Por isso, a grande missão da LBV Mundial e da Religião de Deus é, acima de tudo, educativa: esclarecer as pessoas a respeito delas mesmas (Educação e Cultura com Espiritualidade Ecumênica, no sentido de que haja verdadeiramente alimentação, saúde e trabalho), para que saibam escolher o caminho certo, para o que não podem esquecer-se de que são, antes de carne, Espírito, e assim não adoeçam, psicológica e fisicamente. Esse conhecimento, que não tem nada de ilusório, lhes mostrará o roteiro do êxito completo na vida. Senão, Jesus não teria advertido no Evangelho, segundo Mateus, 6:33:

> — Buscai primeiramente o Reino de Deus e Sua Justiça, e todas as coisas materiais vos serão acrescentadas.

A LBV, por seguir este ensinamento do Mestre (o Espírito primeiro, justamente por saber que o corpo apresenta também suas necessidades próprias, que lhes serão compensadas), tem se desenvolvido de forma segura. Basta ver que Alziro Zarur começou o seu trabalho pregando o Apocalipse*[1], uma obra literária de essência espiritual. As Obras de Promoção Humana e Social equilibradamente vieram em seguida. Por isso, reitero, para alcançarmos sucesso duradouro, não podemos inverter a Lei do Supremo Legislador Jesus, o Grande Religioso, o Grande Estadista, o Grande Economista, um Divino Modelo para a Humanidade. Em suma, o Educador Excelente, **porque, ao mesmo tempo, espiritualiza**. E a ordem Dele é *primeiramente o Reino de Deus e Sua Justiça*, para que todas as coisas materiais nos sejam somadas. Mas o político, o filósofo, o economista, o médico, o religioso, que não prestam atenção a isto, estão invertendo a ordem natural da Vida, ou pensam que observar essa Lei

---

*[1] **A LBV começou com o Apocalipse** — Alziro Zarur abriu a *Hora da Boa Vontade* na Rádio Globo do Rio de Janeiro, às 17 horas do dia 4 de março de 1949, pregando o Livro das Profecias Finais. Este programa deu origem à Legião da Boa Vontade, LBV, inaugurada em 1º de janeiro de 1950.

do Cristo significa abandonar as causas humanas e sociais urgentes. Estão equivocados. E a maior prejudicada é a Humanidade. Sempre!

— Ah! mas isso não deu certo antes!

Quem foi que disse?! Ora, se "não deu certo" é porque os homens não o realizaram adequadamente ou nem o tentaram! Tornaram tudo complexo, dizendo-o lições de Jesus, quando não eram. Querem uma prova? Ele disse: ***Amai-vos***, e o que o mundo proclamou foi o "armai-vos*[2]", a ordem antiga que sempre campeou no Planeta, não só da parte dos guerreiros, mas também dos religiosos que os insuflavam. Então não se fez, com decisão pertinaz, o que o Divino Chefe determinara. Muito de Sua Palavra e de Seu Exemplo resta ser concretizado. Realmente, coisa bastante a ser feita. Então, é aconselhável maior dose de modéstia do que dizer, ou escrever, peremptoriamente, que o Pensador Celeste fracassou, posto que Sua doutrina não foi nem ainda integralmente compreendida. Jesus é uma conquista diária.

Lyndoe e a América Meridional

Abrindo a "Proclamação do Amor de Deus"*[3], feita por Alziro Zarur em 1959, lá podemos ler que,

---

*[2] Alziro Zarur chamou a atenção para isso na década de 1950, afirmando: Jesus disse *Amai-vos*. No entanto, os homens preferiram promover o "Armai-vos". Deu no que deu...

*[3] **Proclamação do Amor de Deus** — Com esta Proclamação, Alziro Zarur mais uma vez destacou a sublime importância do Novo Mandamento de Jesus: *Amai-vos uns aos outros como Eu vos amei. Somente assim podereis ser reconhecidos como meus discípulos* (Evangelho do Cristo, segundo João, 13: 34 e 35), que durante quase 2.000 anos permanecera como que esquecido na Bíblia Sagrada. Veja a obra *Religião do Terceiro Milênio*, de Paiva Netto.

apesar de o Novo Mandamento do Cristo estar exposto há dois mil anos na Bíblia, até agora não fora totalmente entendido. Hoje, porém, respeitáveis personalidades proclamam o valor transcendental do Mandamento do Cristo, que vem sendo preconizado pela LBV desde os seus primórdios. Pena que ainda haja aqueles que não compreenderam a extensão da verdadeira tarefa do nosso Povo, que, ao lado das outras nações sul-americanas, tem missão planetária a cumprir, com ou sem previsão astrológica.

Lembro-me aqui do famoso astrólogo inglês Edward Lyndoe e sobre suas previsões quanto ao preponderante papel da América Meridional (como também é chamada a América do Sul). Neste auspicioso início da Era de Aquário que vivemos, vale salientar a precisão desse inglês em vaticinar o grande conflito que se avizinhava e a derrocada de Adolf Hitler (1889-1945). Bem a propósito — neste ano em que são comemoradas seis décadas do fim da Segunda Guerra Mundial (1939 a 1945), com a assinatura, em 8 de maio de 1945, do cessar-fogo na Europa —, a leitura desta atualíssima página.

Em suas profecias, Lyndoe anuncia a chegada de um novo ciclo para a Humanidade, de benefícios extraordinários e Espiritualidade universal, por esta razão transcrevo alguns trechos do capítulo "Uma previsão astrológica da Política de Deus", publicado no terceiro volume do meu livro *O Brasil e o Apocalipse*:

Satellitium de 1941

Lançando os olhos para o *satellitium* de maio de 1941, posso anunciar um acontecimento que, embora não seja, em força ou glória, comparável àquele outro, ainda trará grandes benefícios à Humanidade.

É uma advertência e uma promessa. Quando virdes o maravilhoso concurso de Mercúrio, Vênus, Júpiter, Saturno e Urano (...), sabereis que vem chegando a nova era nos assuntos do mundo. É esta a melhor notícia que jamais vos foi dada: entrará em cena uma personalidade que dominará — sem domínio — o mundo inteiro.

Trata-se de um domínio muito diferente do que anima o Espírito do Führer. Ele teria salvo a Alemanha e a si mesmo, se não se tivesse considerado o messias desta profecia. Também um fim muito diferente esperaria os estadistas de muitos países, caso eles tivessem sido capazes de mostrar humildade diante da revelação do advento da nova era e de uma direção sublime dos negócios mundiais.

Quanto a mim, limito-me a esperar as primeiras manifestações, sem qualquer temor supersticioso, **e quer me parecer que o Novo Mundo deverá levar em conta esta predição e preparar-se para recebê-la, pois o Velho Mundo cada vez sofrerá maior influência do Novo.** Não só da América do Norte, com sua mecanização em grande escala, **mas também da América do Sul**, com seus recursos infinitos, seus ardentes sentimentos latinos e seus ideais baseados em alicerces que datam de milênios. **A América Latina será chamada a aceitar graves responsabilidades e a contribuir com alguns dos fatores vitais para a situação de todo o mundo de amanhã***[4].

(...) Não me julgueis inclinado a predições esotéricas ou a declarações obscuras sobre coisas que

*[4] Os negritos são nossos.

deveriam ser ditas claramente. Nunca me interessei por vaticínios que não tivessem fundamentos rigorosamente objetivos; mas esta profecia de um dirigente do mundo é de tal ordem que, ao fazê-la, posso apenas afirmar o que sei e, como vós, esperar suas manifestações específicas. **Só de uma coisa tenho certeza: é que nisso está implícito todo o moderno espírito da América Latina, certamente mais do que o de qualquer outra parte do mundo**, e no fundo está precisamente aquele ideal que o Santo Padre (Pio XII) mais uma vez enunciava pela rádio do Vaticano — uma ordem do mundo sob a qual "todos os homens têm direito a ser indivíduos e não apenas escravos ou empregados de uma comunidade".

Astrologia sob a análise da ciência

A Universidade de Brasília (UnB), na capital do País, divulgou, em abril de 2004, o resultado da pesquisa intitulada "Verificação dos efeitos das posições dos astros na eclíptica com respeito à formação do homem e seu cotidiano". O trabalho — assinado por Celso dos Reis Gomes, coordenador do Núcleo de Estudos de Fenômenos Paranormais da UnB (NEFP) — fez uma análise racional e científica da Astrologia com ajuda de 100 voluntários.

Tendo como base a hora, data e local do nascimento dos pesquisados, os astrólogos elaboraram o mapa natal, e nele fizeram a descrição da personalidade e também previsões sobre os acontecimentos dos 40 dias seguintes. Após este período a coordenação do estudo verificou que houve "um índice de acerto próximo de 95% nas descrições da personalidade, emoção, intelecto, mente, sexualidade, valores familiares e econômicos, quadro geral da saúde etc. feitas pelos astrólogos. Vale ressaltar que o valor máximo das avaliações, ou seja, de 100%, ocorreu diversas vezes", diz o documento.

A conclusão da iniciativa é que "há fortes indícios de que a Astrologia pode e deve ser tratada como uma ciência".

Segredo da salvação espiritual e material

O segredo da salvação espiritual e material, nesta transição apocalíptica, é estar integrado na Doutrina de Deus, pois o Seu Planejamento é superior ao dos homens. O Pai Celestial não assinou decreto de destruição da Humanidade. Tal decisão suicida é de muitos homens, porque o egoísmo ainda grita dentro de si. Mas a Misericórdia do Criador por Suas Criaturas vencerá!

> — Ah! mas os que pensam assim são tão poucos! **Serão mesmo?!**

O exemplo de Teresa

Já dizia velho adágio que vem lá do Oriente: **"Eu com Deus sou maioria"**. E há aquela história que costumo contar de Santa Teresa.

(Aqui falamos dos belos exemplos de **todas** as etnias, culturas e religiões, porque a LBV é um Campo Neutro do Cristo. Então, podemos narrá-los sem nenhum preconceito, nenhum tabu, nenhuma algema dogmática, porque respeitamos a todos e a lição de Santa Teresa deve ser lembrada.)

Resumidamente, o fato se deu assim:

> Santa Teresa tinha dez moedas e resolveu sair do seu convento para abrir outros. Então, uma de suas companheiras que a admiravam, que estavam com ela há tanto tempo, disse-lhe:
>
> — Teresa, aonde vais?
>
> — Sair.
>
> — Que tens nas mãos?
>
> — Dez moedas. Vou abrir outras obras para nossa amada ordem.
>
> — Com dez moedas? Teresa e dez moedas não poderão fazer nada!
>
> Então a santa respondeu-lhe:
>
> — Tens razão, minha irmã: Teresa e dez moedas nada podem. Mas Teresa, dez moedas e Deus tudo conseguirão realizar.

Juntemos a esta história pequenina e maravilhosa aquele provérbio antigo de que há pouco falamos, a respeito do qual Zarur gostava muito de referir-se: "Eu com Deus sou maioria", e sigamos em frente.

"O Povo sabe das coisas"

Jesus, com incultos Apóstolos, aqueceu a chama da Sua Mensagem, lá, na escondida Judéia. O centro da civilização era Roma, com os alucinados Césares, que mantinham na ignorância, para melhor explorá-lo, aquele povo infeliz. Roma! Deusa Roma! *Dea Roma!* Onde se encontra hoje o seu prepotente império? Sumiu-se na voragem do tempo. No entanto, Jesus, humildemente, naquela região distante do centro do poder humano, acendia para o mundo o maior luzeiro. Depois veio Paulo Apóstolo que — juntamente com Lucas Evangelista — era exceção e saiu com a sua forte dialética pelas estradas, espalhando a doutrina do Cristo, porque os homens da Verdade, pela Verdade de Deus, são despertados, onde estiverem. Se são da Verdade, a Verdade toca-lhes o coração e eles se transformam em Apóstolos dela, mesmo sendo incultos nas letras humanas. Assim ocorre com as massas populares, que, às vezes, não sabem ler, porém integram-se com grande facilidade na Mensagem Divina. Afirma sabiamente antigo ditado: "O Povo sabe das coisas".

A humildade é, acima de tudo, corajosa.

Os Mistérios do Apocalipse (I)

Como todos têm grande curiosidade e, mais que isso, necessidade de conhecer o Templo da Boa Vontade, o Templo do Ecumenismo Irrestrito, eis o seu endereço: ele está situado no SGAS 915, Lotes 75/76, tel. (61) 3245-1070. Ou, simplificando, na 915 Sul, em Brasília/DF, Brasil.

Já dissemos muitas vezes que o livro que resume a Mensagem Profética do Cristo não é mistério, a começar pelo nome: Apocalipse, que em grego significa Revelação. Já sabemos igualmente que ele não é de autoria de João Evangelista, **mas de Jesus**; porquanto aqui está escrito: Revelação de Jesus Cristo. Ou Apocalipse de Jesus Cristo, logo no versículo primeiro do capítulo primeiro.

Mas de quem Jesus recebeu esse Livro? O próprio Apocalipse responde, também no capítulo primeiro, versículo primeiro: **de Deus**! Que coisa importante! Recebeu-o de Deus. Então é algo que profundamente toca as criaturas do Criador. Deus não vai enganar Seus filhos com um cavalo de madeira, como fizeram os gregos aos ingênuos soldados do troiano Páris. Mas para que Deus entregou a Jesus essa Revelação? De novo, a resposta nos vem da publicação em análise, ainda no capítulo primeiro, versículo primeiro: *Para mostrar aos Seus servos as coisas que em breve devem acontecer*. Guardem em seus corações esse "em breve", porque previamente precisamos analisar relevante assunto para entrarmos no perfeito entendimento do texto profético, sempre ligado à inspiração própria do Livro, que é Deus.

Para revelar aos Seus servos as coisas que em breve (não esqueçam o ***em breve***, porque esse *em breve* tem sido motivo de muita discussão) *devem acontecer, e que Ele, enviando-as por intermédio do Seu Anjo, notificou ao Seu servo João.*

Quer dizer, Jesus recebeu de Deus a Revelação e notificou-a ao servo João, por meio de um Anjo. João foi, então, um fiel entregador privilegiado da Grande Mensagem Profética do próprio Deus aos homens e mulheres da Terra.

Bem, o Divino Chefe notificou, por intermédio do Anjo, ao Seu servo João a Revelação de Deus. O Evangelista-Profeta, por ser íntegro, **não temeu** e logo *atestou à Humanidade a palavra de Deus e o testemunho de Jesus Cristo, quanto a tudo o que viu* (Apocalipse do Cristo, 1:2). João não quis ser apanhado na infringência daquela terrível reprimenda de Jesus aos que se dizem Seus seguidores, quanto ao testemunho que o Discípulo deve oferecer ao Mestre, em qualquer condição, por pior que seja. Ele preferiu testemunhá-Lo. Por quê? Porque ele ambicionava ser testificado pelo Divino Semeador, perante o Pai Celestial. Não nos esqueçamos de que o Cristo disse aos Seus Discípulos e Apóstolos:

> — Aquele que me testemunhar perante os homens, Eu o testemunharei perante o Pai que está nos céus. Mas aquele que não me testemunhar perante os homens, Eu não o testemunharei perante o Pai que está nos céus (Evangelho de Jesus, segundo Mateus, 10:32).

Ora, João Evangelista não admitia, de forma alguma, deixar de testemunhar Jesus, não por ausência de medo ou por mesquinho interesse pessoal, mas porque sempre amou o seu Divino Mestre, não fora ele mesmo o Discípulo Amado. E assim o fez, apresentando à Humanidade o atestado de tudo aquilo que lhe foi predito. Assim devem agir os que verdadeiramente respeitarem o Cristo de Deus.

Agora chegamos ao versículo terceiro do capítulo primeiro. Isso aqui é uma maravilha! Muita gente, depois de tomar conhecimento dele, vai deixar de temer o Livro das Profecias Finais. Compreenderá que, se fosse uma Obra para gratuitamente aterrorizar as criaturas, no versículo terceiro não constaria uma promessa e uma Bem-Aventurança. Por sinal, a primeira das Sete Bem-Aventuranças constantes do Apocalipse:

> — Bem-Aventurados aqueles que lêem e aqueles que ouvem as palavras da profecia deste Livro e guardam as coisas nele escritas, pois o tempo está próximo.

Liguem esse *o tempo está próximo*, do versículo 3, com o *em breve*, que já encontramos no versículo primeiro: *as coisas que em breve devem acontecer.*

Você também é Espírito

O que aprendemos no Centro Espiritual Universalista, o CEU da Religião de Deus, que está promovendo a Revolução Mundial dos Espíritos de Luz? Eu sou um Espírito na carne, mas sou. Você também é um Espírito.

(Já pensou nisto? Você é um Espírito, na carne. E é um Espírito ontem, hoje e por toda a Eternidade; porquanto, o seu Criador é igualmente um Espírito, que nos criou, como ensina o Cristo: *à Sua imagem e semelhança*, em Espírito. Se nos damos, por vezes, mal na vida, é porque ignoramos ou nos esquecemos deste fato fundamental: somos Espírito e não carne. A carne é a nossa vestimenta na existência material. O vestuário não tem inteligência própria. É, apenas, matéria inerte. O Espírito é que pensa; contudo, é necessário que ele seja um excelente aluno do Espírito-Mor, que o criou, que é Deus. E mais: é prioritária a necessidade do nosso relacionamento consciente com a Humanidade de Cima, com os nossos Irmãos do Mundo Espiritual elevado. Em suma, nossos Anjos Guardiães.)

Diante disso, mesmo Vocês que ficam apavorados, temerosos quando se fala em Espírito: "Ih, falou em Espírito, assombração! Mamãe! Papai! Socorro!", e vão pra baixo da cama... Vocês são Espírito e, assim sendo, devem estudar, para conhecer, o Apocalipse; não ao pé da letra que mata, como advertiu o Apóstolo Paulo; mas, em Espírito e Verdade, à luz do Mandamento Novo do Cristo, que nos resgata da morte para sempre.

Só o Amor desvenda o Apocalipse

Aqui está o Conselho de Jesus, por intermédio de João Evangelista, portanto um Conselho de Deus, porque o Apocalipse desceu de Deus, pelo Cristo, por meio do Anjo até chegar a João, e de João até nós: o conselho que os membros do CEU da Religião

Divina, o Centro Espiritual Universalista, exercitam sem parar: Sintonia! com os Maiores da Espiritualidade, nossos Anjos Guardiães.

Como é que Você quer conhecer o Apocalipse, se não entra na freqüência dele? Se Você não o lê? Leia-o, porém, em harmonia com Deus, o *Deus que é Amor*, Aquele que não aprova o fanatismo promotor do ódio. Sendo o Apocalipse de Deus, que é Amor, ele só poderá ser efetivamente desvendado por força desse Sentimento Celeste. De outra forma, Você não pode entrar na faixa vibratória do Apocalipse, das suas Sete Bem-Aventuranças. A Verdade e o Bem estão aqui. Não tenham medo. Entretanto, se, ao invés disso, Vocês preferem entrar na sintonia dos contos e filmes de terror, que os deixam perturbados e nem percebem... aí não tem jeito. Por isso tantas más idéias vão se somando nas suas mentes, Vocês vão sujando os seus Espíritos.

Ah! problema de Vocês? Mas os estou advertindo como amigo.

Não se esqueçam do que dizia o Apóstolo Paulo: *As más conversações corrompem os bons costumes*. Ah! A Humanidade precisa livrar-se do mau hábito de achar que a comunicação das coisas ruins, assim maciçamente, não faz mal à Alma das criaturas. Faz, e muito!

Hoje, alguns já estão preocupados em melhorar a ambiência das coisas. Jornalista e radialista, obviamente não sou contra a mídia revelar as coisas erradas que têm de ser corrigidas. Acho, porém, que, ao lado dos problemas apresentados, devemos encaminhar também propostas de real solução das dificuldades e mostrar os atos bons de tantas pessoas e instituições dedicadas ao bem das criaturas. Nem tudo está perdido. Nunca esteve.

Jesus nos atende se entrarmos na Sua Sintonia

> — Bem-Aventurados aqueles que lêem e aqueles que ouvem as palavras da profecia deste Livro e guardam as coisas nele escritas, pois o tempo está próximo.

Podíamos dizer assim: Bem-Aventurados aqueles que entram na freqüência vibratória deste Livro, lendo e ouvindo as suas palavras (palavras da profecia dele), e guardam esta sintonia, que são as coisas nele escritas, porque o tempo está próximo e, como tal, devemo-nos preparar urgentemente para merecermos estar entre os que serão escolhidos por suas próprias obras.

Entretanto, Jesus responde a essa sintonia? João revela que sim. O Evangelista-Profeta é um médium (vidente e psicógrafo), um sensitivo, um paranormal que recebeu de Jesus, que recebera de Deus (João recebeu de um Anjo, notem a perfeita observância da Hierarquia Divina) essa importantíssima Revelação. Então, esse mesmo João, na sua Primeira Epístola, capítulo 5, versículos 14 e 15, afirma que o Cristo responde se entrarmos em perfeita harmonia com o Divino Mestre. E esta é a confiança que temos para com Ele, que se pedirmos alguma coisa segundo a Sua Vontade, Ele nos ouvirá. E se sabemos que Ele nos ouve quanto ao que Lhe pedimos, estamos certos de que obteremos os pedidos que Lhe temos feito.

Portanto, o poder da intercessão, quer dizer, a ligação com a Humanidade lá de cima, consoante a Vontade do Cristo, é uma realidade consoladora. Peçamos, pois, a Deus que interceda por nós, para que compreendamos esse Livro. Entremos então na Sua Divina Sintonia. Significa que Vocês não perderão seu tempo se ingressarem na Sublime Faixa do Cristo para entender a Sua Profecia, e melhorar as suas vidas, **porque o Apocalipse é para melhorar a existência humana, e não para que se tenha pavor do seu conteúdo**. E esta é a confiança que depositamos Nele.

Ele, quem? Jesus! Que se Lhe pedirmos alguma coisa, segundo a Sua Vontade, Ele nos ouvirá! Posto isso, peçamos ao Cristo que nos revele os chamados "segredos" do Apocalipse, tendo em vista que ele é uma Revelação; portanto, não se trata de um texto para permanecer eternamente oculto aos olhos dos Seres Terrestres e Espirituais. E Lhe peçamos também, entrando em Sintonia permanente com Ele, como querem os nossos Anjos Guardiães da Gloriosa Falange da Boa Vontade*, que nos intua pelo Apocalipse, pelo Evangelho, que são Livros pragmáticos, a resolver os nossos problemas coletivos e pessoais, porque, lendo a Escritura Sagrada, que é de Deus, do Cristo e do Espírito Santo, na parte profética, estaremos recebendo toda a sua rica mensagem moral, da Moral Divina que faz com que sejamos

---

* **Gloriosa Falange da Boa Vontade** — Assim como cada Ser Humano tem um ou mais Anjos da Guarda, o mesmo ocorre com as organizações, as cidades, os países, etc. A Gloriosa Falange da Boa Vontade é formada por elevadíssimos Espíritos a serviço do Cristo que trabalham incessantemente, mobilizando imensas energias, para o sucesso da Legião da Boa Vontade Mundial, cuja missão abrangente envolve ações de Promoção Humana, Social e Espiritual, ecumenicamente beneficiando milhões e milhões em todo o Planeta.

solidários uns com os outros. E aí poderemos viver, não essa sociedade ególatra, portanto solitária, do homem solitário; todavia, a sociedade do Homem Solidário, a Sociedade Solidária Altruística Ecumênica que a LBV Mundial prega, desde que abriu as suas portas (e em que muita gente hoje procura inspiração), fazendo campanhas as mais diversas, para que as pessoas não fiquem enfermas, não morram na penúria, possam educar-se, compreendam o valor da cidadania, sem ficar eternamente aguardando soluções vindas dos governos terrenos. Essa grande campanha incessante contra a pobreza, material e espiritual, começou no Brasil com o ecumênico Alziro Zarur, que a batizou como Natal Permanente da Legião da Boa Vontade, Natal diário contra a fome do Povo, que é diária. A LBV é uma construção viva de Solidariedade! Jesus tem Sua atenção voltada para o mundo. *Que veja quem tem olhos de ver e ouça quem tem ouvidos de ouvir* (Evangelho, segundo Lucas, 8:8), para entender humildemente esta verdade.

Jornalista e radialista, obviamente não sou contra a mídia revelar as coisas erradas que têm de ser corrigidas. Acho, porém, que, ao lado dos problemas apresentados, devemos encaminhar também propostas de real solução das dificuldades e mostrar os atos bons de tantas pessoas e instituições dedicadas ao bem das criaturas. Nem tudo está perdido. Nunca esteve.

A Profecia é uma revelação antecipada do sistemático evoluir da Humanidade

Meus Amigos e meus Irmãos, quero agradecer o carinho com que todos estão acompanhando a análise da Profecia de Deus que estamos fazendo, não ao pé da letra, pois levamos em alta consideração o conselho do Apóstolo Paulo: *A letra mata, o Espírito é que vivifica.* (Segunda Carta aos Coríntios, 3:6) Preferimos então seguir o Espírito que dá Vida. A época da leitura e do entendimento literal já se foi há muito tempo, graças a Deus.

Ainda permanecemos hoje nos primeiros três versículos do capítulo inicial do Apocalipse de Jesus, que não constitui mistério indecifrável, senão Deus seria um gozador. Ele mandaria a Jesus, para que passasse a João Evangelista, por intermédio de um Anjo, uma revelação irrevelável? Seria o cinismo máximo. Mas não é assim. O Apocalipse, a partir do sentido do seu nome, que em grego exprime Revelação, é um conforto para nós, porque, conhecendo-o, não ficaremos ignorantes do mecanismo das Coisas Divinas. E esse Livro maravilhoso não se refere às profecias apenas da forma que algumas pessoas ainda simploriamente as entendem: "A profecia é uma bomba que vai explodir, é uma coisa que vai acontecer, e acabou..." Não! Profecia é uma revelação antecipada do sistemático evoluir da Humanidade.

O processo de amadurecimento de homens e povos está aqui neste Livro magnífico cuja mensagem permeia a Bíblia e também as Escrituras Sagradas das muitas religiões, como expliquei-lhes no primeiro livro da coleção O Apocalipse de Jesus para os Simples de Coração.

Deus conduz a História

Apocalipse é, conforme já aprendemos, uma palavra de origem helênica que significa Revelação. Se é uma Revelação, e a Escritura Sagrada na Parte Divina é a mais extraordinária delas, ele permeia do princípio ao fim a Bíblia, que é a Suprema Revelação do Criador para as Suas criaturas. Demonstramos isso à saciedade, quando analisamos as palavras de Isaías, Amós e Daniel, comparando o texto do Velho Testamento com o do Novo. Acompanhando este estudo, Vocês comprovarão a existência de ciclos evolutivos, resultantes de um Sistema traçado por Deus, que conduz a História, dos quais falaram Roustaing*[1], Ubaldi e Zarur.

O Apocalipse é o Planejamento Divino para a Humanidade.

O mundo não é uma baderna. Recorramos ao Velho Testamento. Vejam como o Universo tem um comando: capítulo 45 do Livro de Isaías, versículo 18.

*[1] **Roustaing, Jean Baptiste (1806-1879)** — Nascido em Bordéus (França), tornou-se Doutor em Advocacia, profissão que passou a exercer em Paris até fixar-se em sua cidade natal, onde se destacou como jurisconsulto. Em 1858, acometido de grave enfermidade, iniciou aprofundado estudo sobre diversos livros espiritualistas e sobre a Bíblia Sagrada. A partir daí, teve sua mediunidade despertada, ligando-se mais às questões espirituais. Este conhecimento fez com que lançasse, em 1865, a conhecida obra *Revelação da Revelação*, e contou para o feito com a sensitividade de Madame Colignon.

— Porque assim diz o Senhor Deus que criou os céus, o único Deus, que formou a Terra, que a fez e a estabeleceu; que não a fez para ser um caos, mas para ser habitada: Eu sou o Senhor, e não há outro*[2].

Quer dizer, Ele não fez o Universo, do qual faz parte o nosso Planeta (porque criou tudo: o céu, a terra, a luz, combateu a escuridão), para a anarquia: concretizou-o segundo um Plano que ainda se encontra acima da compreensão do Ser Humano atual.

O Apocalipse é o Planejamento Divino que a Misericórdia do Pai Celestial nos revelou; porquanto, a Palavra de Deus (o testemunho de Jesus) é o Espírito de Profecia (Apocalipse, 19:10). E o Apocalipse é um Livro eloqüentemente profético.

Coisas que em breve devem acontecer

Voltamos aos versículos 1 e 2, que vamos analisar aqui rapidamente, em virtude da exigüidade do tempo na televisão:

1 Revelação de Jesus, o Cristo, que Deus Lhe deu para mostrar aos Seus servos as coisas que em breve devem acontecer, e que Ele, enviando-as por intermédio do Seu Anjo, notificou ao Seu servo João,

*[2] **"Eu sou o Senhor, e não há outro" (Isaías, 45:18)** — Essa insistência que encontramos na Bíblia a respeito da existência de um Deus único é justificada pelo fato de os hebreus viverem cercados de povos politeístas.

2 o qual atestou a Palavra de Deus e o testemunho de Jesus Cristo, quanto a tudo o que viu.

Muita gente aproveitou-se desse *que em breve devem acontecer*, do versículo primeiro, capítulo primeiro, *pois o tempo está próximo*, do versículo terceiro, capítulo primeiro, para dizer que o Apocalipse é balela, porque nada teria acontecido. No entanto, tanta coisa anunciada pela Escritura já ocorreu!... Os que acompanham as séries *Apocalipse e Profecia**[3] e *O Apocalipse de Jesus para os Simples de Coração* sabem disso muito bem. Afinal, Profecia de Deus não é previsão de irresponsáveis nem o Tempo infinito de Deus, semelhante ao tempo finito dos homens (...).

Trago, agora, para a meditação de Vocês, trechos das Epístolas de Pedro e Tiago, para que entendam esta afirmação de que o tempo está próximo, porque é uma realidade a promessa dos Tempos chegados e de fatos que em breve irão acontecer (como muitos já aconteceram e estão ocorrendo à vista de todos), feita da parte de quem não mente: Deus.

— Mas, amados, não ignoreis uma coisa: que um dia para o Senhor é como mil anos, e mil anos como um dia (Segunda Epístola de Pedro, 3:8).

— Sede, pois, irmãos, pacientes até a vinda do Senhor. Eis que o lavrador espera o precioso fruto da terra, aguardando-o com paciência, até que receba a chuva temporã e tardia.

— Sede vós também pacientes, fortalecei os vossos corações; porque já a vinda do Senhor está próxima (Epístola de Tiago, 5: 7 e 8).

*[3] **Apocalipse e Profecia** — Outra importante série de pregações radiofônicas do autor, transmitida pela Super Rede Boa Vontade de Rádio (Super RBV).

Ainda quanto à questão da proximidade dos Tempos: situa-se além da concepção espacial e temporal comum aos Seres Humanos, contudo seu entendimento pode ser universalmente ampliado se observarmos bem o sentido destas palavras do Cristo ao responder a uma indagação cavilosa dos seus adversários, no tocante à época da vinda do Reino de Deus:

> — O Reino de Deus não vem com visível aparência (...) porque se encontra dentro de vós (Evangelho, segundo Lucas, 17: 20 e 21).

Portanto, ele está sempre mais que próximo das criaturas viventes na Terra e nas Dimensões Espirituais, porque habita no interior delas, à espera de que, consoante o livre-arbítrio de cada uma, o despertem a ponto de poderem vivê-lo pessoalmente em toda a sua plenitude, em qualquer era evolutiva em que se situem.

Quanto ao período histórico da sua realização coletiva, no mesmo capítulo do Evangelho, segundo Lucas, 22 a 37, Jesus esclarece os Seus Discípulos, porquanto já eram capazes de compreender Suas palavras, mesmo que, àquela altura, parcialmente:

> 22 A seguir dirigiu-se aos discípulos dizendo-lhes: Virá o tempo em que desejareis ver um dos dias do Filho de Deus, e não o vereis.
>
> 23 E vos dirão: Ei-lo aqui! Ou: Lá está! Não vades nem o sigais;
>
> 24 porque assim como o relâmpago, fuzilando, brilha de uma a outra extremidade do céu, assim será no seu dia o Filho de Deus.

25 Mas importa que primeiro ele padeça muitas coisas e seja rejeitado por esta geração.

26 Assim como foi nos dias de Noé, será também nos dias do Filho de Deus:

27 Comiam, bebiam, casavam e davam-se em casamento, até ao dia em que Noé entrou na arca, e veio o dilúvio e destruiu a todos.

28 O mesmo aconteceu nos dias de Ló: Comiam, bebiam, compravam, vendiam, plantavam e edificavam;

29 mas no dia em que Ló saiu de Sodoma, choveu do céu fogo e enxofre, e destruiu a todos.

30 Assim será no dia em que o Filho de Deus se manifestar.

31 Naquele dia, quem estiver no telhado e tiver os seus bens em casa, não desça para tirá-los; e de igual modo quem estiver no campo não volte para trás.

32 Lembrai-vos da mulher de Ló.

33 Quem quiser salvar a sua vida, a perderá; e quem a perder por amor de mim (*isto é: dedicar a sua vida ao benefício do semelhante*), de fato a salvará.

34 Digo-vos que naquela noite dois estarão numa cama; um será tomado, e o outro deixado;

35 duas mulheres estarão juntas moendo; uma será tomada e a outra deixada.

36 Dois estarão no campo; um será tomado e o outro deixado.

37 Então lhe perguntaram: Onde será isso, Senhor? Respondeu-lhes: Onde estiver o corpo, aí se ajuntarão também os abutres.

A Parábola do juiz iníquo

(Evangelho, segundo Lucas, 18:1 a 8)

E para fortalecimento e conforto dos que Lhe permanecerem fiéis, seguindo Suas palavras e exemplos, contou esta parábola:

1 Disse-lhes Jesus, sobre o dever de orar sempre e nunca esmorecer.

2 Havia em certa cidade um juiz que não temia a Deus nem respeitava homem algum.

3 Havia também naquela mesma cidade uma viúva, que vinha ter com ele, dizendo: Julga a minha causa contra o meu adversário.

4 Ele por algum tempo não a quis atender, mas depois disse consigo: Bem que eu não temo a Deus, nem respeito a homem algum,

5 todavia, como esta viúva me importuna, julgarei a sua causa, para não suceder que, por fim, venha molestar-me.

6 Então ensinou Jesus: Considerai o que diz este juiz iníquo.

7 Então, não fará Deus justiça aos Seus escolhidos, que a Ele clamam dia e noite, embora pareça demorado em defendê-los?

8 Digo-vos que depressa lhes fará justiça. Contudo, quando vier o Filho de Deus, achará porventura Fé na Terra?

Eis a severa indagação que Ele lança à consciência de cada um de nós, porquanto, apesar de todo o conforto que Jesus nos oferece, quando Ele voltar, *achará porventura Fé na Terra?*

É a pergunta que o Divino Mestre nos faz.

Certamente a encontrará entre aqueles que, seguindo o Seu conselho, persistirem, a despeito de tudo, no Bem até o fim:

— E, por se multiplicar a iniqüidade no mundo, o Amor se esfriará em muitos corações. Aquele, porém, que perseverar até o fim, será salvo (Evangelho, segundo Mateus, 24:12 e 13), porquanto, Ele mesmo nos consola, ao afirmar:

> — Na vossa perseverança, ganhareis as vossas almas (Evangelho de Jesus, segundo Lucas, 21:19).

Por isso, devemos continuar perseverando no estudo do instigante Livro da Revelação de Deus, porque, para aqueles que assim o fizerem, Ele oferece o Seu Divino conforto:

> — Bem-Aventurados aqueles que lêem e aqueles que ouvem as palavras da profecia deste Livro, e guardam as coisas nele escritas, pois o tempo está próximo (Apocalipse de Jesus, 1:3).

Acompanhando este estudo, Vocês comprovarão a existência de ciclos evolutivos, resultantes de um Sistema traçado por Deus, que conduz a História, dos quais falaram Roustaing, Ubaldi e Zarur.

Tempos de Transformação — A Humanidade na busca do equilíbrio.

Meus Amigos e meus Irmãos, estamos analisando, aqui, humildemente com Vocês, o Livro mais importante da atualidade, porque os Tempos chegaram, mais que isso, os Tempos já estão passando. Têm reparado na rapidez das transformações? Não somente sociais, políticas, econômicas, mas religiosas, espirituais, porque a Humanidade tem de alcançar o equilíbrio.

No princípio do século XX, andava-se de carroça. Quando lançaram, na Europa, um modelo de locomotiva, os jornais publicaram que ela iria mover-se com "a *incrível* velocidade de 16 quilômetros por hora". Hoje, na era do foguete, não há termos de comparação. Mas isso, no campo material. E no moral? Muitos tabus têm caído. Ninguém mais é obrigado a viver na ignorância a respeito das coisas sexuais, apesar de que o desconhecimento, sob vários aspectos, acerca de assunto tão vital, continue tão profundo quanto nas eras de antanho. Basta ver que muitos confundem sexo com *transa*. O Amor não é a expressão torpe do desejo, pensamento tantas vezes destacado pelo saudoso Dr. Osmar Carvalho e Silva*[1](1912-1975). Sexo é criação. Não há

*[1] **Dr. Osmar Carvalho e Silva (1912-1975)** — Vibrante e eloqüente advogado e ex-Diretor do extinto IPASE (Instituto da Previdência e Assistência dos Servidores do Estado). Dr. Osmar fora amigo e colaborador de Getúlio Vargas. Desiludido, após o suicídio do grande

Ser mais sexual do que o Pai-Mãe Celestial. Deu à luz o Universo.

Na parte III do livro *Os Judeus e o Judaísmo*[*2], no segundo capítulo "Deus e Seu Mundo", no trecho "Criação", podemos ler:

> "No início, Deus criou o céu e a terra." Esta majestosa afirmação de abertura da Bíblia é ecoada por Maimônides, que inicia o seu monumental código, *Mishne Torá*, com estas palavras: "A fundação das fundações e o pilar de toda a sabedoria é saber que há um Primeiro Ser, que faz existir tudo que existe, de modo que todas as coisas no céu, na terra e entre estes, devem sua existência apenas ao fato de Sua existência".

Sexo, Pátria e Perversões.

Costumo dizer: Deus criou o sexo, e o Homem, a perversão sexual e suas conseqüências[*3].

estadista, a 24 de agosto de 1954, foi no trabalho da Legião da Boa Vontade, como assessor de Alziro Zarur, que encontrou suas novas aspirações. Foi ele quem coordenou a histórica primeira Ronda da Caridade à Meia-Noite, programa que socorre os mendicantes pelas madrugadas, em 1º de setembro de 1962, da qual participou, ainda bem jovem, o escritor Paiva Netto. A Ronda é uma extensão da famosa Sopa dos Pobres, lançada pela Legião da Boa Vontade na década de 1940. Durante muitos anos, Dr. Osmar dirigiu o Casarão Comunitário da LBV no Rio de Janeiro/RJ.

[*2] **Os Judeus e o Judaísmo** — Obra de David J. Goldberg e John D. Rayner.

[*3] **Nota do autor** — **Sexo** — Não nos arrogamos a posição de juiz de quem quer que seja. Nosso desejo é evidenciar as qualidades das criaturas humanas. Cada um é inequivocadamente responsável pelos seus atos perante Deus, a sociedade e a própria consciência. Referimo-nos ao covarde tráfico, à venda, à exploração sexual de crianças, jovens e mulheres, à pornografia, ao assédio sexual e tantos outros males que precisam ser eficientemente corrigidos em escala mundial.

Exemplo?! A banalização do sexo pela exposição excessiva. E isto não se aplica somente ao campo da sexologia. Que perversão mais cruel do que roubar uma pátria, desviando o patrimônio do país, levando o seu Povo ao caos da miséria? Não há assassínio maior que esse: é responsável pela desgraça de muitos, até mesmo da morte (...).

Pai zeloso

É aquela questão: Não é Deus quem pune, mas a Sua Lei. Se Você ferir qualquer preceito legal humano sofrerá as sanções naturais do seu delito, pelo menos em tese. É justo. O contrário é o estabelecimento do reino da impunidade. Não obstante, Deus, que é Amor, é zeloso para com os Seus filhos. Daí, *pari passu* à Lei de Causa e Efeito, ter estabelecido a da Graça e do Perdão, que obedece a argumentos ainda muito pouco conhecidos por nós, Seres Humanos. Todavia, em termos espirituais, comecemos por aqui:

> — Deus não quer a morte do pecador, mas que ele viva **e se arrependa** (Ezequiel, 33:11).

Deseja, portanto, o bem de todos. Não é do sexo a razão pelas enfermidades que os homens provocam relativamente a ele. É o seu abuso, esse gozo permanente que grande porção da Humanidade quer sentir, esquecida de que existem outras espécies de prazeres: **destacando-se os espirituais**, muito pouco investigados ainda pelo Ser Humano, tão desatento ao que realmente é importante para a sua realização como criatura de um Generoso Criador. Não foi sem motivo que Clemente de Alexandria (155-220) escreveu:

— Não devemos ter vergonha de falar daquilo que Deus não se envergonhou de criar.

Sem deveres, os direitos se transformam em abusos.

Parte da Humanidade quer pautar a sua vida somente pelos direitos. "Meu direito é meu direito; quero gozar e gozar... usufruir de tudo, os outros que se danem..." e o faz até a exaustão, conseqüentemente à doença física, mental ou social, esquecida de que há deveres, sem o que os direitos se transformam em abusos que se viram, mais dia menos dia, contra a própria pessoa e a sociedade. Quando partimos para exacerbadamente exigir direitos e esquecemos os nossos deveres, estamos preconizando o caos, visível a todos. É preciso que cultivemos o sentido da responsabilidade, para vivermos em plenitude, não somente os direitos de cidadãos terrestres, mas também os espirituais, os divinos, porquanto a maior riqueza que estes nos facultam é desfrutar a felicidade verdadeira, mesmo na carne (...), sem sofrimentos, resultantes de exageros, que só nos prejudicam. Todavia, o que tem isso a ver com o Livro das Profecias Finais? Tudo, porque a Palavra de Deus, quando sem os prejuízos dos fanatismos humanos, é a Escola do Bem. À ausência do seu conhecimento, vive o mundo remanchando sobre o fio da navalha: poluição e doença, portanto, guerra e miséria, de acordo com o anunciado no próprio Apocalipse, que declara, no capítulo 22, versículo 12, esta advertência do Cristo:

> — Eis que venho sem demora, e comigo está o galardão que tenho para retribuir a cada um segundo as suas obras.

Ainda não se cumpriu de todo

Um dos maiores inquinamentos contra a validade atual das profecias apocalípticas é que elas ter-se-iam integralmente cumprido no tempo de Domiciano. João tê-las-ia escrito apenas para dar conforto aos cristãos que estavam sendo cruelmente perseguidos pelas autoridades romanas. Para esses, exclamo: " — Bom, se Vocês pensam assim, que posso fazer?!". Mas, no momento em que quiserem impugnar o Apocalipse, afirmando que as suas profecias não têm conseqüência para os dias que correm, *ipso facto*, estarão, talvez sem o perceberem, tentando, naturalmente que em vão, desacreditar o Evangelho. Muitas coisas que a Revelação anuncia de maneira mais profunda — bem que cifrada, para os que não querem dar-se ao trabalho de atentamente lê-la, visto que não têm ainda paciência para com aquilo que lhe dará felicidade verdadeira, porquanto ninguém pode ser feliz na ignorância —, encontram-se lá, na Boa Nova, destacadamente, por exemplo, no Sermão Profético de Jesus (Evangelho, segundo Mateus, 24 e 25; Marcos, 13; Lucas, 17:20 a 37;

21:5 a 36). O Evangelho é também livro pleno da Mensagem Profética de Deus, por intermédio do Cristo e do Espírito Santo. Como ficam então os detratores, porque o Apocalipse, da mesma forma, é Mensagem Profética da Trindade do Bem?

O Evangelho e o Apocalipse constituem o recado moral, espiritual de conforto maior que a Humanidade já conheceu, justamente por serem proféticos, *pois que o testemunho de Jesus é o espírito de profecia* (Apocalipse, 19:10).

Para entender o Apocalipse, você precisa ter paciência.

Evangelho quer dizer Boa Nova. Não obstante, a Boa Nova de Deus pode ser encontrada em dosagens diversas, em todas as crenças, Vocês sabiam? Na Proclamação do Novo Mandamento de Jesus, feita em 7 de setembro de 1959, em Campinas, São Paulo, Brasil, Alziro Zarur declarou:

> — Há tantas religiões quantos são os graus de entendimento da criatura humana, conforme a soma de suas encarnações.

Ora, o Pai fala, sem exceção a Seus filhos. Não lhes deu a existência para depois abandoná-los. Isso fazem os homens maus. Será que Deus criou rebanhos de deserdados, sem lhes dar satisfação alguma? Nem a justiça humana chegaria a tamanha desfaçatez, apesar de Isaías tê-la acusado no versículo 6 do capítulo 64, do seu livro no Velho Testamento: ... *e todas as nossas justiças* (são) *como trapo de imundícies*. Deus é Pai, e não um miserável qualquer que se diverte com a infelicidade dos outros, que não se poderiam defender de potência tão descomunal. Ele se distrairia, então, jogando os seus próprios filhos uns contra os outros: "— Oh!, Você é o meu preferido — E eu?!, perguntaria outro desdenhado — Você, ora, é um perdido qualquer que achei no lixo dos despejos cósmicos". Se esse comportamento é reprovável nas criaturas humanas, imaginemos quanto a um Ser que é Amor, como definiu muito bem o Evangelista-Profeta: *Deus é Amor!* (Primeira Epístola de João, 4:8 e 16). E se o disse assim, é porque aprendeu com Jesus, que ensinou o *Amai-vos uns aos outros como Eu vos amei*. O Novo Mandamento... bem mais amplo que a célebre Regra Áurea da Antiga Escritura: *Ama o teu próximo como a ti mesmo* (Levítico, 19:18). Evidentemente que, no tempo dos hebreus, tal ensinamento mosaico era algo extraordinário, porque então, soberana, dominava a lei do olho por olho, dente por dente. Foi quando chegou Moisés, preconizando: — *Ama o teu próximo como a ti mesmo*. Que coisa notável! Mas será que o Homem sabe amar? À beira do Terceiro Milênio, o Ser Humano ainda está aprendendo a fazê-lo. Não sabe amar quem liqüida a Natureza, promove a carestia, deseduca, mantém o Povo na ignorância para melhor explorá-lo, rouba uma só criatura, quanto mais uma nação inteira.

Então era preciso, para que o Homem aprendesse a amar o outro como a si mesmo, haver um parâmetro superior em que ele se inspirasse, um paradigma que surgisse... Isso só veio a acontecer na Nova Escritura. É o Mandamento Novo de Jesus, no Seu Evangelho, segundo João, 13:34 e 35; e 15:12, 13 e 17:

> — Novo Mandamento vos dou: Amai-vos uns aos outros como Eu vos amei. Somente assim podereis ser reconhecidos como meus discípulos, se tiverdes o mesmo Amor uns pelos outros. Não há maior Amor do que este: dar a sua própria Vida pelos seus amigos.

Assim, o Cristo, que tinha mandado Moisés à Terra, no meio dos hebreus, tomou da Regra Áurea e a apresentou de maneira mais sublimada no Novo Testamento. *Ama o teu próximo como a ti mesmo*, isto é, *amai-vos uns aos outros*, porém, como Eu, Jesus, vos amei. E vos amei a ponto de dar a vida por vós. E mais uma coisa: se não vos amardes uns aos outros, como Eu, Jesus, vos amei, não podereis ser reconhecidos como meus discípulos. Jesus, portanto, mais que iluminou a Regra Áurea do grande Moisés, Ele a divinizou, porque *Deus é Amor*. E, por isso, a Sua Palavra tem de ser interpretada com Amor, principalmente o Apocalipse, que é o livro mais importante da Bíblia na atualidade. Entretanto, como o Ser Humano ainda não sabe amar dessa forma, mata-se, suicida-se, envenena-se, acaba com tudo, não é solidário, é solitário, porque comporta-se egoisticamente ainda, e, com imaturidade, põe toda a culpa em Deus, no Cristo, no Espírito Santo, no Evangelho, no Apocalipse, em tudo o que estiver à sua frente, menos nele próprio. E se vai dando mal, por agir assim, doidamente.

Bem, para entender o Apocalipse, Você precisa, portanto, ter paciência e amar, como explicamos há pouco. Passará, então, a entender que realmente o Tempo está próximo e que verdadeiramente as coisas anunciadas para breve irão acontecer, conforme lemos nos versículos primeiro e terceiro do Apocalipse, em Seu capítulo primeiro.

Mas sem paciência, reflexão e isenção antisectária ninguém conseguirá a contento a decifração de seus "mistérios".

Leiamos, com atenção, agora, o que diz Tiago Apóstolo no capítulo quinto, versículos sétimo e oitavo de sua Epístola Universal:

> — Sede, pois, irmãos, pacientes, até a Vinda de Jesus. Eis que o lavrador espera o precioso fruto da terra...,

isto é, os fatos que em breve irão acontecer, aguardando com paciência,

> — até que receba a chuva temporã e extemporânea,

aquilo que não se espera, que vem de repente, mas que vai fertilizar a lavoura, isto é, o acontecimento anunciado para breve, a chuva... são os fatos que a paciência amadureceu para que o fruto, que são as ocorrências bíblicas anunciadas, pudesse nos servir de alimento.

> — Sede vós também pacientes, e fortalecei os vossos corações porque a Vinda do Senhor está próxima.

O Tempo está próximo, mais que isso: está passando.

Quanto ao fato de essa promessa de Jesus já ter dois milênios e não haver, pelo menos visivelmente, ocorrido ainda, temos de levar em consideração que o Tempo de Deus não é o mesmo do Homem. Um dia, o tempo do Homem será como o tempo de Deus*[4].

E o que diz a respeito o Profeta Pedro? Porque Pedro também era profeta, é claro. Vamos, então, recordar?

Segunda Epístola do Apóstolo Pedro, capítulo 3, versículos 8 e 9:

> 8 Há, todavia, uma coisa, amados, que não deveis esquecer: que, para o Senhor Deus, um dia é como mil anos, e mil anos como um dia que passou.
>
> 9 Não retarda o Senhor a Sua promessa, como alguns a julgam demorada; pelo contrário, Ele é longânimo para convosco, não querendo que nenhum pereça, senão que todos cheguem ao arrependimento.

Quanto ao fato de o Tempo estar próximo, vamos a uma questão de matemática, astronomia: O Planeta Terra foi criado há cerca de cinco bilhões de anos. Ora, comparemos esses cinco bilhões com o tempo que Jesus pediu para voltar. Meu Deus! é próximo ou não é próximo? O que é menor? Dois, três mil anos, ou cinco bilhões? Então Jesus, quando disse, no Evangelho e no Apocalipse, que Seu retorno está próximo, quando os Apóstolos-Profetas Pedro e Tiago asseguram que a Volta do Senhor está para

---

*[4] **Integrados em Deus, somos o próprio tempo** — Leia *Somos todos Profetas*, de Paiva Netto.

breve, referem-se à Cronologia Divina, segundo a grandeza da Eternidade, não do calendário humano, que a gente nunca sabe se está certo.

Ao compararmos a criação da Terra, há cinco bilhões de anos, com o tempo que estamos aguardando Jesus, veremos que é para breve, e muito breve mesmo, a época da Segunda Vinda do Senhor, Mestre de nossas vidas.

Quanto àqueles que viveram há dois milênios e nos demais séculos, e igualmente não viram o fato biblicamente anunciado ocorrer, estão sempre de volta, porque a reencarnação não depende da minha crença nem da sua descrença a respeito dela. É uma Lei Divina, que todos um dia proclamarão. Só a Verdade ficará de pé, quem está com a Verdade nada pode temer, ensina a LBV.

O Tempo está próximo, mais que isso, ele já está aí, mais que isso ainda: está transcorrendo, na mesma ocasião em que cresce em intensidade.

Mas quando Ele voltará?

Sua resposta, no Evangelho, segundo Mateus, 24:36 é esta:

— Só Deus o sabe.

Quando partimos para exacerbadamente exigir direitos e esquecemos os nossos deveres, estamos preconizando o caos, visível a todos. É preciso que cultivemos o sentido da responsabilidade, para vivermos em plenitude, não somente os direitos de cidadãos terrestres, mas também os espirituais (...).

Leônidas nas Termópilas,
obra de Jacques-Louis David
1800-1814
Museu do Louvre, Paris

Apocalipse sem medo

Meus Amigos e meus Irmãos, estou tendo o prazer, o gáudio de conversar com Vocês sobre o Livro das Profecias Finais, porque os Tempos chegaram.

Mas quando dizemos aqui que os Tempos chegaram, absolutamente não estamos querendo apavorar ninguém! Já há gente demais sempre disposta a fazer tremer a Humanidade.

Apareceu por aí um líder ultradireitista ameaçando meio mundo, na ex-União Soviética, a querer jogar bomba atômica aqui, ali... Acho bom não rirem dele! A História ensina bem o contrário. Mesmo que de repente sumisse, outros sempre poderão aparecer com o mesmo pensamento desequilibrado.

Muitos no princípio não levaram Hitler (1889-1945) a sério. Entretanto, o chefe nazista claramente afirmava o que iria fazer. E mais, quando esteve preso, ultimou o seu famoso *Mein Kampf* (Minha luta). E, lá, não escondeu o que faria, nem as suas preocupações delirantes com raça pura... Que raça pura!? Neste planeta?!

Quando os estudiosos concluírem uma boa investigação no passado mais remoto do Homem, comprovarão que não existe essa história de raça humana especial, tantas foram as invasões, domínios, colonizações. Átila, com seus hunos, arrasou a Germânia. E enquanto lá estiveram, com certeza não praticaram a castidade. E isso, para falar dos acontecimentos mais próximos, porque existem aquelas movimentações de povos que se perdem na poeira dos tempos. "Arianismo", que se conhece por aí, foi uma seita dos tempos primeiros do Cristianismo na Terra e que nada tem a ver com as doutrinas do fatídico Terceiro Reich.

Raça pura, só a espiritual. A carnal, não! Raça impoluta, só a Raça Universal dos Filhos de Deus, conforme explicamos no primeiro volume da *Dialética da Boa Vontade**.

Livro da Revelação é conselho de Deus para que ajamos bem

Muito obrigado pela atenção que me vêm concedendo. Estão vendo que o Apocalipse não apavora. Só aos criminosos. Mas esses se perturbam com qualquer coisa. Quem, como diz o Povo, "tem culpa no cartório" vive olhando para trás, para a frente, para o lado... a ver fantasmas...

Vocês já aprenderam que o Apocalipse é de Jesus, logo no versículo primeiro, do capítulo primeiro: *Revelação de Jesus Cristo...*

O versículo terceiro, do mesmo capítulo, é uma Bem-Aventurança, para que todos percam qualquer temor do Apocalipse, e de uma vez por todas, porquanto o Livro das Profecias Finais

* ***Dialética da Boa Vontade*** — Obra da coleção Livro de Bolso, que reúne importantes reflexões do escritor. Lançamento desta Editora.

também é um conselho que Deus nos dá para que ajamos respeitando a cidadania terrestre, de acordo com a Sua Sábia Lei, que Ele apresenta ao estudo e à meditação dos que o queiram fazer. Pedro Apóstolo, na sua Segunda Epístola, capítulo terceiro, aconselha que vivamos solidariamente. E quem ganha com isso, senão nós mesmos?

Pouco a pouco, o mecanismo da História começará a expelir tudo o que vem prejudicando a vida.

Pelo coração mais rapidamente se chega a Deus

Não temam o Apocalipse. Ele apresenta sete Bem-Aventuranças e outros estímulos aos que perseverarem no caminho do Senhor.

Pelo coração se vai muito mais depressa às outras criaturas, e por ele muito mais rapidamente se chega a Deus. Porque não existe somente a inteligência racional, mas também a do sentimento. Juntem-se as duas e teremos mais prontamente uma Sociedade Solidária.

Significado Novo da Mensagem às Sete Igrejas

Sete Igrejas que não estão somente na Ásia, pois hoje se encontram no mundo inteiro. E não se trata apenas de uma mensagem religiosa de Jesus a elas dirigida. Mas de uma palavra divinamente inspirada que fala à Política, à Economia, à Ciência, à Filosofia, à Arte, ao Esporte, etc.

Porque tudo isso é Religião, sentido de Fraternidade de que tanto o Planeta carece. É evidente que lhes falo de RELIGIÃO com todas as letras maiúsculas, não me refiro a disputas religiosas, a fanatismo tribal. Falo de Religião como aquela parte indispensável do conhecimento humano-espiritual que nos ensina a viver eticamente diante de Deus e dos homens. Todos na Terra sabem, porque sofrem na própria carne os malefícios da política, da ciência, da economia, da filosofia, do esporte, da arte, da vida doméstica, da ambiência coletiva quando afastados da preocupação com o bem comum. Por isso, preconizo que Religião, no sentido da essencial Fraternidade, deve caminhar na vanguarda. Mas, repito, que, absolutamente, não me refiro a fanatismos geradores de lutas intermináveis que ensangüentaram a Humanidade, mas àquilo que substancialmente a Religião significa. É a nossa sublimação como Ser Humano; portanto, como sociedade.

Isso é utopia? Ué! Tudo o que hoje é visto como progresso, foi considerado delirante num passado nem tão remoto assim.

Dedicatória às Sete Igrejas da Ásia

(Ainda no capítulo primeiro do Apocalipse)

4 João, às Sete Igrejas que se encontram na
Ásia: Graça e paz a vós outros, da parte Daquele
que é, que era e que há de vir, da parte dos Sete
Espíritos que se acham diante do Seu Trono,
5 e da parte de Jesus Cristo, a fiel testemunha,
o primogênito dos mortos, e o soberano dos reis

da Terra. Àquele que nos ama, e pelo Seu sangue nos libertou dos nossos pecados,

6 e nos constituiu reino, sacerdotes para o Seu Deus e Pai, a Ele a glória e o domínio pelos séculos dos séculos. Amém.

7 Eis que Jesus vem com as nuvens, e todos os olhos O contemplarão, até mesmo aqueles que O traspassaram. E todas as nações da Terra se lamentarão sobre Ele. Sim. Amém.

8 Eu sou o Alfa e o Ômega, o A e o Z, o Princípio e o Fim, diz o Senhor, Aquele que é, que era e que há de vir, o Todo-Poderoso Deus.

Na série *O Apocalipse de Jesus para os Simples de Coração*, daremos prosseguimento ao estudo empolgante da Mensagem de Jesus às Sete Igrejas da Ásia.

Quando os estudiosos concluírem uma boa investigação no passado mais remoto do Homem, comprovarão que não existe essa história de raça humana especial, tantas foram as invasões, domínios, colonizações.

St. Roche among the Plague Victims and the Madonna in Glory, obra de Jacopo Bassano (1510-1592)
c. 1575
Óleo sobre tela, 350 x 210 cm
Pinacoteca di Brera, Milão

Pestes

Quem pretende jamais ser surpreendido dramaticamente neste mundo, deve analisar com atenção o Evangelho e o Apocalipse do Cristo, em Espírito e Verdade (nunca ao pé da letra, que, segundo Paulo Apóstolo, mata), à luz do Seu Novo Mandamento. Este Mandamento se encontra no Evangelho segundo João, 13: 34 e 35 e 15: 12 e 13.

No Seu Sermão do Fim dos Tempos, Jesus claramente adverte a respeito do surgimento de graves moléstias, no desenrolar das cobranças cármicas, que viriam sobre a Humanidade, porque, realmente, de acordo com as Leis Universais, cada um colhe consoante o que semeia. Ademais, a Lei da Reencarnação aí está para esclarecer as aparentes injustiças que possam ocorrer. A sabedoria popular atesta que "o que aqui se faz, aqui se paga".

Quanto a epidemias, diz Jesus, por intermédio de Lucas, 21:11:

> — 11 Haverá grandes terremotos, pestes e fome em vários lugares, coisas espantosas e também grandes sinais do céu.

Em virtude do desequilíbrio ecológico provocado pelos ambiciosos e despreparados das latitudes, a população dos insetos transmissores de pragas encurrala o Homem contra a parede.

Quanto à fome, encontra-se à vista de todos, endêmica, comprovando a impiedade humana, porquanto o desperdício de alimentos, ou o que se deixa estragar das safras agrícolas, para se manter o preço do produto no mercado mundial, seria suficiente para aplacar a miséria no Planeta.

Os terremotos, em escala crescente, assustam as populações: Japão (Kobe), Colômbia, Peru, Rússia, Estados Unidos (Califórnia)... como se a Natureza convocasse a Humanidade a um ajuste de contas definitivo, anunciado, para os que têm olhos de ver e ouvidos de ouvir, há milhares de anos, pelo Profeta Isaías, 24:1, 5 e 6:

> 1 Eis que o Senhor devasta e desola a Terra, transtorna a sua superfície e lhe dispersa os habitantes.
>
> 5 Na verdade a Terra está contaminada por causa dos seus moradores, porquanto transgridem as leis, violam os estatutos e quebram a aliança eterna.
>
> 6 Por isso a maldição consome a Terra, e os que nela habitam se tornam culpados; porque serão queimados os moradores da Terra, e poucos homens restarão.

Sinais no Céu? Os denominados OVNIs estão por toda a parte, enfrentando os desmentidos dos governos, que teimam em ver seus povos como bandos assustadiços de crianças.

Os céus estão convidando as massas, não excluindo os cientistas, a pensar que não estamos sozinhos no imenso Universo, tola pretensão dos, por assim dizer, *geocentristas* que ainda hoje se encontram, por força do orgulho, disfarçados por aí, *botando banca* de avançados, porém com um pé atrás quando se trata de tudo o que demonstra a insignificância humana perante a magnitude do Cosmos.

Contudo, quando a criatura humildemente aceitar o convite do Criador à Paz, descobrirá que possui em si mesma toda a Sua grandeza.

Ebola e *aids*

Muitas doenças estranhas têm aparecido, assustando não apenas um povo, mas todos eles.

A *aids* é uma delas, acrescida do tremendo preconceito que mata mais depressa os nossos Irmãos em Humanidade que a sofrem.

Muitos pensavam que nada pior do que ela, que ainda é implacável com a vida humana, surgiria. Assim não aconteceu.

A imprensa mundial está alertando a Humanidade contra o pavor de um filovírus que, na descrição de Richard Preston, no seu livro *The Hot Zone*, "apavora o mundo, mostrando o perigo de uma mortandade apocalíptica".

A revista *Manchete,* número 2.236, de 11 de fevereiro de 1995, numa reportagem de Jerry Bauer, descreve os sofrimentos de Charles Monet, atacado pela doença que contraiu na África. É terrível:

> (...) Num hospital de Nairobi, a bomba biológica explodiu. Monet "cai para a frente, com a cabeça entre os joelhos. Vomita uma quantidade incrível de sangue que se espalha pelo chão", descreve Preston. "Então ouve-se um ruído semelhante ao de um lençol rasgando em dois.
>
> "O ruído é dos intestinos, ao abrir o esfíncter para expelir sangue pelo ânus. O sangue vem misturado com partes dos intestinos. Outros pacientes afastam-se do homem caído no chão. Poças de sangue estão espalhadas em volta dele e vão aumentando rapidamente. Depois de destruir seu hospedeiro, os vírus

causadores da doença estão saindo pelos orifícios, tentando encontrar quem mais os receba."

O que aconteceu com Monet, diz Richard Preston, é apenas um dos muitos casos de infestação com o vírus Ebola, que já dizimou populações quase inteiras na África, ocorreu em outras partes do mundo e pode chegar ao Brasil. Trata-se, mesmo, de uma história de terror, com a diferença de que não foi escrita por um Stephen King, mas pela própria realidade. No livro *O Enigma de Andrômeda*, de Michael Crichton (e no filme que leva seu título), um vírus transmitido por ETs eclode num laboratório americano ultra-secreto e ameaça espalhar uma doença mortal e incurável por todo o Planeta. Agora, não é mais ficção. E o vírus não vem do espaço. Tudo indica que vem da África. (...)

É um vírus tão horrendo que o Instituto de Pesquisa Médica de Doenças Infecciosas do Exército Americano, em Frederick, Maryland, o classifica como Nível 4. Perto dele, a Aids é um anjo de inocência. Não passa de um reles Nível 2. É tão contagioso que, para chegar perto dos lugares onde estão suas amostras, os cientistas têm de usar roupas espaciais. "Só os cientistas camicases se atrevem a investigá-lo em todos os detalhes", diz o jornalista Peter Talak, em artigo no *The Sunday Times*. E pior: pode transmitir-se pelo ar. Quem estiver perto de uma pessoa contaminada corre sério perigo, pelo simples fato de respirar.

"O mal estará no ar"

No meu livro da Coleção Livro de Bolso, *Epístola Constitucional do Terceiro Milênio,* capítulo 9, página 30, descrevo cerimônia que presenciei, na qual Alziro Zarur fazia verdadeira previsão dos acontecimentos a que assistimos agora: o simples fato de respirar contaminaria o Homem.

Lembro-me de uma reunião ocorrida à noite no auditório da Rádio Mundial, no Rio de Janeiro, em 9 de dezembro de 1961. Naquele tempo não se pensava em poluição no Brasil.

Dirigindo-se aos diretores de Núcleos e Postos da LBV que ali estavam para participar do Congresso da Boa Vontade, que se realizaria no dia seguinte no Maracanãzinho, de improviso, ele discorria sobre os tempos finais deste ciclo apocalíptico:

> — Nos próximos anos, viveremos uma época em que o mal estará no próprio ar, entrando até mesmo pelos nossos poros, atacando nossas vias respiratórias, nossos pulmões.
>
> Até que os homens ambiciosos abram seus próprios olhos e vejam que a si mesmos estão pondo em perigo, teremos de contar com o amparo dos nossos Guias Espirituais, o que fazemos sempre, em quaisquer condições, e com a Água Fluidificada na poderosa Corrente da Boa Vontade*.

Vê-se, pois, que o saudoso fundador da LBV fez um retrato fiel dos dias atuais, sem se preocupar com as críticas alheias. (E assim devem agir os Cristãos do Novo Mandamento, hoje, amanhã e sempre.) Queria, e o fez, já àquela altu-

---

* **Corrente da Boa Vontade e Água Fluidificada** — Tradicionalmente, na programação radiofônica da LBV, nas horas cheias, são transmitidas inspiradas preces para o conforto espiritual e saúde dos ouvintes. Estes, por sua vez, podem também ter os seus nomes, de seus amigos e parentes, relacionados e lidos no Sagrado Livro de Preces da LBV, ou seja, envolvidos na Corrente da Boa Vontade. Outra tradição vanguardeira da Instituição é a de dizer aos ouvintes que coloquem um copo com água próximo ao aparelho de rádio ou de televisão para que o precioso líquido receba os Fluidos Divinos de que fica saturado o ambiente no momento de oração.

ra, alertar sobre a gravidade dos acontecimentos vindouros, resultantes da leviandade de tantos quantos querem o progresso, mas sem as urgentes medidas que chamam, ou chamavam, de antieconômicas, que estão provocando, e aí eis o perigo, a destruição do bem superior da Terra, a Natureza, da qual faz parte o Homem. Zarur, tal como a leal sentinela do Livro de Ezequiel, tocou a sua trombeta. E tocou-a certo. Ouviu-a quem o quis.

Para terminar, esta admoestação de Ezequiel, capítulo 5, versículo 12:

> — Uma terça parte de ti morrerá de peste e será consumida de fome no meio de ti; outra terça parte cairá à espada em redor de ti; e a outra terça parte espalharei a todos os ventos, e desembainharei a espada atrás dela.

Está tudo aí, na significativa linguagem desse famoso Homem de Deus. Desprezar as profecias é negar a realidade.

Quando a criatura humildemente aceitar o convite do Criador à Paz, descobrirá que possui em si mesma toda a Sua grandeza.

As Sete Bem-Aventuranças do Apocalipse

Circular dirigida aos Seres Humanos e Espirituais de Boa Vontade, redigida em 8 de julho de 1989, precedendo a inauguração do Templo da Boa Vontade, que logo após consagrou-se como o monumento mais visitado de Brasília/DF.

I- Não somente o Evangelho de Jesus registra Bem-Aventuranças, como as do Sermão da Montanha. Os estudiosos do Apocalipse também as encontram nas suas páginas iniciáticas e revelativas aos que têm olhos de ver e ouvidos de ouvir:

Primeira

— Bem-Aventurados aqueles que lêem e aqueles que ouvem as palavras da profecia deste Livro e guardam as coisas nele escritas, pois o tempo está próximo (1:3).

Segunda

— Então ouvi uma voz do céu, dizendo: Escreve: Bem-Aventurados os mortos que desde agora morrem no Senhor. Sim, diz o Espírito, para que descansem das suas fadigas, pois as suas obras os acompanham (14:13).

Terceira

— Eis que venho como vem o ladrão. Bem-Aventurado aquele que vigia e guarda as suas vestes, para não andar nu, e não se veja a sua vergonha (16:15).

Quarta

— Então me falou o Anjo: Escreve: Bem-Aventurados aqueles que são chamados à ceia das bodas do Cordeiro. E acrescentou: São estas as verdadeiras palavras de Deus (19:9).

Quinta

— Bem-Aventurados e santos são aqueles que têm parte na primeira ressurreição; sobre esses a segunda morte não tem autoridade; pelo contrário, serão sacerdotes de Deus e de Cristo Jesus, e reinarão com Ele os mil anos (20:6).

II- Muitos outros confortos nos oferece o Apocalipse, livro sagrado ainda tão malcompreendido por alguns, que só desejam ver nele pavores e sofrimentos. Para esses, o alertamento de Jesus, no Seu Evangelho, segundo Mateus, 6:22 e 23:

> 22 São os olhos a lâmpada do corpo. Se teus olhos forem bons, todo o teu corpo será luminoso;
>
> 23 se, porém, os teus olhos forem maus, todo o teu corpo estará em trevas. Se, portanto, a luz que em ti existe são trevas, que grandes trevas serão!

III - Sejam, pois, os nossos olhos Luz, para que possamos continuar descobrindo as belezas espirituais do Livro da Revelação Divina:

Sexta

— Eis que venho sem demora. Bem-Aventurado aquele que guarda as palavras da profecia deste Livro (22:7).

Sétima

— Bem-Aventurados aqueles que lavam as suas vestiduras no sangue do Cordeiro, para que lhes assista o direito à Árvore da Vida Eterna, e entrem na cidade pelas portas (22:14).

IV - Jesus, no Evangelho segundo Lucas, 11: 28, diz:

— Bem-Aventurados os que ouvem a Palavra de Deus e a guardam.

V - O Livro das Profecias Finais contém diversas fraternas convocações à Perseverança, à Fé, às Boas Obras, à Oração, à Vigilância e à Obediência à mais elevada Ética.

Perseverança e Fé

— Conheço as tuas obras, assim o teu labor como a tua perseverança, e que não podes suportar homens maus, e que puseste à prova os que a si mesmos se declaram apóstolos e não são, e os achaste mentirosos (2:2).

— e tens perseverança, e suportaste provas por causa do meu nome, e não te deixaste esmorecer (2:3).

Fé

— Aqui está a perseverança dos santos, os que guardam os mandamentos de Deus e a fé em Jesus (14:12).

Boas Obras

— E eis que venho sem demora, e comigo está o galardão que tenho para retribuir a cada um segundo as suas obras (22:12).

Oração

— Veio outro Anjo e ficou de pé junto ao altar, com um incensário de ouro, e foi-lhe dado muito incenso para oferecê-lo com as orações de todos os Santos sobre o altar de ouro que se acha diante do trono (8:3).

— e, quando tomou o livro, os quatro seres viventes e os vinte e quatro anciãos prostraram-se diante do Cordeiro, tendo cada um deles uma harpa e taças de ouro cheias de incenso, que são as orações dos Santos (5:8).

Vigilância

— Sê vigilante, e consolida o resto que estava para morrer, porque não tenho achado íntegras as tuas obras na presença do meu Deus (3:2).

Obediência à Ética Divina

— Lembra-te, pois, de onde caíste, arrepende-te, e volta à prática das primeiras obras; se não, virei a ti e moverei do seu lugar o teu candeeiro, caso não te arrependas (2:5).

— Aqueles a quem amo, repreendo e castigo. Sê, pois, zeloso, e arrepende-te (3:19).

VI - O Apocalipse é também um livro profético, colocando-se num patamar além do alcançado pelos profetas do Velho Testamento: situa-se adiante deles, em plano mais avançado, porque cuida clara e abertamente da Volta Triunfal do Cristo de Deus:

— Eis que Jesus vem com as nuvens, e todos os olhos O contemplarão, até mesmo aqueles que O traspassaram (Apocalipse de Jesus, 1:7).

VII - Não se trata de um livro firmado sobre lucubrações humanas, mas em cima de uma Revelação de Deus-Pai, por meio do testemunho do Cristo (Filho), que se vale da intermediação de um Anjo, que, sabemos, faz parte do Espírito Santo, isto é, daquele esplêndido coletivo de seres evoluídos, que servem Jesus no Seu Governo do Planeta Terra, que Ele criou, como já estudamos, por ordem do Pai Supremo.

VIII - Concluímos então o valor extraordinário que têm, para toda a Humanidade, a leitura e o entendimento das exortações ao testemunho com que devemos honrar a Jesus, e a compreensão das profecias, que não são de homens confusos, por isso armadores de desordens, mas de Deus, que não brinca com as Almas, que tirou o Universo do — como podemos dizer — Nada, que é o Tudo, pois o Nada não existe: com Deus, não se deve brincar.

IX - O valor transcendental do Apocalipse, para os nossos Espíritos, é tamanho que João, também criatura do Pai Celestial, caiu ao solo como morto, ao ver, no meio dos candeeiros, um semelhante ao Filho de Deus.

X - Foi uma visão que o Evangelista-Profeta teve do Reino Divino, de onde nos proveio o Apocalipse, com seus relatos do Planejamento Celeste para a elevação do Ser Humano e seu Espírito eterno.

XI - Não se pode, pois, desprezar o Apocalipse nem se queixar, como já vimos, de que seja um texto indecifrável, pois Deus abençoa aqueles que lêem e entendem o seu conteúdo (Apocalipse, 1:3).

XII - Desejo, neste ponto, ante a riqueza e a salvação que Jesus nos quer proporcionar com o Apocalipse, alertar que não devemos cair no erro dos cristãos da Igreja em Pérgamo, que, apesar de testemunharem o Sagrado Nome do Divino Mestre e de não terem abdicado da sua Fé, a despeito de perseguição iminente, permitiram que a precária moral do mundanismo os perturbasse.

Carta à Igreja em Pérgamo

Apocalipse de Jesus, 2:12 a 17:

12 Ao anjo da igreja em Pérgamo escreve:
Estas coisas diz Aquele que tem a espada afiada de dois gumes:
13 Conheço o lugar em que habitas, onde está o trono de Satanás, e que conservas o meu nome, e não negaste a minha fé, ainda nos dias de Ântipas, minha fiel testemunha, o qual foi morto entre vós, onde Satanás habita.
14 Tenho, todavia, contra ti algumas coisas, pois que tens aí os que sustentam a doutrina de Balaão, o qual ensinava a Balaque a armar ciladas diante dos filhos de Israel, para que comessem coisas sacrificadas aos ídolos e praticassem a prostituição.
15 Outrossim, tens aí também os que da mesma forma sustentam a doutrina dos nicolaítas.
16 Portanto, arrepende-te; porque se não, virei sem demora contra ti, e pelejarei contra eles com a espada da minha boca.

17 Quem tem ouvidos ouça o que o Espírito diz às igrejas do Senhor. Ao vencedor, Eu darei do maná escondido, bem como uma pedrinha branca, e sobre ela escrito um nome novo que ninguém conhece, exceto aquele que o recebe.

XIII - Atenção, minha gente! Os Tempos chegaram!

O valor transcendental do Apocalipse, para os nossos Espíritos, é tamanho que João, também criatura do Pai Celestial, caiu ao solo como morto, ao ver, no meio dos candeeiros, um semelhante ao Filho de Deus.

Emmaus, obra de Carl Bloch (1834-1890)
Igreja de Loderup, Skaane, Suécia

Jesus, o Pão Vivo que desceu do Céu (I)

Entrar no Silêncio do Espírito

Meus Amigos e meus Irmãos, façamos nosso Minuto de Silêncio. Já expliquei, muitas vezes, que o silêncio a que me refiro não é apenas o material, trata-se do espiritual, aquele que Você consegue em meio à maior balbúrdia. Se este é o seu caso, já controla seus nervos do corpo e da Alma. Esclareci, à saciedade, àqueles que falam ou escrevem para mim:

— Irmão Paiva, faço um grande esforço para entrar no silêncio, mas meus vizinhos são uma barulheira tremenda; as minhas crianças também... Parece uma creche a minha casa: correm pra cá, pra lá.

E eu respondo: Deixem a meninada correr! Criança parada, em geral, encontra-se enferma. Dificilmente está bem de saúde. Ela tem de expressar a sua energia, precisa mover-se. Não se deve "algemar" a criançada.

— Ah, mas há uma barulhenta obra aqui do lado. Um horror!

Não adianta vir com justificativa. É necessário aprender a entrar no Silêncio. Contudo, no que vem do Espírito.

Já dei o exemplo de quem viaja de ônibus, ou de metrô, ou mesmo de avião, mas que consegue concentrar-se no Silêncio da Alma.

Passa a simpática aeromoça:

— O que o senhor deseja beber? O que gostaria de comer?

Alguém grita no abarrotado trem suburbano:

— Tira a mão do meu bolso!

Coisas desse tipo ocorrem e, no entanto, quantas pessoas às vezes estão absortas nos seus pensares, indiferentes à balbúrdia circundante. Esperamos que sejam bons pensamentos...

Alguns, em volta, até gritam:

— Eh, o camarada ali está desligado!

Mas o que acontece é que, como nunca estamos espiritualmente sozinhos, ele pode estar dialogando com o seu Anjo Guardião, ou então com um obsessor. Aí é ruim! Por isso, temos de permanecer na faixa de Deus, o Grande Decifrador de todos os mistérios (Apocalipse de Jesus, 10:7) e Apaziguador de nossos conflitos interiores (Evangelho do Cristo, segundo João, 14:27).

Como diz o nosso amigo Flexa Dourada*[1]: "Os problemas estão na Terra, a solução, no Alto". Em Deus, naturalmente!

Entremos, portanto, em sintonia permanente com aqueles que se encontram na Espiritualidade Superior: o Reino de Deus, do Cristo e do Espírito Santo ou Espírito da Verdade ou Paráclito, que vem descendo até nós, na descrição confortadora da Nova Jerusalém (Apocalipse, 21:2 e 10):

> 2 Eu, João, vi também a Cidade Santa, a Nova Jerusalém, que da parte de Deus descia do céu, vestida como noiva adornada para o seu esposo.

---

*[1] **Amigo Flexa Dourada** — Irmão indígena que fraternalmente se apresenta em Espírito nas Reuniões Mediúnicas do Centro Espiritual Universalista da Religião de Deus, e que sempre traz informações preciosas sobre a conduta humana mais harmônica com as Leis Divinas.

10 E ele me transportou, em Espírito, a uma grande e elevada montanha, e me mostrou a Cidade Santa, Jerusalém, que descia do céu, da parte de Deus.

A qualquer zoada que haja à nossa volta, pretendendo prejudicar nosso intercâmbio com o Mundo Espiritual **Elevado**, lembremo-nos sempre deste pensamento do Legionário da Dimensão Celeste Dr. Osmar Carvalho e Silva:

— O nosso trabalho depende da dedicação de Vocês, mas o seu sucesso depende do nosso apoio.

Isso vem ao encontro de importante fundamento doutrinário da Religião de Deus: "O segredo do governo dos povos é unir à Humanidade de Cima a Humanidade de baixo*[2]", o que historicamente sucederá com a chegada espiritual da Nova Jerusalém.

Apesar do alarido, a despeito da algazarra, da confusão do mundo, entremos no Silêncio, isto é, na Sintonia de Deus. E como a nossa vida vai melhorar! Porque o ensinamento é do Cristo: *Vigiai e orai para que não entreis em tentação* (Evangelho, segundo Marcos, 14:38 e Mateus, 26:41).

Minuto de Silêncio...

Caro leitor, faça Você também um Minuto de Silêncio pensando em Deus, e depois prossiga na leitura das demais matérias, isso lhe fará muito bem.

*[2] **Zarur e a União das Duas Humanidades** — *Livro de Deus* (1982 esgotado).

Na Boa Nova do Cristo, sempre encontraremos o aquecimento para o enobrecer da Alma disposta às grandes jornadas da vida!

(Evangelho de Jesus, segundo João, 6:22 a 51):

22 No dia seguinte, a multidão, que estava da outra banda do mar, viu que não havia ali mais do que um barquinho, e que Jesus nele não entrara com Seus discípulos, mas que os Seus discípulos tinham ido sós.

23 Contudo, outros barquinhos tinham chegado de Tiberíades, perto do lugar onde comeram o pão, havendo o Senhor dado graças;

24 Vendo, pois, a multidão que Jesus não estava ali nem os Seus discípulos, entraram todos também nos barcos, e foram a Cafarnaum, em busca Dele.

25 Ao encontrá-Lo do outro lado do mar, muitos Lhe perguntaram: — Mestre, quando chegaste aqui?

26 Respondeu-lhes o Cristo: — Em verdade, em verdade vos digo: Vós me procurais, não porque vistes milagres, mas porque comestes dos pães e dos peixes*[3] e vos fartastes.

27 Trabalhai, não pela comida que perece, mas pelo alimento que perdura para a Vida Eterna, e que o Filho de Deus vos dará; porque Nele foi que o Pai, que é Deus, imprimiu **o Seu sinal**.

28 Perguntaram-Lhe então: — Que havemos de fazer para praticar as obras divinas?

29 Respondeu-lhes Jesus: — A obra de Deus é esta: que creiais naquele que Ele enviou.

---

*[3] **Multiplicação dos pães e peixes** — Evangelho de Jesus, segundo João, 6:1 a 15.

30 Outra vez Lhe perguntaram: — Que sinal apresentas Tu para que O vejamos e creiamos em Ti? Que fazes?

31 Nossos pais comeram o maná do deserto, conforme está escrito: Deu-lhes a comer Pão do Céu.

32 Ao que lhes replicou Jesus: — Em verdade, em verdade vos digo: Moisés não vos deu o Pão do Céu; mas meu Pai vos dá o verdadeiro Pão Divino;

33 **Porque o Pão de Deus é o que desce do Céu e dá vida ao mundo.**

34 Disseram-Lhe então: — Senhor, dá-nos sempre desse pão!

35 **Eu sou o Pão da Vida — declarou-lhes o Cristo — quem vem a mim, de forma alguma terá fome; e quem crê em mim, jamais terá sede!**

36 Mas Eu vos disse que me tendes visto, e não credes.

37 Tudo que o Pai me dá, virá a mim; e aquele que vem a mim, de modo nenhum o lançarei fora.

38 **Porque desci do Céu, não para fazer a minha vontade, mas a vontade Daquele que me enviou.**

39 A vontade Daquele que me enviou é esta: que Eu nada perca de tudo o que Ele me deu, **mas que Eu o ressuscite no último dia.**

40 Esta é, pois, a vontade de meu Pai: que todo aquele que vê o Filho e Nele creia, tenha a Vida Eterna; e Eu o ressuscitarei no último dia.

41 Os adversários se puseram a murmurar a respeito de Jesus por Ele haver proclamado: Eu sou o Pão que desceu do Céu.

42 E perguntaram: Mas este não é Jesus, o filho de José? Acaso, não Lhe conhecemos o pai e a mãe? Como, pois, diz Ele agora: Desci do Céu?

43 Ao que Jesus Lhes respondeu: — Não murmureis entre vós.

44 Ninguém pode vir a mim, se não o trouxer o Pai que me enviou; e Eu o ressuscitarei no último dia.

45 Está escrito nos Profetas: E serão todos ensinados por Deus*[4]. Todo aquele que do Pai tem ouvido e aprendido, vem a mim.

46 Não que alguém tenha visto o Pai, pois somente aquele que é de Deus tem visto o Pai.

47 Em verdade vos digo: Quem crê, tem a Vida Eterna.

48 Eu sou o Pão da Vida!

49 Vossos pais comeram o maná no deserto, mas morreram.

50 Este é o Pão que desceu do Céu, para que se coma dele e não se morra.

51 Pois Eu sou o Pão Vivo que desceu do Céu; e se alguém comer deste Pão, viverá eternamente; e o Pão que Eu darei para a vida do mundo é a minha própria carne*[5].

Jesus, a permanente segurança.

Meus Amigos e meus Irmãos, apesar de esta passagem ser apenas um trecho do Evangelho, segundo João (o mesmo João do Apocalipse), é tão rica que poderíamos passar vários dias analisando-a.

Vocês não querem segurança? Mas para sempre?... Então, procurem-na em Deus! Não em mágicas fórmulas que amanhã se mostrarão en-

*[4] **Livro do Profeta Isaías, 54:13:** *Todos os teus filhos serão ensinados pelo Senhor, e grande será a paz de teus filhos.*

*[5] Os negritos são nossos.

ganosas e que os ameaçarão com a maior pobreza, que é a espiritual e, conseqüentemente, a material. Aprendamos com Jesus este ensinamento, que bem poderia ser empregado por todos os políticos, porque a humildade os aproximaria mais dos surpreendentes poderes de seu Criador, o que certamente beneficiaria seus povos:

> — (...) Vosso Pai Celeste sabe que necessitais de todas essas coisas (materiais). (...) Tudo aquilo que pedirdes na prece, crede que havereis de receber e vos será concedido (Evangelho, segundo Mateus, 6:32 e 21:22).

Jesus, o Pão que desceu do Céu. A verdadeira Paz.

Aprendendo o que o Cristo diz a respeito de ser Ele o Pão que desceu do Céu, **entenderemos por que as nações ainda não trouxeram Paz à Terra.**

O lapso é de Deus?

Como?!

O Pai Celestial já nos deu vida, inteligência para que nós as usemos, **sublimando-as na forma de Sabedoria.**

A responsabilidade é nossa, Seres Humanos. Tenhamos coragem de dizê-lo e de nos corrigir de verdade.

Ou quereremos ser sempre os não-responsáveis pelos fatos que se sucedem na Terra? Ora, de uma forma ou de outra, perante a Lei Divina, espiritualmente todos o somos, uns mais, outros menos, por tudo isso que ocorre, de bom ou de não tão bom assim. Voltaremos a falar sobre isto.

Quantas oportunidades o Ser Humano perde por não realizar o mínimo pelos seus semelhantes? Você pode, às vezes, auxiliar o necessitado **até mesmo com uma simples prece** e não o faz... Inventa uma porção de desculpas, fica com vergonha de que os outros estejam vendo Você orar por um sofredor... Ainda bem que muitas pessoas estão tomando coragem cada vez maior e rezando, nas praças, nas ruas, em qualquer oportunidade, íntima ou publicamente. E esse ato, ao lado da ação solidária, diligentemente pode contribuir para a Paz. Por isso, está aí a Ronda da Caridade à Meia-Noite, da LBV*[6], pois a dor derrama-se também pelas madrugadas, não somente nas casas, hospitais e presídios, como também nas ruas. Como ensina Emmanuel, qualquer um deve, pelo menos, oferecer um copo d'água a quem tem sede.

Na Boa Nova do Cristo, sempre encontraremos o aquecimento para o enobrecer da Alma disposta às grandes jornadas da vida!

---

*[6] **Ronda da Caridade à Meia-Noite, da LBV** — É um Programa da Legião da Boa Vontade criado em 1962, que integra a "Campanha Permanente da LBV contra a Fome", realizada pela Instituição desde a década de 1940, com a finalidade de amparar moradores de rua e comunidades em risco social, distribuindo alimentos, roupas e calçados, orientando quanto à higiene, prestando primeiros socorros e, principalmente, oferecendo a eles lições de vida, por meio de preces ecumênicas e palavras de Solidariedade.

Oração e Ciência

No meu livro *Crônicas e Entrevistas**[1], lançado em 2000, apresentei resumo de um parecer do Dr. Alexis Carrel (1873-1944), Prêmio Nobel de Fisiologia ou Medicina de 1912, a respeito do poder da oração. O famoso autor de *L'Homme, cet inconnu* (O Homem, esse desconhecido) escreveu o seguinte:

> A oração é (...) a forma de energia mais poderosa que o homem é capaz de gerar. Trata-se de uma força tão real como a gravidade terrestre. Na minha qualidade de médico, tenho visto enfermos que, depois de tentarem, sem resultado, os outros meios terapêuticos, conseguiram libertar-se da melancolia e da doença, pelo sereno esforço da prece. É esta, pois, no mundo, a única força que parece capaz de superar as chamadas "leis da natureza". Há muitas pessoas que se limitam a ver na prece (...) um refúgio para os tímidos, ou mero apelo infantil movido pelo desejo de coisas materiais. Concebê-la, entretanto, nestes termos, é menosprezá-la erroneamente. (...) "Ninguém jamais rezou", disse Emerson (1803-1882), "sem que houvesse aprendido alguma coisa". (...) O mais profundo manancial de energia e perfeição, que se acha ao nosso alcance, tem sido miseravelmente abandonado. (...) Se a força da prece for posta em

*[1] **Crônicas e Entrevistas** — Obra de Paiva Netto lançada pela Editora Elevação. Sucesso de vendas, este livro teve sua edição esgotada em apenas 6 horas, quando do lançamento em dezembro de 2000, em Belo Horizonte/MG, no Congresso "Viva Jesus!".

ação na vida de homens e mulheres; se o espírito proclamar os seus desígnios claramente, invictamente, haverá então confiança de que não sejam em vão os nossos anseios por um mundo melhor.

Vejam que não se trata da opinião de nenhum "místico delirante", porém, de um respeitado homem de Ciência.

Todo aquele que sofre, da choupana ao palácio, com certeza já teve o ensejo de comprovar essa realidade. A fé conforta.

A UnB e o Poder da Oração

Quanto ao tema de que estamos tratando, bem oportuna é a recente matéria publicada pela UnB Agência, em seu *site* (www.unb.br), sob o título "Efeitos da prece na saúde". Nela, é apresentado notável estudo da Faculdade de Medicina da Universidade de Brasília (UnB), em que fica clara a ação da prece sobre as células humanas.

> Médico e professor titular de Imunologia da Faculdade de Medicina (FMD) da Universidade de Brasília (UnB), Carlos Eduardo Tosta não se considera um religioso no sentido convencional do termo. Mesmo assim, uniu ciência e religiosidade em uma pesquisa que desenvolveu durante três anos (de 2000 a 2003) no Laboratório de Imunologia Celular da FMD. A finalidade: estudar o efeito da prece sobre a saúde das pessoas. Ele usou como referência um estudo pioneiro de 1988, desenvolvido na Califórnia, no Hospital Geral de São Francisco. O médico Randolph Byrd pesquisou um grupo de 393 pacientes da Unidade de Terapia Intensiva (UTI) coronariana que recebiam o mesmo tratamento médico. Eles foram divididos em

dois grupos e um deles recebia prece intercessória a distância. Os resultados da pesquisa mostraram que, após receberem preces, os doentes melhoravam em alguns aspectos. Eles necessitavam de menos medicamentos como antibiótico e diurético, sofriam menos edema de pulmão e insuficiência cardíaca e quase não precisavam ser entubados para manutenção da respiração.

Na pesquisa realizada na FMD, o diferencial foi o envolvimento de pessoas sadias, no lugar de enfermos. Participaram 52 estudantes de medicina, divididos em pares do mesmo sexo e da mesma idade. A idéia era verificar se a prece intercessória a distância poderia alterar a função de células de defesa, como os monócitos e os neutrófilos. Para a satisfação da equipe, os resultados revelaram que as células de defesa sofreram influência da prece. Quando os indivíduos que receberam a prece foram comparados com os que não receberam, ou o mesmo indivíduo foi comparado antes e depois de ser alvo da prece, comprovou-se que a prece aumentou a estabilidade da função celular, o que quer dizer que as células funcionaram melhor. "Quando interpretamos os dados, observamos que a prece teve o papel de induzir equilíbrio e isso faz sentido, já que em medicina equilíbrio é sinônimo de saúde", explica o pesquisador responsável pelo estudo.

Outra descoberta importante foi a demonstração de que, embora o estresse deprima a função das células estudadas, a prece não reduziu o nível de estresse. "Antes da pesquisa imaginávamos que o nível de estresse daqueles que recebiam as preces diminuiria, mas isso não aconteceu", comenta o pesquisador.

Metodologia — A metodologia adotada foi segura e rigorosa: estudo duplo cego (nem os participantes do projeto nem os pesquisadores sabiam quem recebia a prece) e com duplo controle (ora um grupo funcionava como controle, ora outro). “Falei para os membros da equipe que devíamos ser muito mais rigorosos que nos projetos de pesquisa convencionais”, comenta o professor Tosta.

O estudo foi dividido em duas fases. No primeiro dia, um par de estudantes preenchia um questionário sobre estresse e o quadro clínico, e tinham suas amostras de sangue colhidas. O material servia para verificar a capacidade de defesa das células (monócitos e neutrófilos) contra agentes estranhos. Durante sete dias, um dos estudantes recebia prece diária e o outro não. No sétimo dia, eles deveriam preencher novo questionário médico e de estresse e tornavam a retirar o sangue para testar a função celular. Após 30 dias de intervalo, todos os procedimentos eram repetidos, com a diferença de que quem havia recebido a prece deixava de recebê-la e vice-versa.

O grupo dos intercessores, formado por 10 pessoas de diferentes religiões, recebia a foto e o nome de uma das pessoas do par que seria alvo da prece. Eles se comprometiam a rezar durante sete dias pelo indivíduo, da maneira como sempre costumavam fazer, e anotar em um formulário se a qualidade da prece foi boa, média ou ruim.

Os resultados do estudo já foram apresentados na 55ª Reunião da Sociedade Brasileira para o Progresso da Ciência, em Recife (julho 2003) e no Encontro Gaúcho de Espiritualidade e Qualidade de Vida, organizado pela Pontifícia Universidade Católica do Rio Grande do Sul, em outubro de 2003.

Para desenvolver a pesquisa, aprovada pelo Comitê de Ética em Pesquisa da Faculdade de Medicina da UnB, o professor contou com uma equipe constituída por cinco estudantes de medicina da UnB: Luciana Arnaut, Patrícia Taíra, Paula Nascimento, Flávia Medeiros e Luciana Muniz.

Silêncio *versus* estresse

Por falar em estresse, na *Folha equilíbrio — Domínio do Corpo* (*FSP*, de 5 de maio de 2005, quinta-feira), tomei conhecimento de um artigo de Marisa Marega, que começa assim:

> A pressão de viver nas grandes metrópoles leva as pessoas a buscar vários tipos de alívio para o **estresse**. Alguns vão malhar numa academia, outros fazem caminhadas e cada vez mais gente descobre uma forma diferente de encontrar o equilíbrio: **o silêncio**. (Os negritos são nossos).
>
> Existem algumas meditações que não são ligadas a religiões e podem ser feitas por qualquer pessoa em busca de melhoria na qualidade de vida (...).

Em meu livro *Somos todos Profetas*, p. 127, 44ª edição, escrevi que **estamos corpo, mas somos Espírito. Orar e meditar se assemelham.** Podemos dizer que se o que tem Fé reza, o descrente reflete. Ser humilde perante a Verdade é conduta dos homens de bem, e estes se encontram entre religiosos e ateus.

Consoante considerei em *Reflexões e Pensamentos — Dialética da Boa Vontade**[2]: Espírito saudável é medicina preventiva para o corpo.

Só o Amor cura para sempre.

A boa influência da LBV

Muito se deve também à Legião da Boa Vontade pelos assuntos espirituais receberem melhor

*[2] ***Reflexões e Pensamentos — Dialética da Boa Vontade***, de Paiva Netto, lançado em 1987, 51ª ed.

atenção hoje. Os fatos estão aí, a comprovar os passos pioneiros de Alziro Zarur, ao pregar as Religiões Irmanadas e o Ecumenismo Total*[3], pelo rádio e pela imprensa. Não foi sem motivo que ele advertiu: "O maior criminoso do mundo é aquele que prega o ódio em nome de Deus".

Estamos corpo, mas somos Espírito. Orar e meditar se assemelham. Podemos dizer que se o que tem Fé reza, o descrente reflete.

---

*[3] **Poema do Ecumenismo Total** — Alziro Zarur (1914-1979) escreveu-o durante a sua juventude.

Vamos Falar com Deus

Quando Zarur começou o *Vamos Falar com Deus*, alguns diziam que era pretensioso, ou estava louco, porque afirmava que a criatura podia falar com o Criador. Então Jesus estaria doido primeiro, porque quando Lhe pediram: — *Mestre, ensina-nos a orar*, Ele ensinou o *Pai-Nosso* (Evangelho, segundo Lucas, 11:1 a 4), que é a Oração Ecumênica por excelência. Todos podem entoá-la, sem ferir os postulados da sua crença, porque se trata de um filho, um suplicante, dirigindo-se a seu pai. Até mesmo os irmãos ateus, como expliquei também em *Reflexões da Alma*, da Editora Elevação, podem fazê-lo, pois se não acreditam num Poder Celeste, certamente louvam a Ética, a Fraternidade, a Solidariedade, a Compaixão, a que devem elevar sua consciência. Por isso é conhecida como *Pai-Nosso*, de religiosos e ateus, a Prece milenar de Jesus.

Jesus disse: Pai Nosso.

Repararam que é Pai Nosso? Pai de todos, como destacava Dom Bosco, já no século XIX. Jesus não falou Pai meu. Ele disse "Pai Nosso, que estais no Céu".

Prece Ecumênica de Jesus

— Pai Nosso, que estais no Céu (e em toda parte ao mesmo tempo), santificado seja o Vosso Nome. Venha a nós o Vosso Reino (de Justiça e de Verdade). Seja feita a Vossa Vontade (jamais a nossa vontade), assim na Terra como no Céu. O pão nosso de cada dia dai-nos hoje (o pão transubstancial, a comida que não perece, o alimento para o Espírito; porque o pão para o corpo, iremos consegui-lo com o suor do nosso rosto). Perdoai as nossas dívidas, assim como nós perdoarmos aos nossos devedores. Não nos deixeis cair em tentação, mas livrai-nos do mal, porque Vosso é o Reino, e o Poder e a Glória para sempre. Amém!

Por que é Ele quem completamente sacia a nossa fome, incluída a de Paz, atrás da qual as nações do mundo andam correndo sem conseguir alcançá-la?

Porque Ele é o Pão Vivo que desceu do Céu, como destaca o capítulo sexto do Evangelho do Cristo, consoante a narrativa de João, versículos de 22 a 51, que, há pouco, analisamos.

Diante dos tribunais

Observem que já comentamos tudo isto e nem propriamente entramos no texto. Essa fartura de conhecimentos virá à sua cabeça, de acordo com o que Jesus revelou:

— Não vos preocupeis, quando vos conduzirem para vos entregarem aos tribunais; não estejais de antemão solícitos pelo que havereis de dizer. Mas, o que vos for dado naquela hora, isso falai; porque não sereis vós os que falais, porquanto o Espírito Santo falará por vós (Evangelho, segundo Marcos, 13:11).

Certas pessoas ficam esperando um dia serem convocadas a um tribunal qualquer, para então darem testemunho de sua fidelidade a Deus, ao Cristo e ao Espírito Santo. Ora, os tribunais são também os fatos diários da existência, que nos convocam a demonstrar se o nosso comportamento desenrola-se de acordo com a Lei Divina, ou não.

Não é o tribunal do juiz paramentado, é muito mais. Bem que os Apóstolos, os Discípulos e vários seguidores de Jesus foram arrastados à justiça para testemunhá-Lo.

O Divino Mestre também se referia, *lato sensu,* aos fatos da vivência comum. Se Você, diante dos acontecimentos que diariamente o desafiam, não age segundo o que Ele nos ensina, não estará sabendo comportar-se diante dos juízes do mundo: a vida é uma constante prestação de contas, um teste permanente para a nossa consciência.

Não temamos enfrentar os problemas cotidianos. Se nos mantivermos na Sintonia de Deus, o Espírito Santo falará dentro e fora de nós. Daí a necessidade do nosso **Minuto de Silêncio Espiritual**. Pode haver alarido à vontade por toda a parte. Vocês, todavia, entrarão no Silêncio tão precioso!

O Espírito Santo realmente se manifestará por intermédio de Vocês, que jamais se negarão a testemunhar o Cristo, para merecerem ser testificados por Ele (Evangelho de Jesus, segundo Mateus, 10:32 e 33):

> 32 Todo aquele que me confessar diante dos homens, também Eu o confessarei ante meu Pai, que está nos céus;
>
> 33 mas aquele que me negar diante dos homens, também Eu o negarei perante meu Pai, que está nos céus.

Saberemos assim nos defender das coisas difíceis, diante das quais, a qualquer momento, somos dispostos pela própria existência, perante exigentes tribunais. Com Jesus, alcançaremos a Paz que o mundo não nos pode conceder*, e seremos finalmente vitoriosos, pois teremos vencido o espírito das trevas, isto é, o ego exacerbado da criatura humana.

Curados ao tocar as vestes de Jesus

Observem bem aquela passagem comentada por nós em que Jesus e Seus discípulos haviam atravessado o lago e chegado à terra de Genesaré, local em que tinham aportado.

Ao desembarcarem, os habitantes do lugar O reconheceram e corriam por toda aquela região atrás Dele. Começaram então a trazer nos leitos os que se encontravam doentes. E, em qualquer lugar que Ele entrasse, fosse nos campos, nas aldeias, nas cidades, ali depunham os enfermos e Lhe rogavam que os deixassem tocar ao menos a orla das Suas vestes. E os que conseguiram, ficaram curados.

A vida é uma constante prestação de contas, um teste permanente para a nossa consciência.

* **A Paz que o mundo não pode conceder** — Evangelho do Cristo, segundo João, 14:27.

Para não perder o equilíbrio

Bom, já expliquei que é essencial nos prendermos à fímbria das vestimentas do Cristo, como as crianças fazem quando vão acompanhando as mamães e os papais pelas ruas. E não podemos largá-la de forma alguma, quer dizer, não nos devemos afastar jamais dos Seus ensinamentos, sob o risco de perder o equilíbrio, portanto a Paz que Ele nos pode oferecer, conforme nos advertiu:

> — Minha Paz vos deixo, minha Paz vos dou. Eu não vos dou a paz do mundo. Eu vos dou a Paz de Deus, que o mundo não vos pode dar (Evangelho, segundo João, 14:27).

> E:
>
> — Não se turbe o vosso coração nem se arreceie (Evangelho, segundo João, 14:1), porque Eu estarei convosco, todos os dias, até o fim do mundo (Evangelho, segundo Mateus, 28:20).

Ora, os governantes da Terra seguramente ainda não a compreenderam, ou temem proclamá-la, porque as nações até hoje não a conseguiram desfrutar, porquanto não O quiseram ouvir, pois Ele explicitamente declara: *O Pão que Eu darei para a Vida do Mundo é a minha própria carne* (Evangelho, segundo João, 6:51), em conseqüência, as Suas palavras e exemplos. E é necessário com insistência destacar que, na Religião de Deus, entendemos o Divino Amigo como uma figura universal, sempre disposta a ensinar e a agir pelo bem de todos, sem distinção. Trata-se do Cristo Ecumênico, liberto das algemas que alguns ainda Lhe podem querer impingir, mesmo que com a melhor das intenções. O Libertador Celeste não deve sofrer limitações da lucubração humana, por mais brilhante que seja, do contrário não seria, como sempre temos repetido, um verdadeiro Libertador. O Cristo de Deus ainda tem muito a nos transmitir. Espera pacientemente, porém, que os Seres da Terra amadureçam e se tornem capazes de entendê-Lo, da mesma forma que advertiu a Nicodemos, no Evangelho, segundo João, 3:10 e 12:

> — Ora, Nicodemos, se sendo tu príncipe entre os sacerdotes, não entendeis as coisas terrenas de que vos falo, como compreendereis as Divinas?

Se o Planeta está faminto de Paz, é porque não aprendeu até agora a usufruir do alimento que Jesus e outros grandes Luminares os quais pela Terra passaram, pregando o Amor e a Fraternidade, lhe ofereceram. E isso é bem perigoso. Basta recordar como tantos povos andam armados, mesmo os mais pobres, até os dentes...

Para que não nos falte o pão material

Os ensinamentos do Cristo fazem lembrar uma sentença*[1] de Rui Barbosa (1849-1923),

*[1] **Couve e carvalho** — No livro *Paiva Netto — O Comunicador da Solidariedade Humana*, de Mário Frigéri, o autor de *As Profe-*

em que, de certa forma, podemos inferir que, se deve semear-se a couve para o alimento diário, torna-se urgente que se plante o carvalho para o abrigo do futuro.

Agora, compreendido isso, Vocês podem entender mais este trecho (Evangelho de Jesus, segundo João, 6:25 a 27):

> 25 Ao encontrarem Jesus do outro lado do mar, muitos Lhe perguntaram: — Mestre, quando chegaste aqui?

cias sem Mistério explicou, no capítulo "O Poder de Comunicar o Bem — II — A Nova República e Jesus":
"Com muito acerto, pregou o inspirado criador da Legião da Boa Vontade (o saudoso Alziro Zarur) que 'governar é ensinar cada um a governar a si mesmo'. Naturalmente que se trata de um projeto ambicioso, que requer um paciente trabalho de educação aliado a uma forte instrução pública, de forma a combater e extirpar os analfabetismos material e espiritual. Rui Barbosa, o grande civilista, convida-nos à meditação com estes conceitos de tão profundo alcance:
"'Enquanto Deus nos dê um resto de alento, não há que desesperar da sorte do Bem. A injustiça pode irritar-se, porque é precária. A Verdade não se impacienta, porque é eterna. Quando praticamos uma ação boa, não sabemos se é para hoje ou para quando. O caso é que seus frutos podem ser tardios, mas são certos. Uns plantam a semente da couve para o prato de amanhã; outros, a semente do carvalho para o abrigo do futuro. Aqueles cavam para si mesmos. Estes lavram para o seu país, para a felicidade dos seus descendentes, para o benefício do gênero humano'.
"Nos tempos atuais, meu caro Rui, há que se fazer os dois serviços paralelamente: plantar a semente do carvalho, cuja sombra acolhedora se projetará sobre as gerações futuras, e semear o alimento de agora, para as barrigas vazias, porque ressoa, ainda hoje, o alertamento de José do Patrocínio (1853-1905): 'Enquanto houver um brasileiro passando fome, somos um povo que ri, quando devia chorar' (...)".

26 E Ele lhes respondeu: — Em verdade, em verdade vos digo: Vós me procurais, não porque vistes milagres, mas porque comestes dos pães e dos peixes e vos fartastes.

27 Trabalhai, não pela comida que perece, mas pelo alimento que perdura para a Vida Eterna, e que o Filho de Deus vos dará; porque Nele o Pai, que é Deus, **imprimiu o Seu sinal** (o negrito é nosso).

Quer dizer, não se trata do sinal da besta:
(Apocalipse de Jesus, segundo João, 13:16)

— A todos, os pequenos e os grandes, os ricos e os pobres, os livres e os escravos, faz que lhes seja dada certa marca sobre a mão direita, ou sobre a fronte,

mas do Sinal de Deus:
(Apocalipse de Jesus, segundo João, 14:1)

— Olhei, e eis o Cordeiro de Deus em pé sobre o monte Sião, e com Ele cento e quarenta e quatro mil, tendo nas frontes escrito o Seu nome e o nome de Seu Pai.

Portanto, não o da destruição, mas, sim, o da fartura que começa no Espírito Divino, na iluminação suprema das criaturas da Terra e do Céu da Terra, ou seja, as terrestres e as espirituais, porque, repetimos tantas vezes, **os mortos não morrem**!

Estabilidade material

Que coisa maravilhosa, e quanto ensinamento!

Contudo, tantos até hoje correm atrás de Jesus visando mormente à estabilidade material — de que, na verdade, também se precisa: a **couve** para a alimentação diária. Mas o Divino Amigo anseia que, igualmente, alcancemos **em profundidade** a Sua Mensagem: o Pão que desceu **do Céu, o Alimento Transubstancial**, muito além do de trigo, milho ou mandioca. Enfim, o sustento que Ele, de início, nos deseja ofertar: a Instrução, a Educação, a Cidadania com a **Espiritualidade Ecumênica das Religiões Irmanadas***[2], as quais, de mãos unidas, devem dispor-se a trabalhar por um mundo sem ódio. E, de forma alguma, excluímos os Irmãos ateus de qualquer providência que venha beneficiar o mundo*[3]. É bom que sempre reflitamos acerca de serem os ateus também Filhos de Deus. O Cristo pregou que nos devemos — os Seres Humanos — amar uns aos outros

*[2] **Cruzada de Religiões Irmanadas** — Lançada por Alziro Zarur na década de 1940.

*[3] **Venha beneficiar o mundo** — Paiva Netto, no livro *Reflexões e Pensamentos — Dialética da Boa Vontade*, esclarece: "Quando no *Programa Boa Vontade*, o PBV, falamos na união de todos pelo bem de todos, alguns podem atemorizar-se, pensando em capitulação de seus pontos de vista na enfadonha planura de uma união despersonalizada, o automatismo humano deplorável. Não é nada disso. Na Democracia Divina, todos têm o dever de expressar civilizadamente suas idéias, sua maneira de ver as coisas. Entretanto, ninguém tem o direito de odiar a pretexto de pensar diferente. Já dizia Gandhi que 'divergência de opinião não deve ser jamais motivo para hostilidade'. E foi por pensar assim que o Mahatma tornou-se o libertador do seu povo. O dever de expressar com civilidade o seu ponto de vista não significa que, para viger a Democracia, Você tenha de ser o vencedor. Pelo contrário, democrático é saber conviver também com a derrota. Quem isso não aceita, não sabe o que é Democracia".

do mesmo modo que Ele nos amou (Novo Mandamento de Jesus. Evangelho, segundo João, 13:34). É difícil, mas não impossível. Pode levar tempo. Um dia ocorrerá.

Nos tempos que correm, o que a indústria bélica gasta daria para acabar várias vezes com a miséria planetária; o que é desviado dos cofres públicos, idem. Todavia, por bem ou por mal, isso terá um paradeiro.

Se aceitarmos as lições educativas do Divino Pedagogo, nos tornaremos fortes e abriremos, com a Alma devidamente nutrida, o nosso próprio caminho para o êxito, o qual jamais perderemos, porque estaremos adotando de modo correto as Leis da Sua Sagrada Economia: o Reino de Deus primeiro (Evangelho, segundo Mateus, 6:33), o que significa dizer: a entronização da Solidariedade Fraterna em todos os corações, porquanto somos, em toda a Terra, criaturas de um mesmo Criador.

A Religião do Amor Universal*[4] tem alertado, por diversas vezes, em sua programação de rádio, TV e pela internet, para que todos percebam o que o Cristo nos ensina ao pedirmos no Pai-Nosso: *O pão nosso de cada dia dai-nos hoje*. Trata-se do alimento material também! Entretanto, segundo o preceito do *primeiramente o Reino de Deus e Sua Justiça*, devemos acessar o Provedor Celestial, não por causa do pão ou do peixe que Ele multiplicou, porém em virtude de Sua Doutrina, a qual permitirá que façamos o mesmo, por meio dos mais inimagináveis e

---

*[4] **Religião do Amor Universal** — A Religião de Deus, Religião do Terceiro Milênio, proclamada por Alziro Zarur, em 7 de outubro de 1973, em Maringá, Estado do Paraná, Brasil.

éticos procedimentos. A firmeza de caráter, que dela promana, abre a nossa mente para o progresso, cuja origem se encontra no Mundo Espiritual. Daí o inestimável Poder da Prece, que traz das Esferas Invisíveis toda a Energia Divina de que necessitamos:

> — Vós fareis mais que Eu, pois voltarei para o Pai, enquanto permanecereis na Terra (Evangelho, segundo João, 14:12).

Ele não quer que nos formemos pela metade. Por isso igualmente afirmou:

> — Trabalhai, não pela comida que perece, mas pela que se prolonga na Existência Eterna (Evangelho de Jesus, segundo João, 6:27).

Diante disso, nada será impossível para quem sustentar, ante as agruras da vida, tamanha convicção. Esse conhecimento levanta qualquer povo, pois, ao fortificar a sua Fé Realizante, **fortalecerá o seu caráter**.

Jesus não engana

O Político Celeste não é demagogo. Não nos quer iludir. Almeja que tenhamos os Seus poderes em plenitude, na integridade do valor moral e espiritual destes. Se seguirmos Jesus — não em decorrência de coisas fugazes, todavia em virtude do Pão que desce do Céu, **que é a Sua Instrução Eterna** —, o alimento que sustenta o corpo não nos faltará, pois teremos a fundamental **elevada auto-estima, excelente instrumento para derrubar as barreiras do caminho, a começar pelas psíquicas**. Ele mesmo, no Evangelho — é bom repetir —, ensina que primeiro devemos buscar o Reino de Deus e Sua Justiça, de forma que mereçamos que as coisas materiais venham a nos ser adicionadas, sem nunca escassear. Isso não é superstição, e sim **Fé**, que tantas vezes mobilizou exércitos para a guerra. É fato histórico.

Chegou, porém, sem tardança, a hora de usá-la em benefício de todos, portanto de maneira ecumenicamente irrestrita, e não mais em prol de grupos com ambição hegemônica. Afinal de contas, vem assomando no horizonte dos povos o **cidadão planetário**, por mais incrível que possa parecer. Por meio de diferentes formas e armas de destruição, ou a Humanidade se integra — nos mais elevados patamares do Bem — ou se desintegra.

"Quem pode o mais pode o menos"

O Cristo é o Co-Autor da Terra. Ergueu este Orbe por ordem de Deus (Evangelho, segundo João, 1:1 a 3 e 10). Sua Obra constitui fortuna maior do que tudo o que pudermos amealhar em uma ou em inumeráveis existências. Como é que não nos dará aquilo de que precisarmos, se realmente respeitarmos a Sua Lei?! Foi Ele mesmo quem disse:

> — Tudo o que pedirdes na prece, crede que havereis de receber, e vos será concedido (Evangelho, segundo Marcos, 11:24).

Neste Planeta, ao infringir as ordenações humanas, Você é punido. No Campo Espiritual a situação é semelhante, com maior gravidade, dada a magnitude das conseqüências — apesar de, ao lado da Justiça Divina, sempre imperar o Amor. **Ninguém**, por pior que lhe pareça a situação, se encontra abandonado. Guardem, porém, esta admoestação do Talmud*[5]:

> — Jerusalém foi destruída porque o seu povo se ateve demais à letra da Lei, em vez de ao espírito de Justiça e à Regra de Ouro*[6].

No entanto, em que pesem todos os dramas e tragédias pelos quais passou, Jerusalém — Cidade Sagrada do Cristianismo, do Judaísmo e do Islamismo — reergueu-se e encontra-se aí, viva no mundo. Eis um exemplo do Amor de Deus, logicamente que aliado à Sua incorruptível Justiça.

É melhor não escorregar

Não é que, aleatoriamente, Deus vá castigá-lo. É que, se Você andar bamboleando ou na beira da calçada, poderá escorregar e quebrar a cabeça no asfalto ou no paralelepípedo, como resultado da sua falta de atenção no caminho.

Se aceitarmos as lições educativas do Divino Pedagogo, nos tornaremos fortes e abriremos, com a Alma devidamente nutrida, o nosso próprio caminho para o êxito.

*[5] **Talmud** — Leia mais sobre o tema em *A Essência do Talmud*, Rio de Janeiro: Editora Tecnoprint Ltda., seleção de Theodore M. R. von Keler e introdução do Grão-Rabino Dr. Henrique Lemle. Tradução de Paulo Rónai.

*[6] **Regra de Ouro** — *Ama a Deus sobre todas as coisas e ao próximo como a ti mesmo* (Evangelho de Jesus, segundo Mateus, 22:34 a 40).

Pesca Milagrosa,
obra de Raffaello Sanzio (1483-1520)
1515
Têmpera, 360 x 400 cm
Victoria and Albert Museum, Londres

Jesus, a Economia Doméstica e a Mundial.

Procuremos, então, o Reino de Deus e Sua Justiça, o Pão que desce do Céu, a comida que não perece, o alimento para o Espírito, e nada nos fará falta!

Se Jesus falou, está falado! E Ele disse que, se assim o fizermos, todas as coisas nos serão acrescidas (Evangelho, segundo Mateus, 6:33):

> — Buscai, primeiramente, o Reino de Deus e Sua Justiça, e todas as coisas materiais vos serão acrescentadas.

Moral, Fraternidade e Economia.

Pode parecer uma afirmativa excessivamente mística, mas o tempo, por caminhos ainda imperqueríveis ao Ser Humano distraído das Coisas Celestiais, mostrará que o Evangelho e o Apocalipse de **Jesus, o Pão que desceu do Céu**, têm capacidade para fomentar no coração do indivíduo proposições que promovam a estabilidade na Economia do mundo, porque o fundamento de qualquer revolução deve ser ético e verdadeiramente fraterno. (...) Ora, não existirá regime bom enquanto o Homem for mau (desculpem o cacófato). A Economia precisa realmente viver a sua dimensão solidária, moral e **espiritual**. (Não se esqueçam de que o governo da Terra começa no Céu!) Por isso, há décadas, preconizamos a Economia da Solidariedade Humana, **firmada no Mandamento Novo de Jesus**, que faz parte da Estratégia da Sobrevivência*.

Babilônia e Economia

A peregrinar pelos caminhos rudes e cruelmente traçados, milênio a milênio, a Economia convencional, com as exceções de praxe, terminará enquadrada — como de fato já se encontra — no destino fatídico da Grande Babilônia e dos seus discípulos (admiradores, como são chamados no Apocalipse):

A Segunda Voz

— Seguiu-se outro Anjo, o segundo, dizendo: Caiu, caiu a grande Babilônia, que tem dado a beber a todas as nações do vinho da fúria da sua prostituição (Apocalipse, 14:8).

O anúncio da queda de Babilônia

1 Depois dessas coisas, vi descer do céu outro Anjo, que tinha grande autoridade, e a Terra se iluminou com a sua glória.

2 Então, exclamou com potente voz, dizendo: **Caiu, caiu a grande Babilônia** e se converteu em habitação de demônios, covil de toda espécie de espírito imundo e esconderijo de todo gênero de ave imunda e detestável (...) (Apocalipse, 18:1 e 2).

---

* **Economia da Solidariedade Humana e Estratégia da Sobrevivência** — Mais esclarecimentos, leia a página do mesmo autor deste livro: "É urgente reeducar", na publicação *Sociedade Solidária*, 6ª ed., São Paulo: Editora Elevação.

Os lamentos dos admiradores de Babilônia

9 Ora, chorarão e se lamentarão sobre ela os reis da Terra que com ela se prostituíram e viveram em luxúria, quando virem a fumaceira do seu incêndio,
10 e, conservando-se de longe pelo medo do seu tormento, dirão: Ai! Ai! daquela grande cidade, Babilônia, tão poderosa! Contudo, **em um só momento chegou o seu juízo**!
11 E, sobre ela, chorarão e prantearão os mercadores da Terra, porque já ninguém comprará a sua mercadoria,
13 (de) canela de cheiro, especiarias, incenso, ungüento, bálsamo, vinho, azeite, flor de farinha, trigo, gado, ovelhas, e de cavalos, de carros, de escravos, **e até de almas de homens** (Apocalipse, 18:9 a 11 e 13).

Alertamento

Apocalipse de Jesus, 3:13:

— Quem tem ouvidos de ouvir, ouça o que o Espírito diz às Igrejas do Senhor.

O Evangelho e o Apocalipse de **Jesus, o Pão que desceu do Céu**, têm capacidade para fomentar no coração do indivíduo proposições que promovam a estabilidade na Economia do mundo, porque o fundamento de qualquer revolução deve ser ético e verdadeiramente fraterno.

A Promessa de Luís XIII, obra de Dominique Ingres (1780-1867)
1824
342 x 270 cm
Catedral de Montauban

Sintonia com o Cristo

Meus Amigos e meus Irmãos, entremos no Silêncio da Alma. Já aprendemos que este silêncio independe de confusão e barulho. De tudo! Resulta somente da nossa integração em Deus, no Cristo e no Espírito Santo. Somos nós olhando para dentro de nós mesmos (ou de nós mesmas), ingressando na sintonia do nosso Cristo interno e com Ele dialogando. É o que cada um vai fazer agora, coletivamente, formando, assim, uma potente egrégora.

(Todos se concentram num minuto de silêncio)

O leitor deve fazer o mesmo, antes de se integrar nesta e nas outras matérias.

Jesus — O maior Economista.

Enriqueçamo-nos, buscando primeiramente o Reino de Deus e Sua Justiça, de forma que todas as coisas materiais possam ser acrescentadas às nossas vidas (Evangelho, segundo Lucas, 12:31). Este é um ensinamento máximo do Cristo Estadista no campo da Economia. Um assunto que poderemos tratar muitas vezes. Observem que Jesus é o maior Economista do mundo. Não podemos esquecer que Ele é Co-Autor (pois o fez com Deus) da construção do Planeta Terra que, por Sua misericórdia, habitamos (Evangelho, segundo João, 1:1 a 3 e 10).

Vamos dar continuidade à análise das palavras de Jesus, segundo João, 6:25 a 27. Vale a pena reproduzir a passagem bíblica para facilitar o entendimento:

> 25 Ao encontrarem Jesus do outro lado do mar, perguntaram-Lhe: Mestre, quando chegaste aqui?
>
> 26 Respondeu-lhes o Cristo: — Em verdade, em verdade vos digo: Vós me procurais, não porque vistes milagres, mas porque comestes dos pães e vos fartastes.
>
> 27 Trabalhai, não pelo alimento que perece, mas por aquele que fica para a Vida Eterna, e que o Filho de Deus vos dará; porque Nele foi que o Pai, que é Deus, imprimiu o Seu Selo.

Abro parênteses para uma explicação: o Texto Bíblico geralmente fala em Filho do Homem. Preferimos dizer: o Filho de Deus. O termo Filho do Homem foi usado, no Velho Testamento, para designar Ezequiel. É só ir ao seu livro. O profeta é extraordinário. Jesus, porém, é incomparável! Assim qualquer citação que possa confundi-Lo com grandes figuras da História Religiosa, por maiores que sejam, sempre procuraremos evitar.

Jesus e alimento imperecível

Bem, voltemos à matéria em estudo: comentei que este trecho do Evangelho do Cristo, segundo João, *Jesus, o Pão vivo que desceu do Céu*, é tão profundo que poderíamos analisá-lo por vários programas.

Vamos tratar, no encerramento deste capítulo, somente do versículo 27, em que aparece a palavra **selo**, às vezes, substituída por **sinal.**

— Trabalhai, não pelo alimento que perece, mas por aquele que fica para a Vida Eterna, e que o Filho de Deus vos dará; porque Nele foi que o Pai, que é Deus, imprimiu o Seu **Selo**.

Recorramos então ao Seu Apocalipse, segundo João, capítulo 7. Vocês verão que todo o Texto Sagrado está interligado, como explicamos no primeiro livro da coleção O Apocalipse de Jesus para os Simples de Coração.

Cento e quarenta e quatro mil selados de Israel

1 Depois disto vi quatro Anjos em pé nos quatro cantos do mundo, conservando seguros os quatro ventos, para que nenhum soprasse sobre a terra, nem sobre o mar, nem contra árvore alguma.

2 Vi outro Anjo que subia do nascente do sol, tendo **o sinal do Deus Vivo**, e clamou em alta voz aos quatro Anjos, àqueles aos quais fora dado fazer dano à terra e ao mar,

3 dizendo: Não danifiques nem a terra, nem o mar, nem as árvores, até que assinalemos em suas frontes os servos do nosso Deus.

4 Então ouvi o número dos que foram selados, que era cento e quarenta e quatro mil, de todas as tribos dos filhos de Israel:

5 da tribo de Judá foram selados doze mil; da tribo de Rúben, doze mil; da tribo de Gade, doze mil;

6 doze mil da tribo de Áser; da tribo de Náftali, doze mil; da tribo de Manassés, doze mil;

7 doze mil da tribo de Simeão; doze mil da tribo de Levi; doze mil da tribo de Issacar;

8 doze mil da tribo de Zabulom; doze mil da tribo de José; doze mil da tribo de Benjamim.

(Apocalipse de Jesus, 7:1 a 8)

Visão dos glorificados

9 Depois destas coisas olhei, e eis grande multidão que ninguém podia enumerar, de todas as nações, tribos, povos e línguas, que estava em pé diante do trono e diante do Cordeiro de Deus, trajando vestiduras brancas, com palmas nas suas mãos;
10 e clamava em grande voz, dizendo: — Ao nosso Deus, que se assenta no trono, e ao Divino Cordeiro, pertence a salvação.
11 E todos os Anjos estavam de pé em derredor do trono, e dos anciãos, e dos quatro seres viventes: e ante o trono se prostraram sobre os seus rostos e adoraram a Deus,
12 dizendo: Amém. Bênção e claridade, e o louvor, e a glória, e a sabedoria, e ações de graça, e a honra, e o poder, e a fortaleza sejam ao nosso Deus pelos séculos dos séculos. Amém.
13 Um dos anciãos tomou da palavra, dizendo: Estes que trajam vestiduras brancas quem são e de onde vieram?
14 Respondi-lhe: Meu Senhor, Tu o sabes. Ele, então, me disse: São estes os que vêm da grande tribulação, que lavaram suas vestiduras e as alvejaram no sangue de Cristo Jesus,
15 razão por que se acham diante do trono de Deus e O servem de dia e de noite **no Seu Templo**; e Aquele que se acha sentado no trono estenderá sobre eles o Seu tabernáculo, e habitará sobre eles.
16 Jamais terão fome, nunca mais terão sede, não cairá sobre eles o sol, nem ardor algum,
17 pois o Cordeiro de Deus que se encontra no meio do trono os apascentará e os guiará para as fontes da água da vida. E Deus lhes enxugará dos olhos toda lágrima.

Vocês, realizando a devida análise, poderão comprovar as ligações marcantes entre o capítulo 6 do Evangelho, segundo João, versículos 25 a 27, e o capítulo 7 da Revelação de Jesus, também segundo João, o Evangelista-Profeta e Apóstolo do Apocalipse, a respeito do qual o Cordeiro de Deus disse a Pedro, quando Lhe perguntou, na narrativa de João, 21:21 e 22:

> 21 E este, Senhor, que ocorrerá a ele? Jesus o repreendeu, dizendo:
> 22 Que tens tu com isto, Simão, se Eu quiser que ele permaneça até a minha volta?

E João aí está por meio do Apocalipse e também da Lei Universal da Reencarnação.

Há muitos anos, meu querido pai, Bruno (1911-2000), a respeito de um tema que encontrara num livro, comentou comigo que os norte-americanos preferiam perder o avião ao piloto. Um avião é feito num instante, e um piloto, para formá-lo, são necessários muitos esforços. Além disso, trata-se de um Ser Humano. O mesmo ocorre com os missionários do Cristo: Jesus cuidadosamente os prepara e os vai mandando pelas vidas sucessivas, cada vez mais especializados, até que se cumpra o Planejamento de Deus para aquele ciclo.

O Silêncio da Alma independe de confusão e barulho. De tudo! Resulta somente da nossa integração em Deus, no Cristo e no Espírito Santo.

Ressurreição de Lázaro, obra de Caravaggio
1608-09
Óleo sobre tela, 380 x 275 cm
Museo Nazionale, Messina

Recado moral dos milagres

Vocês viram que Jesus repreendeu as multidões que corriam atrás Dele, a pé (observem a força do carisma do Cristo de Deus), dizendo-lhes que em verdade O procuravam não porque haviam visto aqueles sinais que prodigamente realizava. Ele curava cegos, mudos, leprosos; expulsava demônios; ressuscitava mortos e, apesar de tudo isso, muitos O procuravam, não por causa do recado moral dos milagres, que demonstravam a todos **o Poder de Deus, o Selo de Deus no Cristo**, mas porque os seus estômagos tinham ficado satisfeitos na multiplicação de pães e peixes. E repreendia-os:

> — Trabalhai, não pelo alimento que perece, mas por aquele que fica para a Vida Eterna, e que o Filho de Deus vos dará; porque Nele foi que o Pai, que é Deus, imprimiu o **Seu Selo** (Evangelho de Jesus, segundo João, 6:27).

Quer dizer: **o Selo Divino**, não o da besta. Jesus teve imprimido no Seu Espírito **o Selo** do Pai Celestial, o Criador do Universo. Portanto, Ele é o Pão que desceu do Céu. Tem em si todos os Poderes de Deus, a ponto de afirmar: *Eu e o Pai somos Um* (Evangelho, segundo João, 10:30).

Os perseverantes serão selados pelo Cristo

O sofrimento de Jesus é que muitos dos que corriam atrás Dele (homens e mulheres) o faziam por um fator humano, enquanto o Cristo, **por ter sido selado por Deus**, lhes oferecia o Conhecimento Divino para que nunca mais tivessem fome, nem sede, nem doença, como vemos no versículo 16 desse capítulo 7 do Apocalipse (estamos comparando o capítulo 6 do Evangelho do Cristo com o 7 do Seu Apocalipse, ambos segundo João). Nesse relato dos cento e quarenta e quatro mil selados de Israel, em *A visão dos glorificados*, Jesus toma do Selo que Deus Lhe deu e vai destacar os que perseverarem até o fim, que são **o número-qualidade** de cento e quarenta e quatro mil. E esses que resistiram como Ele determina na Igreja em Esmirna — persistindo sobre todo o sofrimento para serem dignos da coroa da vida, que não se deixaram tomar pela preocupação excessiva com as coisas do mundo — mereceram a assinalação maior que é a do Cristo e puderam dominar também as coisas pequenas (pois quem pode o mais pode o menos), recebendo o Selo de Deus. Para os pertinazes, os versículos 16 e 17 do capítulo 7 do Apocalipse dizem que foram assinalados pelo Cristo com o **Selo** que Ele recebeu do Pai Celestial. Por isso, essa confortadora promessa, digna de registro:

> — ... jamais terão fome, nunca mais terão sede, não cairá sobre eles o sol, nem ardor algum, pois o Cordeiro de Deus, que se encontra no meio do trono, os apascentará e os guiará para as fontes da água da vida. E Deus lhes enxugará dos olhos toda lágrima.

A selagem está aqui. Prossigamos no capítulo 7, voltando aos versículos iniciais, ao número 2, em particular. Neste ponto, Jesus está selando (é Ele quem sela por intermédio dos Anjos), porque recebeu o Selo de Deus. Ele e o Pai são Um. É vital nunca esquecermos disto.

> — Vi outro Anjo que subia do nascente do sol, tendo o **sinal** do Deus Vivo.

E vejam que força esse Anjo tem:

e clamou em alta voz aos quatro Anjos, àqueles aos quais fora dado fazer dano à terra e ao mar,

> — dizendo: Não danifiques nem a terra, nem o mar, nem as árvores (por quê?), até que assinalemos em suas frontes os servos do nosso Deus.

Aqueles que não debocham do ensinamento do Cristo, portanto, não desmaiarão quando Ele vier sobre as nuvens; não se lamentarão (como está descrito no versículo 7 do capítulo 1 do Seu Apocalipse). Por quê? Porque eles escutaram a palavra de Jesus na Carta à Igreja em Esmirna, no capítulo 2:10 e 11:

> — Não temas as coisas que tens de sofrer. Eis que o diabo está para lançar em prisão alguns dentre vós, para serdes postos à prova, e tereis tribulação de dez dias. Sê fiel até a morte, e Eu te darei a coroa da vida.

Eu te darei a mim mesmo, diz o Cristo (Apocalipse, segundo João, 2: 28 e 22: 16), que é o Pão que desceu do Céu (Evangelho, segundo João, 6:35 e 51).

E, em seguida, no versículo 11, o alerta para que não temamos as provas, que sejamos fiéis até a morte, a ponto de merecermos Dele (Jesus) a coroa da vida.

> — Quem tem ouvidos de ouvir ouça o que o Espírito diz às igrejas do Senhor. O vencedor (aquele que perseverar até o fim e merecer alimentar-se com o Pão que desceu do Céu, que é o Cristo) de nenhum modo sofrerá o dano da segunda morte (a morte espiritual, a morte moral).

Por que exclusivismos? Multidão inumerável alcançará a salvação

Versículo 4 do capítulo 7 do Apocalipse do Cristo:

> — Então ouvi o número dos que foram selados, que era cento e quarenta e quatro mil, de todas as tribos dos filhos de Israel (...).

Já explicamos que, neste caso, Israel não significa somente os Irmãos judeus, mas a Humanidade inteira.

Cada uma dessas tribos representa aqui vários povos da Terra, até porque, historicamente falando, muitos judeus se misturaram com elementos de outras etnias, de outras crenças, de outras ideologias, forçados ou voluntariamente.

Depois vem a citação, no versículo 14 do mesmo capítulo 7, daqueles que vieram da grande tribulação, que lavaram suas vestiduras e as alvejaram no sangue do Cristo. No versículo 15, a razão por que se acham diante do Trono de Deus, e O servem de dia e de noite no Seu Templo.

Vejam que em *A visão dos glorificados* há uma *multidão que ninguém pode enumerar* (são os versículos 9 e 10 do capítulo 7 do Apocalipse de Jesus): uma quantidade tamanha formada

> — (...) de todas as nações, tribos, povos e línguas, que estava em pé diante do trono e diante do Cordeiro de Deus, trajando vestiduras brancas, com palmas nas suas mãos; e clamava em grande voz, dizendo: Ao nosso Deus, que se assenta no trono, e ao Divino Cordeiro, pertence a salvação.

Quer dizer, uma multidão **ecumênica** de todas as nações, de todas as tribos, de todos os povos, de todas as línguas.

Como também está no Evangelho de Jesus, segundo João, 10:16:

> — Ainda tenho outras ovelhas, não deste aprisco; a mim me convém conduzi-las; elas ouvirão a minha voz; então, haverá um só Rebanho e um só Pastor.

Templo da Boa Vontade no Apocalipse

Que templo é esse citado no versículo 15 do capítulo 7º? Tudo indica, pelo seu papel altamente solidário, que se trata do Templo do Ecumenismo Irrestrito e Total, que a Legião da Boa Vontade levantou em Brasília. A respeito dele, disse o Irmão Zarur, ao explicar a decifração, feita por Daniel, do sonho de Nabucodonosor: "Quando Jesus voltar encontrará erguido o Templo da Boa Vontade", o TBV. Estruturado pela Boa Vontade dos Homens, iluminada pela Boa Vontade de Deus. A LBV tem posição singular perante o mundo. Prega o Ecumenismo Irrestrito, que apregoa a harmonia entre todos os Seres Terrestres, e é a grande propugnadora do Ecumenismo Total, porquanto não despreza o Mundo (ainda) Invisível*[1]. Por isso, preconiza a urgente necessidade de um intercâmbio consciente com as Dimensões nas quais habitam os Espíritos, que são, hoje, o que seremos amanhã. A Vida na Pátria da Verdade não é uma abstração, mas realidade avassaladora, como o tempo provará, e uma incomensurável mensagem de Esperança, posto que à dor, companheira contumaz da existência humana, sobrevirá a luz da Eternidade, de acordo com o que houvermos semeado na Terra. A colheita, lá, depende da nossa semeadura aqui. Nada mais justo. Portanto, usemos bem a seara que Deus nos oferece na Terra.

Bom, vou parar hoje por aqui. Tudo isso é porque estamos analisando o capítulo 6 do Evangelho, segundo João, que tem esse título extraordinário: *Jesus, o Pão Vivo que desceu do Céu.*

Políticos e Sabedoria de Deus*[2]

Mas é preciso que persistamos, porque o próprio Cristo diz que na nossa fidelidade encontraremos a nossa libertação.

> — Na vossa perseverança, salvareis as vossas almas (Evangelho, segundo Lucas, 21: 19).

*[1] **Nota do autor — Mundo (ainda) Invisível** — A região dos Espíritos, porquanto ninguém morre. Como ensina Alziro Zarur: "Não há morte em nenhum ponto do Universo". E, de minha parte, acrescento, não há impunidade em nenhum ponto do Cosmos. Iludem-se aqueles que enganam a polícia e a justiça humana, posto que não escaparão da Justiça de Deus. O umbral os espera com a severidade de suas sanções, após a morte do corpo físico. E de lá só sairão após iniciar, de boamen-

Um político que, no Terceiro Milênio, desconhecer essas coisas, "não vai poder dirigir mais nada. O poder se tornará fluídico nas mãos dos homens e lhe sairá por entre os dedos", anunciava Alziro Zarur, há mais de meio século.

Nenhum político, religioso, militar, economista, ninguém tem poder, somente instantes de poder, dos quais prestarão contas. Só quem tem poder é Deus! O poder só serve, enquanto serve ao Povo e não aos interesses inconfessáveis de quem quer que seja. A elite de um país é a sua gente. Conseqüentemente, é sua grande riqueza e o seu potencial humano e espiritual. No Terceiro Milênio, a solução para os problemas de um país também sairá realmente dos seus habitantes, não unicamente de governos transitórios e nem sempre identificados com as necessidades de sua população. Por isso, a enorme importância da proposição da LBV Mundial é Educação e Cultura, com Espiritualidade Ecumênica, para que haja Alimentação, Saúde e Trabalho com fartura, no tempo devido. Dirijam suas reflexões, a médio prazo, para o significado do Novo Céu e da Nova Terra, com o Rio da Existência Eterna, a Árvore da Vida com seus doze frutos e suas folhas para a cura das nações, todos grafados no Apocalipse. Nada mais político, econômico e social que isto. Eis a razão de pregarmos a Política de Deus.

te ou não, seu processo de arrependimento, que se irá completando por meio das reencarnações sucessivas.

*[2] **Políticos e Sabedoria de Deus** — Sobre o tema, leia também do mesmo autor: *Tratado Universal sobre a Dor; A Bíblia para o Povo; Voltamos! — A Revolução Mundial dos Espíritos de Luz; O Brasil e o Apocalipse* (vol. 3) e *Reflexões e Pensamentos — Dialética da Boa Vontade.*

Compêndios de Sabedoria

A Política de Deus traz a cultura do Saber Espiritual, pois o Apocalipse e o Evangelho são compêndios de erudição para aqueles que têm olhos de ver e ouvidos de ouvir e desejarem realmente realizar o bem para as suas nações, neste encerramento de milênio, de século e de ciclo apocalíptico, contudo, início de uma era em que a Verdade e o Amor de Deus comandarão, como dizemos na melodia *Jesus!**[3], finalmente, os destinos de homens, povos e nações.

Jesus, o Pão que desceu do Céu!

A Vida na Pátria da Verdade não é uma abstração, mas realidade avassaladora, como o tempo provará, e uma incomensurável mensagem de Esperança, posto que à dor, companheira contumaz da existência humana, sobrevirá a luz da Eternidade, de acordo com o que houvermos semeado na Terra.

---

*[3] **Jesus!**
Melodia: Autor desconhecido
Letra: José de Paiva Netto
Arranjo: Vanderlei Pereira

Na Terra, o Cristo é o Senhor!
Estará comigo aonde eu for.
Desço ao mar, subo aos Céus,
Venço o ódio e os labéus.
Canto à Luz,
Grito forte: Jesus!
Céus e Terra sempre existirão.
E a Verdade e o Amor governarão.
E Deus ditará nosso destino, então,
Com a Fraternidade e a Glória
Do Seu Coração.

O que é "dar a outra face"

Os Simples são os que lutam por tornarem-se puros de coração, e assim devem ser, porque estes verão Deus face a face, como revela Jesus nas Bem-Aventuranças do Seu Sermão da Montanha, uma das mais importantes páginas da literatura espiritual planetária.

A Bíblia Sagrada — por ser, na sua parte profética, a manifestação de um Deus que é Amor — está, por isso mesmo, divinamente resumida no Mandamento Novo de Jesus:

> — Amai-vos uns aos outros como Eu vos amei. Somente assim podereis ser reconhecidos como meus discípulos, se tiverdes o mesmo Amor uns pelos outros (...). Não há maior Amor do que este: dar a sua própria Vida pelos seus amigos. (...) Porquanto, assim como o Pai me ama, Eu também vos tenho amado. Permanecei no meu Amor (Evangelho do Cristo, segundo João, 13:34 e 35; 15:12 e 13 e 15:9).

Quem souber entendê-lo de verdade conhecerá a Escritura, pois toda ela foi feita para que cheguemos ao ponto de nos amarmos uns aos outros como Jesus nos amou. Utopia? Um dia será a mais poderosa realidade, como se vem tornando cada vez mais necessária a irmanação dos corações, a ponto de afirmar em Fulda, na Alemanha, terra de Martinho Lutero (1483-1546), Sua Santidade, o saudoso Papa João Paulo II (1920-2005):

— O Ecumenismo é um dever urgente.

Pelo prisma do Amor divinizado, que não se confunde com a covardia diante da injustiça e da perversidade, já lhes expliquei aquela passagem do Evangelho de Jesus, segundo Lucas, 6:29: *Ao que te bate numa face, oferece-lhe também a outra* (...). Significa dizer que não devemos jamais entrar na sintonia do ódio. "Dar a outra face" é levar os que nos desejam ofender à percepção de que estão cometendo um ultraje contra si mesmos. (...) O ódio é arma voltada contra o peito de quem odeia. Eis o Evangelho-Apocalipse a nos proporcionar Educação e Cultura, Alimentação, Saúde e Trabalho com Espiritualidade Ecumênica. "Dar a outra face" é um ato de coragem, um exercício de paciência; não é ação para omissos e acomodados.

Apocalipse não é fruto de delírio

O Planeta Terra vive a fase dramática de sua mais profunda transição. Os que pensam que o Apocalipse é brincadeira, um delírio de João Evangelista, porque ele estava muito idoso, encontram-se completamente enganados. Pelo contrário, ser João, o Evangelista, nonagenário, ter demasiadamente sofrido, levado chicotadas, vivido como fugitivo daqui para lá, sendo xingado, caluniado, aprisionado, valoriza extraordinariamente o seu testemunho perante o Cristo e a Humanidade. As prisões de hoje deixam muito a desejar, a despeito de todo o progresso material existente e do esforço de tantas organizações que lutam pelos Direitos Humanos. Imaginem naquele tempo em que a vida valia menos que agora. Bem que é difícil pensar que ela possa ter valido menos em alguma época como esta em que, estupidamente, homens e nações se armam cada vez mais. Mas hoje há organizações como a Legião da Boa Vontade e muitas outras notáveis e aplaudíveis, pelo mundo, que se preocupam com a qualidade da vida humana. Naquele tempo, não!

E abro parênteses para destacar que na Legião da Boa Vontade (LBV) nos preocupamos bastante com a qualidade da vida espiritual também, e não somente daqueles que se encontram nas cadeias, porém, dos que, estando fora delas, são vítimas dos maiores agravos. Toda moeda tem dois lados. **E o caminho da LBV é a Paz**.

Justamente o fato de ter o Discípulo Amado sofrido tanto, ultrapassado os 90 anos, não mais estar preso aos apetites da matéria é que possibilitou aos Maiores da Espiritualidade transmitirem-lhe a mensagem mais importante para a sobrevivência pessoal e a coletiva, a dos povos.

Como declarou um dos que me honram com a sua audiência, analisando este nosso trabalho de explicar a Bíblia para os Simples, não estamos fazendo como um ou outro apressado que abra o Livro das Profecias Finais e corra para o entendimento açodado do que seriam as bestas, as trombetas, as pragas e tanta coisa mais. Você não pode chegar à Álgebra se não passou pela Aritmética. Não pode chegar ao Mestrado se não atravessou vários anos de estudo universitário. Tudo tem um ciclo, deve seguir-se uma escala crescente. A não ser que a Alma já tenha um conhecimento profundo que traga de outras vidas, o que não é muito comum na atualidade. E mesmo aqueles que têm um conhecimento maior do assunto também querem vir do princípio, como estamos fazendo, para não deixar escapar nada.

Os Simples estão em todas as classes e crenças

Um livro que aparentemente era segredo do princípio ao fim está sendo revelado aos Simples de Coração, preparados para tal pelos milênios. Todo pai responsável e toda boa mãe consciente desejam passar aos filhos o seu saber. Ora, Deus é Pai e Mãe unitivamente. Como nos mandaria uma Revelação indecifrável? Se está carregada de tantos símbolos, é justamente para provocar em nós o interesse por deslindar aquelas alegorias. (É uma espécie de boa provocação para o nosso Espírito, que precisa evoluir. Àquilo que é muito fácil não damos o valor devido.) Portanto, Jesus não deseja ocultar qualquer conhecimento. Tanto que, na hora determinada, Deus permitiria *ao Leão da Tribo de Judá, à Raiz de Davi, Jesus que, pela Sua Vitória, alcançou o poder de abrir o livro e os seus sete Selos* (Apocalipse, 5:5), a revelação total do que *era* um segredo... A hora de desvelá-lo chegou, e os que se dedicam à compreensão imparcial do Apocalipse tornam-se, pelo seu próprio esforço, privilegiados a tomarem consciência da sua plenitude, de acordo com o que está escrito no Livro da Revelação, 10:7:

> — Mas nos dias da voz do sétimo Anjo, quando ele estiver para tocar a trombeta, cumprir-se-á então o mistério de Deus, conforme Ele anunciou aos Seus servos, os profetas.

Os Simples estão em quantas classes sociais houver e nas diversas crenças, no Espiritualismo em geral. Quando falamos em Espiritualismo, muitos concluem que são somente os Irmãos em humanidade ligados às doutrinas orientais que crêem na reencarnação. Ora, como preconizava Leopoldo Machado (1891-1957), espiritualista é todo aquele que acredita no Espírito, ao contrário do Irmão materialista que ainda não crê em coisa alguma, mas que igualmente é Filho de Deus e, mais cedo ou mais tarde, será tocado pela realidade da Vida eterna. O Criador não tem pressa de que as Suas criaturas Nele creiam. O Seu maior desejo é o de que sejam boas de coração, honestas, dignas, fraternas, solidárias, verdadeiras, porque aí já O estarão adorando, porque Deus é tudo isso e mais o que houver de melhor. Afinal, é bom repetir, ateu também é Filho do Criador de todas as criaturas. Somos todos Irmãos. Portanto, "dar a outra face" é viver ecumenicamente essa irmandade, como membros civilizados da Raça Universal dos Filhos de Deus.

"Dar a outra face" é levar os que nos desejam ofender à percepção de que estão cometendo um ultraje contra si mesmos (...). O ódio é arma voltada contra o peito de quem odeia (...). "Dar a outra face" é um ato de coragem, um exercício de paciência; não é ação para omissos e acomodados.

Anunciação (detalhe), obra de Leonardo da Vinci (1452-1519)
1478-82
Óleo sobre painel
Museu do Louvre, Paris

As Raízes Espirituais de uma Política Superior

Um tema que está despertando o interesse de muita gente esclarecida é a Política de Deus. O executivo Renato Furtado, de Brasília/DF, escreveu: "Compreendi que a Política de Deus está diretamente relacionada a um conhecimento da própria Bíblia Sagrada, quando estudada por um prisma espiritual. Pode nos aprofundar a matéria nas publicações da Legião da Boa Vontade?".

— Sim, meu caro Renato e demais leitores e ouvintes que nos honram freqüentemente com sua atenção. E para responder-lhe, trago trecho de meu improviso na Super Rede Boa Vontade*[1], que versou justamente sobre o assunto em pauta:

Realidade da Vida em outras dimensões

Estamos realizando uma tarefa de Educação e Cultura, Alimentação, Saúde e Trabalho, para que haja cidadania com Espiritualidade Ecumênica. Mas para que haja Espiritualidade é necessário que essa obra de Educação e Cultura seja feita também com a Espiritualidade. Observaram a filigrana? Com A Espiritualidade **Superior**.

Nossos amigos do Mundo Espiritual são invisíveis? Um dia seremos tão invisíveis quanto eles, o que não significa que tenhamos morrido,

*[1] **Super Rede Boa Vontade de Rádio (Super RBV)** — Atualmente reúne emissoras de rádio, transmitindo para o Brasil, América Latina (via satélite) e para o mundo (pela internet www.boavontade.com).

tornando-nos o pó da terra*2, como alguns ainda preferem, pensando que a morte acaba com tudo. A Humanidade Espiritual é **até hoje** invisível aos nossos olhos materiais, porém ela existe. **O Mundo Espiritual não é uma abstração.**

A Ciência já pesquisa a possibilidade da existência em diferentes dimensões, além do fato de também investigar a vida em outros planos materiais, astros, sistemas, galáxias, porque seria arrogância humana pretender que não exista vida fora do Planeta Terra. Se os de Boa Vontade não se unirem, o que vai ocorrer, justamente provocado por essa soberba descabida, é que a vida poderá deixar de existir no próprio Orbe Terrestre, porque ainda há descomedidos com armas potentíssimas. Em suas mãos, continuam artefatos poderosos, não apenas nucleares, mas também químicos, bacteriológicos e daí por diante. O que demonstra que a Humanidade, ou pelo menos alguns dos que se encontram à frente dela, está precisando refletir melhor. Vive no íntimo desses líderes um temor que lhes provoca uma defesa contra fantasmas concebidos em suas mentes, e eles se armam, se armam, se armam... sem falarmos na ganância sem freios. Enquanto isso, povos permanecem famintos, famintos, famintos... porque é um absurdo o que se gasta com arsenais até hoje, mesmo depois da queda do Muro de Berlim (1989),

*2 **Nota do autor** – "Um dia seremos tão invisíveis quanto eles, o que não significa que tenhamos morrido, tornando-nos o pó da terra" – Evidentemente que apenas no tocante ao corpo material que veio da terra e à terra retornará. *Lembra-te, homem, que és pó e ao pó retornarás*. (Antigo Testamento da Bíblia Sagrada, Eclesiastes, 3:20). Tais palavras do profeta não se aplicam ao Espírito, que é eterno, e do qual Jesus falou: *A carne para nada serve. Mas o Espírito vivifica.*

quando os povos puderam respirar um pouco melhor, em virtude do fim da guerra fria. Mas o perigo continua, porque o ódio, a cobiça e a insolência ainda atormentam os corações humanos. (...)

Frutos da Árvore da Vida Eterna

Tenho muita Fé na consciência universal, cósmica, que é ensino superior ao das universidades terrenas. Essa consciência vem baixando a partir do próprio Deus, no novo Céu e na nova Terra, com a Nova Jerusalém, com a Árvore da Vida Eterna, cuja ciência foi negada ao Homem incipiente do início da Bíblia, no terceiro capítulo do Gênesis de Moisés (apresentada então como a Árvore da ciência do Bem e do mal, plantada no meio do Jardim do Éden), pois o Ser Humano era mais imaturo que hoje. Entretanto, de certa forma, ele evoluiu, e os frutos da Árvore da Vida, portanto o Conhecimento Espiritual Superior, passam a ser acessíveis à Humanidade no fim das Escrituras Sagradas, no Apocalipse, que é o livro mais brilhante e iluminador da Bíblia, porque, sem dúvida, Jesus ali aparece como o Leão de Judá, Todo-Poderoso, que vem sobre as nuvens, como lemos no versículo sétimo do capítulo primeiro do Livro das Profecias Finais:

> — Eis que Jesus vem com as nuvens, e todos os olhos O contemplarão, até mesmo aqueles que O traspassaram. E todas as nações da Terra se lamentarão sobre Ele. Sim. Amém.

E quem faz esta afirmativa? Não é João. Observem o versículo oitavo do mesmo capítulo primeiro:

— Eu sou o Alfa e o Ômega, o A e o Z, o Princípio e o Fim, diz o Senhor, Aquele que é, que era e que há de vir, o Todo-Poderoso Deus.

É Deus, portanto, o fiador dessa verdade: Jesus vem!

— (...) *As nações da Terra se lamentarão sobre Ele, ao verem Jesus vir sobre as nuvens.*

Por que as nações da Terra irão lamentar-se? Porque não quiseram prestar atenção aos ensinamentos do Seu Senhor. É o que ocorre a um aluno gazeteiro que acaba reprovado. Ora, faltou, não estudou!... Que quereria? No caminho, encontramos pessoas que se põem a desfazer da Bíblia Sagrada, principalmente do Apocalipse, e nem se dão ao trabalho de abri-los. Como poderão ser levadas a sério?

O relato do Apocalipse é magnífico pleno de poesia. Só apavora os que *têm culpa no cartório.*

E quem pensa que o mundo vai acabar está completamente errado. Ele irá transformar-se, pela ação do Amor ou pelo impacto da Dor. A escolha é do Ser Humano, daí possuir livre-arbítrio.

A Volta de Jesus sobre as nuvens vai muito além do significado literal

O que expressa o fato de vir Jesus sobre as nuvens, além do entendimento literal aqui descrito? Exprime que, quando Ele voltar, todas as coisas Lhe devem ser devolvidas, não somente a Religião, mas também a Política, a Filosofia, a Ciência, a Economia, a Arte e tudo o mais, porque estes foram talentos que o Senhor da Seara deixou com

Seus servidores de forma que os multiplicassem, enquanto Ele saía numa viagem. Na volta, concedeu a cada um de acordo com as próprias obras de cada um: aos que cumpriram seus compromissos, o prêmio da honra; aos que os desprezaram, a sanção correspondente (Parábola dos Talentos, Evangelho de Jesus, segundo Mateus, 25:14 a 30). Na Seara de Deus não pode prosperar o crime da impunidade, que a tantos malefícios tem arrastado povos inteiros.

Eis que Jesus vem com as nuvens, quer dizer, vem no Alto, para onde nós, qualquer que seja nossa crença, ou descrença, devemos elevar todas essas coisas que têm sido conspurcadas pelo escárnio de alguns, para receberem a sua iluminação. É tempo de a Humanidade olhar para cima.

"Jesus é o Sol da Caridade", ensinava Zarur, e eu completo assim: E por ser divino, não provoca sombras.

Então, quando, realmente, todos se dispuserem a viver sob essa Claridade Celeste, a Política deixará de ser coisa tenebrosa. As crenças libertar-se-ão da parte de Babilônia que integra tudo aquilo em que o Homem mete a mão. A Economia deixará de ser essa mundial babel que o Povo não entende, porque tem sido assim no mundo: multidões abandonadas, em favor da fartura de um ou outro grupo, de uma ou outra nação.

Eis que Jesus vem com as nuvens, e todos os olhos O contemplarão (Apocalipse, 1:7), isto é, vem elevar a Religião, a Ciência, a Política, a Filosofia, a Arte, a Economia, o Esporte e tudo mais a essa iluminação que desce do Alto, trazida por

Ele na Sua Volta magnífica, literal ou espiritualmente realizada.

E todos os olhos O contemplarão, nenhum olho estará apagado, impedido de perceber a claridade do Cristo a refletir-se sobre todas essas coisas nascidas do gênio humano e que, ao mesmo tempo, sofreram também a conspurcação da parte de Babilônia que, infelizmente, as criaturas ainda têm cultivado pelos séculos.

Jesus vindo sobre as nuvens quer dizer: na plenitude de Sua Força Moral, da Sua Autoridade, da Sua Grandeza. Somente Ele pode limpar as mentes de todas as criações do pensamento desgovernado, para que possam brilhar, iluminando-nos com a parte divina da Religião, da Política, da Ciência, da Filosofia, da Economia, da Arte, do Esporte e o que mais o seja. Eis a Política de Deus: mostrar que na Bíblia Sagrada, desde o primeiro livro do Pentateuco mosaico até o Apocalipse, existem realidades que são luz para nós, conquanto analisadas de acordo com o alertamento do Apóstolo Paulo: *As coisas espirituais têm de ser discernidas espiritualmente* (Primeira Epístola aos Coríntios, 2:14).

Eis que Jesus vem com as nuvens, e todos os olhos O contemplarão **(Apocalipse, 1:7), isto é, vem elevar a Religião, a Ciência, a Política, a Filosofia, a Arte, a Economia, o Esporte e tudo mais a essa iluminação que desce do Alto, trazida por Ele na Sua Volta magnífica, literal ou espiritualmente realizada.**

Armagedom: Preocupação de materialistas e espiritualistas.

O desassossego com a ainda inafastada possibilidade de eclosão de uma Terceira Guerra Mundial (que Deus nos livre disso!) não é "impertinência" de intérpretes das profecias finais, diante desta polêmica passagem do Livro da Revelação:

> — E os ajuntou num lugar que em hebraico se chama Armagedom (Apocalipse, 16:16).

Fala Luiz Carlos Prestes

Ilustres representantes de setores sociais considerados muito pragmáticos, perante esta instabilidade emocional de alguns dirigentes do mundo, expressam sua justa preocupação com o tema, como é o caso de Luiz Carlos Prestes (1898-1990), destacado nome da história brasileira. Assim se expressou o famoso líder marxista numa reportagem da *Revista LBV,* em 1986:

A tarefa da LBV é matar a fome do Povo e reunir todos em prol da Paz

> — Não sou contra e nem posso deixar de apoiar todos aqueles que se dedicam à Solidariedade Humana, ao estímulo da fraternidade e da filantropia entre seus Irmãos. Neste sentido é que aprecio o trabalho da Legião da Boa Vontade, do Alziro Zarur, seu fundador, já falecido, e agora, do

seu substituto, o Paiva Netto. Acho essa atividade muito útil e positiva, porque estimula o sentimento de solidariedade entre cidadãos, ajudando a resolver uma série de problemas. Não só o da miséria, da fome, que é gritante, hoje, no Brasil. Até porque atravessamos, atualmente no mundo, uma situação de muito perigo. A maior ameaça que hoje pesa sobre todos é a de uma Terceira Guerra Mundial. O primeiro dever do cidadão nos dias atuais é lutar contra o desencadeamento de uma Terceira Guerra, que provocaria uma hecatombe de proporções jamais vistas. Vimos o que ocorreu com aquele desastre do reator de Chernobyl, lá na União Soviética. Embora exageradas as cifras dos jornais brasileiros, a verdade é que foi um acontecimento que mostrou o que as radiações de um reator podem causar de mal. Quantas pessoas morreram, quantas outras estão condenadas à morte nos próximos 10, 20, 30 anos. Vão morrer de câncer, em conseqüência da radiação. E sabemos que uma bomba atômica pode corresponder a cinco vezes mais do que as irradiações de Chernobyl. Imaginem, agora, o mundo bombardeado com estas armas! Quais seriam as conseqüências? Nenhum povo se livraria dos seus efeitos. Seria uma hecatombe de proporções jamais vistas. Um Secretário do Partido Comunista da Itália dizia que uma guerra atômica nas condições atuais levaria o mundo a retroagir 400 anos. Tudo aquilo que se acumulou de riqueza, de avanço, de civilização nestes 400 anos, desapareceria da face da Terra. O primeiro dever do cidadão brasileiro hoje, pois, é lutar contra a Terceira Guerra Mundial, **o que significa lutar contra a corrida armamentista***[1], para evitar a acumulação das ogivas.

*[1] Destaque nosso.

E a tarefa da Legião da Boa Vontade é, ao mesmo tempo que cuidar da fome do Povo, da miséria em que vive nossa gente, convocar todos a se reunirem contra isso e a nos ajudarmos uns aos outros.

Eis a triste verdade: "a corrida armamentista prossegue", diante do que — se a guerra fria terminou, o perigo nuclear se mantém, como "espada de Dâmocles" sobre a cabeça de fracos e poderosos, ricos e pobres, como se lê no Apocalipse, 6:15 a 17:

Sexto Selo

> 15 Os reis da Terra, os príncipes, os grandes, os tribunos, os comandantes, os ricos, os poderosos, e todo escravo e todo livre se esconderam nas cavernas e nos penhascos dos montes,
>
> 16 e disseram aos montes e aos rochedos: Caí sobre nós, escondei-nos da face Daquele que se assenta no trono, e da ira do Cordeiro de Deus,
>
> 17 porque chegou o grande dia do furor deles. Quem poderá sobreviver?

Meus Amigos e meus Irmãos, apesar das ameaças do mundo, nada de desanimar, porque dificuldade promove criatividade. Sempre lhes estou recordando uma inspiradora meditação do grande Martinho Lutero:

> — Se eu soubesse que amanhã seria o fim do mundo, ainda hoje plantaria a minha muda de macieira.

Quando estamos com Deus, mas se verdadeiramente estamos com Ele, até o infortúnio se torna o melhor instante para criar.

> — Não temas as coisas que tens de sofrer. Eis que o diabo está para lançar em prisão alguns dentre vós, para serdes postos à prova, e tereis tribulação de dez dias. **Sê fiel até a morte, e Eu te darei a coroa da vida** (Apocalipse, 2:10).

Mas se Vocês, meu Irmão e minha Irmã, assumiram um compromisso espiritual que envolvia a felicidade de muita gente, e fugiram dele, devem meditar sobre esta severa advertência do Apóstolo dos Gentios:

> — Deus não se deixa escarnecer. Aquilo que o homem semear, isso mesmo terá de colher (Paulo aos Gálatas, 6:7).

E agora é o tempo da colheita. Observem a extrema agitação da Natureza: enchentes avassaladoras, secas intermináveis precipitadoras de incêndios incontroláveis, descompasso térmico e sazonal em todo o Orbe, só para citar algumas anomalias. Pode ser coincidência pura, mas que nós, Seres Humanos, muito a temos maltratado e provocado, temos. E assim não pode continuar, pois trata-se do suicídio da Humanidade.

Os mortos não morrem

A morte é um boato, conseqüentemente os mortos não morrem, incluídos os irmãos ateus-materialistas. Diminuir o significado deste fato, que atinge de forma inexorável os Seres Humanos, seria negar a realidade. Você não é obrigado a acreditar na existência deles, nem que possam dirigir-se aos seres terrestres, quando por Permissão Divina. Contudo, sua descrença não significa que eles não existam ou estejam condenados à mudez.

Diz, Jesus, no Seu Evangelho, segundo Marcos, 12:27 e Mateus, 22:32:

> — Deus é Deus de vivos, não de mortos. Como não credes nisto, andais muito enganados.

Esta afirmação — os mortos não morrem —, que a toda a Humanidade envolve, fiz colocar nos portais da Sala Egípcia do Templo da Boa Vontade, o monumento mais visitado da capital do Brasil.

Guardemos deles uma lembrança esclarecida, como no conselho de Ralph Chaplin (1887-1961):

> — Não lamente os mortos... Lamente a multidão, a multidão apática, os covardes e submissos, que vêem a grande angústia e as iniqüidades do mundo sem se atreverem a falar.

Com a palavra o Espírito Bezerra de Menezes

Os mortos realmente não morrem. Eles têm, portanto, direito a manifestar o seu ponto de vista. E este é o caso do Dr. Bezerra de Menezes (1831-1900), que se fez presente por intermédio do sensitivo Chico Periotto.

Ouvido respeitável irmão ateu-materialista, com a palavra um honrado habitante do Mundo Espiritual:

Volta de Jesus

> — O objetivo do Plano Superior Elevado é o perfeito intercâmbio entre as Duas Humanidades: Céu e Terra.

A Legião da Boa Vontade é pura e libertária. Contudo, diante dos desafios predestinados a esta preciosa Causa, visamos trazer o alento e o conforto harmonioso baseados no Novo Mandamento de Jesus — *Amai-vos uns aos outros como Eu vos amei. Somente assim podereis ser reconhecidos como meus discípulos, se tiverdes Amor uns pelos outros* (Evangelho do Cristo, segundo João, 13:34 e 35).

Os Espíritos das Esferas Superiores festejam, neste 21 de outubro de 1994, com grande devoção a semana gloriosa comemorativa do quinto aniversário*[2] do Templo da Boa Vontade, semana redentora, de brilho e perseverança, de lutas, lágrimas e vitórias.

Tamanha é a dedicação dos Legionários do Alto que não haverá um só instante de descanso, porque o compromisso assumido é responsabilidade de cada um. E como não somos irresponsáveis, já percebemos a maravilhosa participação de Espíritos afins, almas comprometidas desde tempos distantes das vistas dos homens.

Desenvolvam no trabalho e na prece suas sensibilidades espirituais, meus Irmãos terrenos, para que aumentem suas percepções a respeito do Mundo Invisível, pois a inauguração do prédio do Parlamento Mundial da Fraternidade Ecumênica*[3]

---

*[2] **Templo da Boa Vontade, TBV** — Inaugurado em 21 de outubro de 1989, em Brasília, por José de Paiva Netto, Diretor-Presidente da Legião da Boa Vontade. É o monumento mais visitado da capital do Brasil, segundo dados da Secretaria de Turismo do Distrito Federal (Setur), tendo recebido mais de 15 milhões de visitantes.

*[3] **Parlamento Mundial da Fraternidade Ecumênica, ParlaMundi da LBV** — Inaugurado pelo Diretor-Presidente da Legião da Boa Vontade, em 25 de dezembro de 1994, Natal de Jesus, em Brasília, Brasil. O ParlaMundi da LBV é chamado pela imprensa brasileira de Parlamento dos Espíritos, porque Paiva Netto assim o definiu: "O Parlamento Mundial da Fraternidade Ecumênica, que erguemos com o

possibilita um entrelaçamento de caráter divino e de suprema força para os dias futuros da Legião da Boa Vontade.

Apraz-me relembrar-lhes que a explicação ecumênica do Apocalipse de Jesus*[4], proferida pelo nosso Irmão Paiva Netto, é a mais destacada mensagem dos tempos atuais.

A promoção do Cristo Vivo pelas ruas de Brasília, dos Estados brasileiros e de vários países constitui a parte prática de todo o saber universal. É o reconhecimento em tempo, repito, em tempo, de que a mensagem da Solidariedade e da Fraternidade está sendo poderosa coluna de uma nova etapa para o planeta.

(— Ao vencedor, Eu o farei coluna do Templo do meu Deus, e dali não sairá jamais; gravarei

indispensável auxílio do Povo, ao lado do Templo da Boa Vontade, no Distrito Federal, manterá suas portas abertas a todos os Seres de Boa Vontade, na matéria ou fora dela. Ele propõe a conciliação universal de todo o conhecimento humano e espiritual, numa poderosa força a serviço dos povos.

"Grande é a nação e sábio é o governante que congraçam os valores de seus componentes de todas as etnias, crenças, convicções políticas... São os construtores do verdadeiro progresso.

"O ódio é arma voltada contra o peito de quem odeia. O perdão liberta a quem perdoa.

"Para nós da LBV, como já dissemos tantas vezes, só existe uma raça: A Raça Universal dos Filhos de Deus. (...)"

A íntegra desta matéria encontra-se no terceiro volume da coleção Diretrizes Espirituais da Religião de Deus.

*[4] **Apocalipse Ecumênico** — As explicações de Paiva Netto sobre o conteúdo do último e mais importante livro da Bíblia Sagrada são transmitidas pela Super Rede Boa Vontade de Rádio (RBV), pela Rede Mundial — A TV da Educação, da Cultura e da Cidadania Solidária com Espiritualidade Ecumênica, e também nas colunas de jornais, livros e pela internet (www.boavontade.com), em especial o primeiro livro da coleção O Apocalipse de Jesus para os Simples de Coração, que você encontra nas livrarias e nos Espaços Ecumênicos da Religião de Deus.

também sobre ele o nome do meu Deus, o nome da cidade do meu Deus, a Nova Jerusalém que desce do céu, vinda da parte do meu Deus, e o meu novo nome — Apocalipse do Cristo, segundo João, 3:12, Carta à Igreja em Filadélfia.)

Abaixo a ameaça de guerra nuclear, a violência em todos os âmbitos, a hipocrisia, e que reine o Espírito do Amor Universal, iluminado pelo Divino Luzeiro da Verdade que dirige os povos e as nações da Terra.

Trazemos o manifesto dos Espíritos da LBV do Espaço, suplicando responsabilidade redobrada, comportamento exemplar, fé, perseverança Naquele que era, que é e que há de vir: "o Todo-Poderoso Deus", através de Nosso Senhor Jesus Cristo (Apocalipse, 1:8).

Ele estará em breve entre todos nós, os visíveis do Céu, ainda invisíveis na Terra.

Sim, esta é a ordem, meus Irmãos, porque o Céu é a verdadeira Casa onde nos criamos e depois descemos para a evolução, mecanismo sagrado da Lei de Deus.

Recebam os fluidos de amor, os nossos parabéns com os votos de maiores lutas por Jesus.

Assina a Mensagem Manifesto dos Espíritos, o Irmão e Amigo no compromisso da Equipe Espiritual e de toda a Equipe da LBV Superior, representando todos os Irmãos.

Viva Jesus, o Cristo Estadista que já vem, em nossos corações para sempre!

Os mortos, hoje, somos nós amanhã. Condenando-os ao "desaparecimento", por força de nossa descrença ou medo de enfrentar a Verdade, poderemos estar "decretando" o mesmo destino para toda a gente, atrasando sua evolução, até que, com maior esforço, descubram que o grande equívoco da Humanidade é ainda crer que a morte seja o término de tudo.

Quando estamos com Deus, mas se verdadeiramente estamos com Ele, até o infortúnio se torna o melhor instante para criar.

Capriccio with the Colosseum, obra de Bernardo Bellotto (1721-1780)
1743-44
Óleo sobre tela
Galleria Nazionale, Parma

Apocalipse, Lei da Compensação e Queda de Babilônia (I).

Meus Amigos e meus Irmãos, o Apocalipse de Nosso Senhor Jesus Cristo faz-nos entender a Lei Divina da Compensação que a tudo confere equilíbrio, como aquele descrito no capítulo 15 do Livro da Revelação, quando

> — os Sete Anjos se preparam para lançar sobre o mundo os sete últimos flagelos com que se consumou a cólera de Deus.

Apesar disso, o que se vê no meio de uma perspectiva de arrepiar os incautos? Um mar de vidro, portanto sem a agitação que a lembrança comum das águas traz às mentes, pela intranqüilidade natural de suas vagas. E o mar representa, por isso mesmo, na linguagem profética, o movimento nervoso das massas infrenes.

Mas ao que o Evangelista-Profeta assistiu: *os vencedores da besta, da sua imagem e do número do seu nome, firmemente em pé, sobre um mar de vidro*, isto é, de tranqüilidade, apesar de estarem cercados do fogo que vai atemorizar todos os que, pelos seus próprios atos, convocarem sobre si mesmos os tormentos dos Sete Flagelos. Sabemos que a cada um é conferido de acordo com as suas próprias obras. Nada mais, nada menos.

E repete o Cristo:

— Eis que venho sem demora, e comigo está o galardão que tenho para retribuir a cada um segundo as suas obras (Apocalipse, 22:12).

Aplicação da Lei

Aplicação prática dessa Lei Universal da Compensação encontramo-la ilustrada no capítulo 12 do livro *No Mundo Maior*, psicografia de Francisco Cândido Xavier (1910-2002), que, por ser extenso, aqui resumimos:

> André Luiz, acompanhando generoso Espírito que atende pelo nome de Calderaro, adentra invisivelmente o domicílio terreno de Fabrício, um ancião que padece enfermidade estranha, combinação de decadente estado fisiológico e pura esquizofrenia. O homem se achava há muito prostrado, e dava sinais da agonia já próxima. O companheiro espiritual de André Luiz explicou-lhe as razões de tanta provação. O enfermo apropriara-se indebitamente de grande herança, depois de haver prometido ao genitor moribundo velar pelos irmãos mais novos, na presença destes. Quando se sentiu senhor da situação, desamparou todos os três, expulsando-os do lar e não se apiedou deles, mesmo após os mais veementes apelos. Nos anos que se seguiram, enquanto gozava com saúde a fortuna amealhada, os rapazes mais novos e inexperientes, cada um deles por diferentes motivos, morreram na penúria, sem qualquer assistência.
>
> Bem mais tarde, apesar de desconhecer o triste paradeiro dos irmãos, Fabrício sentiu o peso

da própria consciência em vista do vergonhoso crime de abandono perpetrado contra seus familiares. Quis resgatar a situação, mas descobriu que nenhum deles vivera para assistir ao arrependimento do primogênito. O desgosto acumulou-se dia após dia, até que as riquezas pouco significassem para Fabrício, despertado agora para valores antes olvidados, porém com a saúde física e mental a cada dia mais comprometida. A mente atormentada não conseguia achar refúgio confortador.

As fobias mentais se multiplicaram, até alcançar o estado lastimável em que se encontrava quando os Espíritos André Luiz e Calderaro chegaram aos seus aposentos. Este último acresceu a informação de que o enfermo não teria qualquer chance de recuperação físico-mental naquelas trágicas circunstâncias, mas que a Providência Divina lhe facultaria uma passagem menos dolorosa ao Plano Espiritual por razões bem apuradas.

Fabrício desposara Inês, mulher profundamente espiritualizada e humilde que lhe deu três filhos, os quais o pai soube educar com esmero, dentro de elevados princípios de cidadania. Dois deles formaram-se professores, o terceiro consagrou-se à medicina. As preces da companheira e dos filhos de tal forma mantiveram elevadas as vibrações do lar que Fabrício ao menos poderia experimentar uma "boa morte".

Embora Calderaro não o revele, é possível que os três filhos sejam justamente os irmãos outrora por ele desprezados, renascidos a tempo sob o mesmo teto.

Quando André Luiz inquiriu o tutor sobre as possibilidades de o enfermo vir a resgatar a dívida que contraíra com suas vítimas naquela existência, ficou sabendo que a paga dos compromissos já se ia con-

> sumando. Naquele instante o enfermo tocava a campainha à cabeceira, ao que atendeu a esposa. Achou-o mais disposto e com o pedido de que lhe trouxesse o neto, Fabricinho. Inês introduziu o menino, de oito anos, à presença de Fabrício e desenrolou-se entre os dois uma cena comovente. O avô pediu ao netinho que orasse por ele. O petiz ajoelhou-se e proferiu a oração dominical (o *Pai-Nosso*, de Jesus). Agradecido e tentando aliviar o peso da consciência pelas atrocidades cometidas no passado, perguntou ao menino se achava que Deus poderia perdoar os pecadores, mesmo aqueles que traíram a confiança paterna e roubaram aos irmãos. Sem atinar com o sentido daquela indagação intencional, Fabricinho falou com doçura, procurando confortar o avô agonizante: "Eu penso que Deus perdoa sempre...".
>
> Observando o diálogo, Calderaro explicou a André Luiz a surpreendente trama de libertação espiritual que se desenvolvia: O menino era o ex-pai de Fabrício que regressava ao convívio do filho criminoso, através da Lei Universal da Reencarnação. Era o único neto do moribundo e herdaria, com o tempo, o controle de todo o seu patrimônio material. "A Lei jamais dorme", acrescentou Calderaro, esclarecendo também que após grandes esforços reparadores no mundo espiritual, o que evidentemente demandaria tempo prolongado, Fabrício pleitearia uma reaproximação aos familiares em futuras circunstâncias terrestres, mas que em qualquer época não estaria desamparado pela Providência Divina.

Eis a demonstração inequívoca de justiça, que nos apresenta o abalizado Espírito André Luiz. Pela ação do Amor que nutre e ordena o Universo, somos impelidos ao resgate dos débitos contraídos e ao exercício das melhores ações. A soberana Vontade do Pai Celestial é de que todos se salvem. É assim que o livre-arbítrio, que de fato existe, é temperado pela Lei da Compensação.

Reencarnação não é punição, mas oportunidade.

Deus não pune ninguém, apenas permite que as Leis que disciplinam o Universo cumpram a sua função, porque o contrário disso seria o império detestável da impunidade que leva povos inteiros à desilusão completa. No entanto, a todos é concedida, ontem, hoje, logo amanhã ou no futuro distante, a recuperação, pelas vidas sucessivas, de modo que, um dia, possamos usufruir dos benefícios de voltarmos ao seio de Abraão (Evangelho, segundo Lucas, 16:22). Deus é Pai, e, não carrasco. O alvo derradeiro de Sua Justiça é o perdão, portanto, a Esperança de Seu Amor infinito.

A Lei da Compensação Divina é infalível. Por exemplo: o Império Romano, para expandir-se, invadiu territórios imensos. Que lhe ocorreu? Foi depois ocupado por aqueles povos a que chamava de bárbaros. Os filhos de Roma tinham sido atraídos pelas riquezas daquela gente inculta e escravizaram e saquearam seus territórios. Mais tarde, os antigos oprimidos vieram buscar, de forma multiplicada, o que lhes fora arrancado. Bem a propósito esta passagem da Revelação (13:10):

> — Se alguém leva para cativeiro, para cativeiro vai. Se alguém matar à espada, necessário é que seja morto à espada.

(Evidentemente que por força da Lei Divina e não por decisão de qualquer "justiceiro" desajustado.)

É a lei dos "vasos comunicantes", gostava de frisar o advogado paraense Dr. Osmar Carvalho e Silva, quando discorria sobre o Evangelho de Jesus. E dentro desse extraordinário esquema, o Apocalipse apresenta-se para nos explicar o Planejamento Divino que determina até onde podem ir as nações, quando em desvario, porque os indivíduos têm limites. Há um Governo Espiritual que vive acima de Espaço e Tempo compreendidos por nós, Seres Humanos (...). Como ponderava Alziro Zarur:

— A Reencarnação é a Chave da Profecia.

Somos todos criaturas de um mesmo Criador

O Apocalipse não é um conto de terror. É, simplesmente, reiteramos, a Programação de Jesus*[1], que, em seu conteúdo, se alia ao Evangelho. O

*[1] **Nota do autor** — **Programação de Jesus** — Disse Jesus: *Quando o Filho de Deus vier com Seus Santos Anjos, dará a cada um de acordo com as suas próprias obras* (Evangelho, segundo Mateus, 16:27). Mas afirmou também o Divino Mestre: *Novo Mandamento vos dou: Amai-vos como Eu vos amei. Somente assim podereis ser reconhecidos como meus discípulos, porque não há maior Amor do que este: o de dar a própria vida pelos seus amigos* (Evangelho, segundo João, capítulos 13 e 15). Com Justiça e Amor, Ele sabe estabelecer o Divino Equilíbrio, que tem permitido à Terra sobreviver, apesar das estripulias humanas. Há muito que aprender sobre o mecanismo das Leis Divinas, e a chave desse entendimento, como explicava Zarur, é a Lei Universal da Reencarnação, oportunidade que Deus concede às criaturas para se redimirem, dure o tempo que for necessário. A felicidade do Pai Celestial está na remissão dos filhos.

Evangelho-Apocalipse, por sua vez, está em profunda ligação com toda a Escritura, e não me refiro somente à Bíblia dos cristãos, mas às Escrituras de todas as crenças que, para nós, são sagradas também. Ou somente os considerados cristãos seriam criaturas do Criador? E os Irmãos islâmicos, judeus, budistas, bramanistas, xintoístas, das crenças africanas? E o pensamento de Hermes Trismegisto? E os materialistas ateus? Toda essa fortuna humana é constituída por criaturas de um único Criador.

Por esse motivo, ensinou o Cristo, no Seu Evangelho, segundo João, 10:16:

> — Ainda tenho outras ovelhas que não são deste aprisco; a mim me convém buscá-las e conduzi-las; elas ouvirão a minha voz; então haverá um só Rebanho para um só Pastor.

Todo esse interligar dentro da Divina Lei da Compensação, que dá *a cada um segundo as suas obras**[2], é também a Programação de Deus para o Terceiro Milênio e daí para a frente. Ou alguém pensa que o mundo vai acabar? Em primeiro lugar, somos Espíritos eternos, que não podem ser destruídos. Consome-se a *roupa*, ou seja, o corpo, que vai para a sepultura e depois se transforma em bilhões e bilhões de vidas, *metabolizando-se* por meio da flora, da fauna, por toda a parte. *Na Natureza nada se perde, nada se cria, tudo se transforma*, de acordo com o clássico enunciado de Lavoisier (1743-1794).

---

*[2] ***A cada um segundo as suas obras*** — Evangelho de Jesus, segundo Mateus, 16:27, e Apocalipse do Cristo, segundo João, 22:12.

Apocalipse, Lei da Compensação e Queda de Babilônia (I).

A eternidade do Espírito aparece várias vezes no Evangelho e no Apocalipse, como no capítulo sétimo, versículo nono, uma de suas mais belas passagens:

Visão dos glorificados

— Depois destas coisas olhei, e eis grande multidão que ninguém podia enumerar, de todas as nações, tribos, povos e línguas, que estava em pé diante do trono e diante do Cordeiro de Deus, trajando vestiduras brancas, com palmas nas suas mãos.

De que é formada essa grande massa, senão por Espíritos imortais no Reino Imortal de Deus?

Pela ação do Amor que nutre e ordena o Universo, somos impelidos ao resgate dos débitos contraídos e ao exercício das melhores ações.

Apocalipse, Lei da Compensação e
Queda de Babilônia (II/Final).

A Revelação não é uma loteria profética

Vejam Vocês a importância, a gravidade do Apocalipse, não no sentido de algo que assusta, que atemoriza, porém que alerta, para a urgência de uma atuação civilizada, despertando o Ser Humano distraído das suas responsabilidades, para que deixe de ser fator, consciente ou não, de perturbação da Economia Divina, cujo fito é fazer da Terra um local digno de viver.

Falo de sua seriedade expressa no conforto de sua sexta Bem-Aventurança (22:7):

> — Eis que venho sem demora. Bem-Aventurado aquele que guarda as palavras da profecia deste Livro.

Por isso, repito que o último livro da Bíblia não constitui uma loteria, na qual alguém chega perguntando:

— Qual o palpite? Que número?

E quanto ao Apocalipse, por extensão, seria:

— O que vai acontecer? Seca onde? Inundações em que região? Guerras quando?...

Devemos acrescentar o raciocínio de que o Apocalipse não é fato que ainda vá sobrevir, porquanto já está ocorrendo há muito tempo. É como se encontra na *Segunda Voz*, 14:8:

— Seguiu-se outro Anjo, o segundo, dizendo:
— Caiu, caiu a grande Babilônia que tem dado a beber a todas as nações do vinho da fúria da sua prostituição.

Ele é uma Revelação profética. No entanto, o Anjo, que anuncia acontecimentos que se deverão realizar, surpreendentemente brada:

— Caiu, caiu a grande Babilônia!

É tão certa a ruína de Babilônia no futuro que ele a apresenta como passado, algo já ocorrido. Por quê? Porque não é Deus quem provoca a sua ruína, ou traz os flagelos, ou manda tocar as trombetas, ou abre os selos (por intermédio do Cristo descerrados). Não, não é o Pai Celestial que cria aquelas situações constrangedoras. Somos nós! Então, o Anjo, olhando para o futuro, anuncia "Babilônia caiu" e repete, para que fique marcado:

— Caiu, caiu a grande Babilônia!

Só na profecia pode falar-se assim: *o futuro anunciado como passado*, pois, como explicamos a respeito do Dia do Senhor, nesta mesma série de *O Apocalipse de Jesus para os Simples de Coração* (livro inicial desta coletânea, p. 20 a 22), o Tempo de Deus não é como o nosso, que passa. É um Eterno Presente. Seu tempo não tem idade. É como o Seu Amor: não é velho nem novo. É perene, porque é Ele próprio, Deus.

E nesta filigrana está toda a sua extraordinária diligência. Pela mesma razão, o Juízo Final não é um acontecimento estático, mas dinâmico. De outra forma, estaríamos diante da anarquia, desde a criação do mundo até chegarmos ao momento decisivo, porque tudo, então, "correria frouxo", como diz o Povo. Não haveria a mínima disciplina na Criação de Deus.

Há muitos juízos, até que soe a hora do global, que corresponderá a uma tremenda mudança de rumos da História. O Juízo de Deus não acaba com o Ser, que tem Espírito imortal, mas modifica as contingências tradicionais a que estava acostumado.

O encerramento do Império Romano foi um Juízo Final para tudo aquilo que ele representou. A muitos outros Juízos vamos assistir ou padecer.

Valho-me, mais uma vez, de antigo ensinamento de Alziro Zarur:

> — A Lei Divina, julgando o passado (as nossas obras, porque Jesus diz que a cada um será retribuído de acordo com as suas realizações) de homens, povos e nações, determina-lhes o futuro.

Assim, pois, são os imprudentes atos humanos que fazem nações entrar em guerra, a Natureza cada vez mais rebelar-se por meio de tragédias climáticas, as doenças proliferarem sem o devido controle, a fome crescer pela inobservância de uma Economia Solidária, porque a derrocada da cidade recalcitrante não se refere apenas ao que tem de ser abolido no campo das crenças, mas na área social e política, como, por exemplo, os vícios da corrupção, do ódio e da vingança. Babilônia é isso: tudo de perverso que está, infelizmente, mesclado com o Bem na vida humana. Não é Deus, e sim são as ações humanas, tantas vezes egoístas, que a todos fazem penar. Por isso, como preconizava Zarur, a mais urgente reforma é a do Ser Humano, razão por que a Legião da Boa Vontade prega e vive Educação e Cultura, Alimentação, Saúde e Trabalho, mas com a imprescindível Espiritualidade Ecumênica.

Para alegria nossa, o Apocalipse, 21:5, registra essa Divina Promessa:

— Eis que faço novas todas as coisas.

O Anjo, então, apenas anuncia a formidável queda. Só. E ele pode dizer que caiu, mesmo em se tratando de ocorrência porvindoura, porque analisa as nossas obras e prevê as conseqüências. No Apocalipse, os Anjos tocam as "impactantes" trombetas, mas as sopram mediante a melodia composta pelos nossos atos.

Já que falamos em Anjos, Paulo Apóstolo, na Epístola aos Hebreus, 1:14, afirma que eles *são mandados em favor daqueles que hão de herdar a salvação*. São conduzidos, portanto, "em favor" daqueles que agem ética e espiritualmente de tal forma que se tornem credores da herança da salvação, independentemente de rótulos religiosos, partidários, nacionais, etc. Referimo-nos, também, aos nossos pacientes Anjos Guardiães e desejamos ter merecimento, de modo que sejam da maior envergadura na hierarquia espiritual.

— É, mas no Apocalipse, 7:1 e 8:10 e 11, *os Anjos dispõem das águas e dos ventos contra nós* — alguém há, todavia, de argumentar.

Ora, fazem-no sempre em virtude de nossos atos. Não emprestamos tanta importância à questão de usufruir de nosso livre-arbítrio? Certa feita, um sábio levantou a seguinte advertência:

> — A semeadura é livre, mas a colheita, obrigatória.

Certíssimo, porque de outra forma seria o privilégio injustificável mais abjeto, fomentador de impunidades execráveis, como vemos os homens espalharem pelo mundo.

Não existem as leis humanas? Por que deixará de haver a Justiça Divina a ser criteriosamente respeitada, em Tempo e Espaço concluídos por Deus? (...)

Fragilidade dos tratados humanos

Os governos do mundo, apesar do fim da Guerra Fria, continuam produzindo armas perigosas e assinando tratados, garantindo que não vão usá-las. Torcemos para que assim seja. Entretanto, numa rápida análise da História, sabemos como certos homens os firmam, de antemão tramando desrespeitá-los. Há o exemplo emblemático de Hitler (1889-1945), com o seu compromisso de não-agressão firmado com Stalin (1879-1953). Assim que pôde, o malsinado *führer* invadiu a então União Soviética, até que o deteve o competente "General Inverno". Napoleão Bonaparte (1769-1821) que o diga e certamente o faria com grande frustração, a respeito do potente punho desse *general*. Mas, nas alianças espirituais com Deus, o Seu respeito é eterno. (...)

Já dizia Victor Hugo (1802-1885): "Não se chega à paz a não ser por intermédio da fraternidade". E, como não nos cansamos de afirmar: o caminho da LBV é justamente a Paz! Por decorrência, o do Amor, que é o mais poderoso instrumento de ação no mundo. A milagrosa sobrevivência da Humanidade não deixa de ser uma prova.

Apocalipse, Paternal Aviso de Deus, e Sua Mensagem de Misericórdia desde o Velho Testamento.

Muita gente ainda, ao referir-se ao Apocalipse, mesmo que nunca o tenha lido — e, infelizmente, isso ocorre diversas vezes —, só o imagina como descrição de fatos terrificantes, que lá realmente se encontram por ser resultado das más ações humanas.

É questão exposta na Física, de forma matemática, por Isaac Newton (1642-1727) na sua famosa Lei: "A toda ação corresponde uma reação igual e contrária" (princípio de ação e reação — terceiro enunciado das leis básicas de Newton para o movimento).

Ora, por força da mesma Lei, os bons atos resultam em conseqüências admiráveis para os que os praticam e, concludentemente, para a sociedade de que participam. Daí os relatos de extraordinário conforto para os que persistirem com o Cristo até o fim, porquanto Ele mesmo diz no Livro da Revelação, 2:10:

— (...) Sê fiel até a morte, e Eu te darei a coroa da vida.

No Velho Testamento da Bíblia Sagrada, a Misericórdia de Deus resplandece nesta passagem do Gênesis mosaico, 18:24 a 33:

Abraão interfere com Deus pelos homens

24 Se porventura, Senhor, houver cinqüenta justos na cidade, destruí-los-ás também, e não pouparás o lugar por causa dos cinqüenta justos que estão dentro dela?

25 Longe de ti que faças tal coisa, que mates o justo com o ímpio; que o justo seja como o ímpio, longe de ti seja. Não faria justiça o Juiz de toda a terra?

26 Então disse o Senhor: Se eu em Sodoma achar cinqüenta justos dentro da cidade, pouparei a todo o lugar por amor deles.

27 E respondeu Abraão, dizendo: Eis que agora me atrevi a falar ao Senhor, ainda que sou pó e cinza:

28 Se porventura faltarem de cinqüenta justos cinco, destruirás por aqueles cinco toda a cidade? E disse: Não a destruirei, se eu achar ali quarenta e cinco.

29 E continuou ainda a falar-Lhe, e disse: Se porventura acharem ali quarenta? E Ele disse: Não o farei por amor dos quarenta.

30 Disse mais: Ora não se ire o Senhor, se eu ainda falar: Se porventura se acharem ali trinta? E disse: Não o farei se achar ali trinta.

31 E disse: Eis que agora me atrevi a falar ao Senhor: Se porventura se acharem ali vinte? E disse: Não a destruirei por amor dos vinte.

32 Disse mais: Ora não se ire o Senhor que ainda só mais esta vez falo: Se porventura se acharem ali dez? E disse: Não a destruirei por amor dos dez.

33 E foi-se o Senhor, quando acabou de falar a Abraão; e Abraão tornou ao seu lugar.

Mensagem de Esperança

Será que não há dez justos neste Planeta? Será?! Claro que existem!

O Apocalipse não fecha a porta da salvação para ninguém. O carma não tem mais poder que o Amor e a Fé quando verdadeiros, porque, no tempo devido, podem modificá-lo, porquanto ele significa: causa e efeito. Ora, mudada a causa, corrigido o efeito. Nada mais, nada menos. O Livro das Profecias Finais apenas adverte, na forma eloqüente da linguagem profética, a respeito do figurino ético-espiritual que o Ser Humano não deve vestir, para que os resultados não lhes sejam funestos.

Ainda mais, no Seu Evangelho, segundo Lucas, 15:7, conforta-nos o Cristo, o Divino Mestre da Humanidade, no Seu sublime empenho de nos redimir:

> — Em verdade, em verdade vos digo que haverá mais alegria no céu por um pecador que se corrija do que por noventa e nove justos que não necessitam de arrependimento.

Então, seguros estamos na Divina Segurança das seguras mãos de Jesus, que ainda diz, lembrando o Profeta Oséias (6:6):

> — Ide, porém, e aprendei o que significa: Misericórdia quero, e não holocausto; pois não vim chamar justos, e sim pecadores ao arrependimento (Evangelho, segundo Mateus, 9:13).

Quem verdadeiramente ama, nunca será destruído. Ademais, somos Espírito eterno.

Exemplo: Jesus — apesar de crucificado, Sua mensagem e Seus ensinamentos atravessam os séculos:

> — Passará o céu, passará a terra, mas as minhas palavras não passarão (Evangelho, segundo Lucas, 21:33).

Estejamos tranqüilos, porque enquanto houver Amor, por maiores que sejam as provações anunciadas nas profecias, o mundo não se acabará, posto que, pelo bem dos Seus filhos, Deus instituiu no Universo a Divina Lei da Compensação.

> — Confia ao Senhor as tuas obras, e os teus pensamentos serão realizados (Provérbios, 16:3).

O Juízo de Deus não acaba com o Ser, que tem Espírito imortal, mas modifica as contingências tradicionais a que estava acostumado.
O encerramento do Império Romano foi um Juízo Final para tudo aquilo que ele representou.

Rua de Pontoise, obra de Camille Pissarro (1830-1903)
Inverno – 1873
Coleção Mme. Florence Gould, Cannes.

Parte II

A Liberdade Guiando o Povo (28 de julho de 1830), obra de Delacroix
1830
Óleo sobre tela, 260 x 325 cm
Museu do Louvre, Paris

ONU e o papel da Mulher

Mensagem da Legião da Boa Vontade para a 49ª Sessão da Comissão do *Status* da Mulher

Poder republicar um livro é oferecer ao seu autor a boa oportunidade de passar a limpo o texto que se achou final, dar a ele os "retoques" que o *deadline* da Editora evitou. E, assim, ocorreu com *As Profecias sem Mistério*, não obstante o meu tempo ser muito curto, tendo em vista os urgentes deveres que a todo instante me convocam à frente das instituições que, com muita honra, presido. Essa é uma explicação que me cabia prestar aos meus pacientes leitores. Ao fazer sua releitura, cuidadoso como procuro ser, fui aproveitando para ampliar a obra com notícias e dados atualizados, corrigi aqui e ali e acabei criando novos capítulos, até formar esta segunda parte do título, inédita, que escolhi abrir com uma justa homenagem às Mulheres de todos os segmentos da sociedade, entre eles étnicos, religiosos, científicos, políticos, enfim, culturais: àquelas que são a base das Nações quando integradas em Deus e/ou nos mais elevados sentimentos que honram a Raça Humana, como declarei no capítulo "A Mulher no conSerto das Nações".

Para isso, trago um importante documento da Legião da Boa Vontade divulgado pelas Nações Unidas (ONU), em seis idiomas (Inglês, Espanhol, Francês, Árabe, Russo e Chinês), a delegações de

Estado e organizações não-governamentais que participavam, a exemplo da LBV, da 49ª Sessão da Comissão do *Status* da Mulher, ocorrida de 28 de fevereiro a 11 de março de 2005, na sede do referido órgão, em Nova York, EUA. A Instituição, que possui *status* consultivo geral no Conselho Econômico e Social da ONU (Ecosoc), expôs sua ampla experiência na propagação da igualdade de gêneros e na valorização da Mulher, na América Latina, na Europa, nos Estados Unidos ou onde quer que a LBV se faça presente:

Conselho Econômico e Social
Ecosoc-ONU

Comissão do *Status* da Mulher

Documento da Legião da Boa Vontade para a 49ª Sessão da Comissão do *Status* da Mulher

Com relação à 49ª Sessão da Comissão do *Status* da Mulher, sobre o tema "Desafios atuais e previsões de estratégias para o avanço e empoderamento*[1] das mulheres e meninas", a Legião

*[1] **Empoderamento** (*empowerment*) — Termo cunhado na língua inglesa para designar um processo contínuo que fortalece a autoconfiança dos grupos populacionais desfavorecidos e os capacita para a articulação de seus interesses e para a participação na comunidade, facilitando-lhes o acesso aos recursos disponíveis e o controle sobre estes, a fim de que possam levar uma vida autodeterminada e auto-responsável e compartilhar do processo político. Dessa forma, a abordagem de empoderamento das atividades ligadas ao fomento das mulheres aponta para a autodeterminação, o aumento do nível de auto-organização, assim como para um papel mais ativo do sexo feminino em todos os processos sociais.
Fonte: *site* Compêndio do Vocabulário da GTZ (www2.gtz.de/glossar).

da Boa Vontade (LBV), ONG brasileira com *status* consultivo geral no Ecosoc, tem recolhido e compartilhado com o sistema das Nações Unidas melhores práticas no tocante a estratégias do empoderamento e do avanço das mulheres e meninas para disseminá-las em caráter nacional e internacional, por intermédio de Centros Comunitários, creches e pré-escolas espalhadas na América Latina, na Europa e nos Estados Unidos, especialmente no Brasil, no Paraguai, no Uruguai, na Bolívia, na Argentina, em Portugal e nos Estados Unidos, pois, segundo afirma o jornalista, radialista e escritor José de Paiva Netto, Diretor-Presidente da LBV:

"Toda organização vitoriosa desfruta a presença marcante de mulheres espiritualmente esclarecidas. A intuição, competência do Criador manifesta na criatura, é um dos poderosos instrumentais femininos. Talvez por isso tenha Voltaire (1694-1778), um dia, exclamado: '*Tous les raisonnements des hommes ne valent pas un sentiment d'une femme*', isto é, todos os raciocínios dos homens não valem o sentimento de uma mulher" (*Reflexões da Alma*, 55ª ed., p. 17).

A Legião da Boa Vontade defende uma estratégia justa, política, cultural, científica, filosófica na igualdade de gêneros. Conforme se encontra na Declaração Universal dos Direitos Humanos, "todos têm o direito de fazer parte do governo do seu país. O empoderamento e autonomia da mulher e a melhoria do seu *status* social, econômico e político são essenciais para alcançarem transparência e um governo respeitável e uma administração e desenvolvimento auto-sustentável em todas as áreas da vida" (texto extraído da Plataforma de Ação da Declaração de Beijing — Mulher no Poder e Tomada de Decisões).

Mesmo que as mulheres em nossos dias possam liderar grandes corporações, dirigir aeronaves, conduzir operações nos centros de cirurgia hospitalares, concluir uma faculdade, inserir-se no mercado de trabalho, aproximando-se dos mesmos direitos que os homens, ainda existe um enorme caminho a ser trilhado. É inadmissível que, em pleno século XXI, elas ainda sofram com as penas de uma cultura milenar e sejam subjugadas.

Por isso a LBV traz aos debates da 49ª Sessão da Comissão do *Status* da Mulher a sua cooperação para uma adoção absoluta de ação da plataforma de Beijing, trabalhando para promover parcerias entre homens e mulheres em todos os segmentos: político, cultural, científico, educacional e assim por diante. Como diz o Diretor-Presidente da LBV com relação à igualdade de gêneros: "Valorizar a Mulher dignifica o Homem".

"Pelo nosso prisma, a mulher tem direito a ser Presidente da República, condutora de religiões, capitã de indústria, de aviões e navios transatlânticos; tem direito de ser médica, engenheira, professora... No trabalho, há um justo conceito de valor entre homens e mulheres: o da competência. Então, os sexos nisto estarão harmonizados. Que brilhe o Homem, que brilhe a Mulher, conforme a competência de cada um. Isto não quer dizer que homens e mulheres são totalmente iguais. Aí está pelo menos, de início, a anatomia para desmentir. O que quero dizer é que não se devem sustentar antigas barreiras e levantar novas, firmadas em tabus, preconceitos e interesses espúrios para impedir maior influência da Mulher sobre o destino do mundo. Homem e mulher dependem um do outro. Completam-se" (Paiva Netto, extraído do livro *Reflexões e Pensamentos — Dialética da Boa Vontade*, publicado em 1987).

Como resultado de inúmeros problemas psicológicos e financeiros vividos pelas mulheres para que elas possam encarar uma gravidez saudável e decentemente criar seus filhos, a LBV instituiu diversos programas para minimizar essa situação emergente em seus Centros Comunitários e Educacionais, entre eles o *SER Mulher*. Essa ação desenvolve uma variedade de outras integradas para toda a família e seus membros, independentemente de idade. O objetivo principal é resgatar a auto-estima humana, profissional, intelectual e emocional. Uma equipe de profissionais voluntários concretiza ações para melhorar a qualidade de vida daquelas pessoas como um todo, acrescentando valores éticos e espirituais aos valores materiais, objetivando o verdadeiro exercício da cidadania.

Uma das atividades da LBV em parceria com setores privados e departamentos governamentais é o suporte voluntário para efetivamente gerar resultados e melhorar a vida das mulheres menos favorecidas na sociedade, por meio de conferências educacionais, aulas de cabeleireiro e estética, *workshops*, cursos ocupacionais, melhorando a renda financeira familiar e oferecendo ajuda jurídica e psicológica. "Cidadão-Bebê" tem como finalidade estreitar os laços afetivos entre mãe e filho, encorajar a realização do pré-natal, resgatar o significado da gravidez e combater a má nutrição de mamães e bebês. As mulheres começam a participar desse projeto desde o terceiro mês de gestação. Durante todos os estágios, elas são auxiliadas a preparar o enxoval e a fazer exames clínicos. Recebem alimentação complementar, terapia da fala, cuidados de enfermaria, assistência com terapia musical para elas e sua família. Ainda freqüentam palestras sobre a criança recém-nascida, amamentação, planejamento familiar, doenças sexualmente transmissíveis, câncer cervical e de mama, etc. A mesma motivação é dada para que elas orem em família.

Essa prática continua até que o neném atinja um ano de idade. Durante esse tempo, mães vão em grupos às palestras, pelas quais são orientadas sobre má nutrição, creches, higiene e saúde bucal dela e de sua prole. Outra atividade para garantir os direitos das mulheres e a assistência são as creches e as escolas da LBV, que preparam seus filhos para atingir o potencial pleno e a cidadania. Milhares deles são tirados anualmente da situação de risco social e capacitados para a competição no mercado de trabalho. As escolas contam com moderno centro de pesquisas: física, química, biologia; e com laboratórios de informática, ginásios de esportes e grandes áreas recreativas.

Nesse contexto, as creches e escolas têm preponderante papel, porque a criança, desde seu primeiro ano de vida (no berçário) até a juventude (quando freqüenta o ensino fundamental e médio), está envolvida pela LBV no processo de aprendizagem com bases sólidas. Todo esse trabalho está embasado na Pedagogia do Cidadão Ecumênico, criada pelo educador Paiva Netto e aplicada com sucesso nas unidades educacionais que a Obra mantém no Brasil e no mundo, levando ao aluno valores universais de Espiritualidade Ecumênica e o gosto pela prática da Solidariedade. Promove, assim, o indivíduo que contribuirá para o contínuo melhoramento das relações e do ambiente sociais. Esses centros educacionais da Instituição atuam sob o lema *Aqui se estuda. Formam-se Cérebro e Coração.*

Para dar apoio e amparo às meninas e mulheres em situação de risco social, desde a década de 1980 a LBV oferece à sociedade escolas e Centros Comunitários e Educacionais, no Brasil e Exterior. Nesses locais, são proporcionados gratuitamente a milhares de crianças e jovens menos favorecidos pré-educação infantil, ensino fundamental e ensino médio, cursos profissionalizantes, alfabetização, entre outros cursos. Como exemplo, temos o Centro Educacional, Cultural e Comunitário, na cidade do Rio de Janeiro/RJ; o Instituto de Educação, em São Paulo/SP; o Lar e Parque Alziro Zarur (da LBV), em Glorinha/RS; além de muitos outros centros profissionalizantes no País. A Pedagogia do Cidadão Ecumênico é aplicada nos centros educacionais da LBV e visa conciliar o intelecto com o sentimento à luz da Espiritualidade Ecumênica. Colabora na solução dos maiores conflitos humanos e garante participação igual às mulheres, conforme os assuntos tratados na temática "igualdade de gêneros".

Como afirma o jornalista Paiva Netto em seu *Manifesto da Boa Vontade**[2]:

"(...) Cizânia, radicalismos, hostilidades de todos os matizes devem permanecer afastados dos debates e das proposições religiosas, filosóficas, políticas, científicas, econômicas, artísticas, esportivas e o que mais o seja, pois o Ser Humano nasce na Terra para viver em sociedade, Sociedade Solidária.

"A proposição do Parlamento Mundial da Fraternidade Ecumênica (o ParlaMundi da LBV) visa também conciliar o conhecimento vigente no mundo

---

*[2] **Manifesto da Boa Vontade** — Importante pronunciamento feito por Paiva Netto durante o lançamento, em 21 de outubro de 1991, da Pedra Fundamental do Parlamento Mundial da Fraternidade Ecumênica, o ParlaMundi da LBV, em Brasília/DF. O prédio foi inaugurado pelo dirigente da Legião da Boa Vontade poucos anos depois, à zero hora de 25 de dezembro de 1994. O manifesto reúne muitos conceitos lançados por ele em décadas anteriores, mas extremamente atuais e necessários nos dias de hoje, neste mundo globalizado, que cada vez mais precisa, como ele diz, de *Educação e Cultura, Alimentação, Saúde e Trabalho com Espiritualidade Ecumênica.*

físico com o saber infinitamente amplo, situado na dimensão do Espírito eterno; unir o Ser Humano às civilizações que existem no Mundo Espiritual, ainda invisível aos nossos pobres e restritíssimos cinco sentidos materiais.

"Conciliação pelo Espírito

"Conciliar é, portanto, a nossa grande convocação, firmados que estamos na extensa experiência ecumênica da LBV: o Brasil e o mundo precisam da vivência imediata do ecumenismo religioso, étnico, partidário, empresarial, social, enfim, o Ecumenismo Irrestrito, com base nos valores mais profundos do Espírito. Grande é a nação e sábio o governante que congraçam os valores de seus componentes de todas as etnias, crenças, convicções políticas... São os construtores do verdadeiro progresso.

"A Legião da Boa Vontade assumiu graves compromissos sociais, desde que seu emérito e saudoso criador, Alziro Zarur (1914-1979), sob Inspiração Divina, lançou na Terra, a partir da alma brasileira, as raízes desta Instituição. A LBV quer uma sociedade em que todos os homens sejam realmente iguais em direito, e cujos méritos sociais, por mais louvados e reconhecidos, não se tornem causa de prejuízo dos direitos e liberdades dos demais cidadãos.

"Uma sociedade em que Deus e Suas Leis de Amor e Justiça inspirem responsabilidade à liberdade individual, a fim de assegurar liberdade a todos. Falo do Criador Supremo, não dos que procuram fazer Dele, que é Amor, instrumento execrável do fanatismo, preconceito e ódio. Então, as virtudes reais serão as construídas pela própria Criatura na ocupação honesta dos seus dias, na administração dos seus bens e no respeito aos alheios, na bela e instigante aventura da vida. Uma nação que se faça de homens assim será sempre grande e inviolável.

"**A culpa é dos chamados bons**

"É a hora da união de todos quantos acreditam na regeneração do tecido social, tendo o Espírito do Ser Humano como princípio. E o que vemos em todas as regiões do Planeta, senão a institucionalização da injustiça? Culpa de quem? Dos arruaceiros? Dos gananciosos? Dos corruptos? Dos exploradores? Dos revoltados? Não! Responsabilidade dos que se julgam bons, honestos, capazes, mas que se acomodam, satisfazendo-se apenas em reivindicar os direitos humanos que lhes assistem, esquecendo-se de cumprir com maior arrojo e prontidão os deveres sociais, morais e espirituais que lhes cabem. Quando o território não é defendido pelos bons, os maus fazem 'justa' a vitória da injustiça (...)".

Para assegurar estratégias de previsões da Plataforma de Ação de Beijing no avanço e no empoderamento das meninas e mulheres na 49ª Sessão da Comissão do *Status* da Mulher, os governos e a sociedade civil devem ampliar estratégias de resgate da qualidade da educação pública e familiar, todas elas com base na adoção de valores da Espiritualidade Ecumênica, portanto universais.

No trabalho, há um justo conceito de valor entre homens e mulheres: o da competência. Então, os sexos nisto estarão harmonizados. Que brilhe o Homem, que brilhe a Mulher, conforme a competência de cada um.

United Nations E/CN.6/2005/NGO/21

Economic and Social Council

Distr.: General
1 February 2005

Original: English

Commission on the Status of Women
Forty-ninth session
28 February-11 March 2005
Item 3 (c) (ii) of the provisional agenda*
Follow-up to the Fourth World Conference on Women and to the special session of the General Assembly entitled "Women 2000: gender equality, development and peace for the twenty-first century": implementation of strategic objectives and action in the critical areas of concern and further actions and initiatives: current challenges and forward-looking strategies for the advancement and empowerment of women and girls

Statement submitted by the Legion of Good Will, a non-governmental organization in consultative status with the Economic and Social Council

The Secretary-General has received the following statement, which is being circulated in accordance with paragraphs 36 and 37 of Economic and Social Council resolution 1996/31 of 25 July 1996.

* E/CN.6/2005/1.

05-22658 (E) 010305

Statement

Regarding the 49th Session of the Commission on the Status of Women on "current and forward-looking strategies for the advancement and empowerment of women and girls", the Legion of Good Will (LGW), a Brazilian NGO in general consultative status with the Economic and Social Council, collects and shares best practices and lessons learned within the United Nations system on strategies of empowerment and advancement of women and girls to disseminate at national and international levels through the LGW's Community centres, day-care centres and schools in Latin America, Europe and in the United States, especially in Brazil, Paraguay, Uruguay, Bolivia, Argentina. As the journalist, radio broadcaster and writer José de Paiva Netto, President of the Legion of Good Will states: "All successful organizations utilize the remarkable presence of spiritualized and enlightened women. Intuition, the competence of the Creator that lies over all creatures, is one of the powerful female instruments. Maybe that's why Voltaire (1694-1778) once had said: 'Tous les raisonnements des hommes ne valent pas un sentiment d'une femme', which means, all men's reasonings are not worth the sentiment of one woman."

Since the beginning of life in society, women were considered to be inferior to men. In the last century, around the 1930s, women had no right to vote and very seldom could they drive a car. The Legion of Good Will defends just, political, cultural, scientific, philosophical gender-equality strategies. As stated in the Universal Declaration of Human Rights, everyone has the right to take part in the Government of his/her country. The empowerment and autonomy of women and the improvement of women's social, economic and political status are essential for the achievement of both transparent and accountable government and administration and sustainable development in all areas of life.

As much as women today can lead big corporations, pilot international aircraft, perform operations in hospital surgery centres, take over the labour market, finish college and approach the same rights as men, there still is a long way to go. It is unacceptable that in the twenty-first century, women have still suffered with the results of a millennial culture that makes them subjugated to men. The Legion of Good Will brings to the 49th Commission on the Status of Women its cooperation for the absolute fulfilment of the Beijing Platform of Action, working to facilitate partnership between men and women in all sectors, whether political, cultural, scientific or educational. As the President of the Legion of Good Will addresses gender issues, it is frequently noted that his vision about the topic is the saying "To value the Woman means to dignify the Man". LGW accordingly reinforces the important role of women in the social arena. It believes that a woman has the right to become president of a country, a religious leader, a CEO, a captain of aircraft and transatlantic ships; she has the right to become a doctor, an engineer, a teacher, and thus she can actively act in all ranks of society. At work, there is a fair concept of value among men and women: that of competence (see Paiva Netto, *Reflections and Thoughts*, 1987).

As a result of the numerous financial and psychological problems experienced by women as they seek to bring a healthy pregnancy to term and decently raise their children, the LGW has created several programmes to minimize this emergent situation in its Community and Educational Centers, among them the programme Woman BEING and Baby-Citizen. This programme develops several integrated actions for all family members, independent of their ages. The main objective of the programme is to rescue human and professional self-esteem, intellectually and emotionally. A team of professional volunteers conducts activities to improve the quality of life of those people as a whole, combining ethics and spirituality with material values, aiming at the true exercise of citizenship.

One of the LGW's activities in partnership with the private sector, government departments and volunteer support in order to effectively generate results is to enrich the quality of life of the most underprivileged women in society through educational conferences, beauty classes, workshops and occupational courses to improve family financial resources, orientation in the area of health to facilitate information on outpatient hospital admittance procedures, juridical and psychological help. Emphasis is given to the project Baby-Citizen to strengthen the relationship between mother and child, to encourage full prenatal care, to rescue the meaning of pregnancy and combat child and mother malnutrition.

Women start attending the programme's practices after their third month of pregnancy. During all pregnancy stages they are helped to prepare the unborn's trousseau and undergo clinical exams; they receive complimentary food items, as well as speech therapy, nursing assistance and music therapy assistance for themselves and their families. Women attend workshops about caring for the unborn, alternate foods, breastfeeding, family planning, sexually transmitted diseases, breast and cervical cancer etc. The same importance is given to the motivation of praying together as a family.

The practices continue until the baby turns one year of age. During this year, mothers come in groups to the workshops. They are advised about infant malnutrition, nutrition, day-care centres, sanitation and baby oral health. Another activity to guarantee women's rights are the Legion of Good Will's day-care centres and schools that prepare children to achieve their full potential as citizens. Thousands of children are annually taken from social risk situations and are prepared so that they can face labour market competition. Schools are composed of modern research centres, physics, chemistry, biology and computer laboratories, three gymnasiums and a big recreation area.

In this context, the day-care centres have a preponderant role because the Legion involves children from their earliest years in a learning process with a solid basis. These children will turn out to be adults prepared for life, complete human beings, with brains and hearts connected. The Ecumenical Citizen Pedagogy is the differential issue of these educational complexes. It introduces the universal values of Spirituality, an accurate taste for Solidarity practices in students' characters. It enables individuals to contribute to the non-stop improvement of the social environment. The motto that leads activities of the LGW's educational centres is summarized as: "Here we study to form mind and heart".

To support women and girls who stand at social risk, since the 1980s the Legion has made schools and Educational Community Centers available throughout Brazil and abroad. In those centres, the LGW offers free-of-charge early education, elementary, junior high school education, occupational courses to thousands of children and youth. As an example, we have the "LGW Educational, Cultural and Community Center" in the city of Rio de Janeiro, the "José de Paiva Netto Institute" in São Paulo, "Alziro Zarur Home and Park" in Glorinha, Rio Grande do Sul, and many other modern occupational school centres in Brazil. The Ecumenical Citizen

Pedagogy is applied to LGW's educational centres. It conciliates intellect and feeling under the light of ecumenical spirituality. It contributes to solutions for the greatest human conflicts and guarantees, according to the thematic issues, women's and girl's equal participation in gender equality.

As the President of the Legion, journalist Paiva Netto states:

> "Discord, radicalism, hostilities of all kinds must be kept away from the religious, philosophical, political, scientific, economic, artistic and sport debates and proposals, among others, for Man or Woman is born on Earth to live in society, Solidary Society.
>
> "Conciliating is, therefore, our great calling since we are based on the wide Ecumenical experience of the Legion of Good Will (LGW). Brazil and the world need to immediately live an Unrestricted Ecumenism, based on the deepest values of the Spirit. Great is the nation and wise is the ruler that reconciles the values of the components of both genres, of every race, belief, political conviction. They are the builders of true progress.
>
> "The Legion of Good Will has assumed serious social commitments since its honoured and greatly missed founder, Alziro Zarur (1914-1979), under divine inspiration, spread the roots of this Organization in Brazilian soil. LGW struggles to build a society where all Human Beings are really equal in their rights, and whose social foundation, no matter how admirable and recognized it is, does not become a source of prejudice against citizens' rights and freedoms — a society in which only God and His Laws of Love and Justice can inspire responsibilities for individual freedom as well as ensure freedom for all.
>
> "I speak about the Supreme Creator who is love, not about those who wish to make Him an odious tool of fanaticism, prejudice and hatred. Thus, the real virtue will be the one built upon people themselves, in the honest occupation of their days, in the administration of their goods, in their respect towards others, in the beautiful and instigating adventure of life. A nation composed by people like these will always be great and inviolable.
>
> "This is a time of union of everybody who believes in the regeneration of the social body, having the Spirit of the Human Being as its principle. And what do we see around the Planet other than the establishment of injustice? Who is guilty? The street gangs? The greedy or the corrupters? The explorer or the rebellious people? No! The guilty are those who consider themselves good, honest, capable, in other words, the ones who are accommodated and satisfy themselves on claiming human rights for their own benefit, therefore forgetting to more audaciously and promptly fulfil their social, moral and spiritual duties. When the territory is not defended by the good, the bad make 'just' the victory of injustice."

In order to ensure forward-looking strategies for the Beijing Platform of Action for the advancement and empowerment of women and girls, Governments and Civil Society should maximize strategies to rescue the quality of public and family education, all based upon the adoption of ecumenical and spiritual values.

Naciones Unidas E/CN.6/2005/NGO/2

Consejo Económico y Social

Distr. general
1° de febrero de 2005
Español
Original: inglés

Comisión de la Condición Jurídica y Social de la Mujer
49° período de sesiones
28 de febrero a 11 de marzo de 2005
Tema 3 c) ii) del programa provisional*
Seguimiento de la Cuarta Conferencia Mundial sobre la Mujer y del período extraordinario de sesiones de la Asamblea General titulado "La mujer en el año 2000: igualdad entre los géneros, desarrollo y paz para el siglo XXI": consecución de los objetivos estratégicos, adopción de medidas en cuestiones de interés fundamental y otras medidas e iniciativas: retos actuales y estrategias orientadas hacia el futuro para el adelanto y la potenciación de la mujer y la niña

Declaración presentada por la Legião da Boa Vontade, organización no gubernamental reconocida como entidad de carácter consultivo por el Consejo Económico y Social

El Secretario General ha recibido la siguiente declaración, que se distribuye de conformidad con lo dispuesto en los párrafos 36 y 37 de la resolución 1996/31 del Consejo Económico y Social, de 25 de julio de 1996.

* E/CN.6//2005/1.

05-22661 (S) 280205 280205

eclaración

En relación con el 49° período de sesiones de la Comisión de la Condición Judica y Social de la Mujer sobre la "igualdad entre los géneros, desarrollo y paz pa- el siglo XXI", la Legião da Boa Vontade, ONG brasileña reconocida como entiad de carácter consultivo por el Consejo Económico y Social, reúne e intercambia s prácticas recomendadas y la experiencia adquirida en el sistema de las Naciones nidas en relación con las estrategias de potenciación y adelanto de la mujer y la ña, a fin de difundirlas a nivel nacional e internacional mediante sus centros counitarios, guarderías y escuelas de América Latina, Europa y los Estados Unidos, specialmente en el Brasil, el Paraguay, el Uruguay, Bolivia y la Argentina. Según a señalado el Sr. José de Paiva Netto, Presidente de la Legião da Boa Vontade, peodista de la prensa escrita y la radio, y escritor, todas las organizaciones que loran sus objetivos tienen en su seno a mujeres de gran espiritualidad e inteligencia. no de los más poderosos instrumentos de la mujer es la intuición, capacidad que el reador ha dado a todas las criaturas. Tal vez por eso Voltaire (1694-1778) dijo: Tous les raisonnements des hommes ne valent pas un sentiment d'une femme", es ecir que, todos los razonamientos de los hombres no se equiparan al valor del entimiento de una mujer.

Desde los comienzos de la vida en sociedad, las mujeres han sido consideradas nferiores al hombre. En el siglo pasado, alrededor de 1930, las mujeres no tenían erecho a votar y rara vez se les permitía conducir automóviles. La Legião da Boa ontade propugna la institución de estrategias de igualdad entre los géneros que sean ustas desde los puntos de vista político, cultural, científico y filosófico. Según el nunciado de la Declaración Universal de Derechos Humanos, "toda persona tiene erecho a participar en el gobierno de su país". La potenciación y autonomía de la nujer y el mejoramiento de su situación social, económica y política son esenciales ara lograr un gobierno y una administración transparentes y responsables, así como n desarrollo sostenible en todas las esferas de la vida.

Por más que, en nuestros días, la mujer pueda dirigir grandes empresas, pilotar viones en vuelos internacionales, operar en los quirófanos, integrarse al mercado e trabajo, graduarse de la universidad, acceder a los mismos derechos que el hombre, queda aún mucho por hacer. No se puede aceptar que, en el siglo XXI, las mujees sigan sufriendo las consecuencias de una cultura milenaria que las somete al ombre. La Legião da Boa Vontade ofrece al 49° período de sesiones de la Comisión urídica y Social de la Mujer su cooperación para que se cumpla plenamente la Plaaforma de Acción de Beijing y para facilitar la cooperación entre el hombre y la nujer en todos los sectores: político, cultural, científico, educativo y otros. Cuando l Presidente de la Legião da Boa Vontade aborda cuestiones de género, suele destaarse que su visión del tema obedece al adagio: "Valorar a la mujer es dignificar al ombre". Por consiguiente, la Legião da Boa Vontade hace hincapié en el imporante papel de la mujer en la esfera social. Estima que las mujeres tienen derecho a er presidentes de países, dirigentes religiosas, directoras ejecutivas de empresas, apitanas de aeronaves y transatlánticos, médicas, ingenieras y maestras, y que, de sta forma, pueden actuar dinámicamente en todos los ámbitos de la sociedad. En el rabajo, el concepto justo del valor de hombres y mujeres es la competencia (véase Paiva Netto, "Reflexiones y pensamientos", 1987).

En vista de los innumerables problemas económicos y psicológicos que deben afrontar las mujeres para llevar a término embarazos saludables y criar decentemente a sus hijos, y para reducir esos problemas al mínimo, la Legião da Boa Vontade ha creado varios programas en sus centros comunitarios y educativos, entre ellos, el denominado "SER Mulher e Cidadão-Bebê" (SER mujer y bebé ciudadano). En el marco de este programa se llevan a cabo diversas actividades integradas para todos los miembros de la familia, independientemente de su edad. El principal objetivo del Programa es rescatar la autoestima humana y profesional desde los puntos de vista intelectual y emocional. Un equipo de profesionales voluntarios desarrolla actividades para mejorar la calidad de vida de esas personas con un criterio integral, uniendo la ética y la espiritualidad a los valores materiales, con miras a lograr que se ejerza verdaderamente la ciudadanía.

Para generar resultados eficaces, la Legião actúa conjuntamente con el sector privado, los organismos gubernamentales y diversos grupos voluntarios, a fin de mejorar la calidad de vida de las mujeres más desfavorecidas de la sociedad mediante conferencias educativas, clases de cuidado personal, talleres, cursos ocupacionales de administración de los recursos económicos de la familia, orientación en el campo de la salud para impartir información sobre los procedimientos para recibir atención en los hospitales, y apoyo jurídico y psicológico. Se hace hincapié en el proyecto "bebé ciudadano" para reforzar los vínculos entre la madre y el hijo, alentar la atención prenatal integral, reivindicar el significado del embarazo y luchar contra la malnutrición maternoinfantil.

Las mujeres comienzan a asistir al programa al cumplir su tercer mes de embarazo. En todas las etapas del embarazo, se les ayuda a preparar el ajuar del bebé, se les entregan alimentos gratuitamente y se les practican exámenes clínicos; también se les proporciona terapia del lenguaje y ayuda en el amamantamiento. Además, ellas y sus familias, reciben terapia musical. Las mujeres asisten a seminarios sobre cuidados en el embarazo, gamas de alimentos de reemplazo, lactancia materna, planificación de la familia, enfermedades de transmisión sexual, cáncer de mama y cervical, etc. Se da igual importancia a la motivación de la oración en familia.

Estas actividades prosiguen hasta que el bebé cumple un año. En ese período, los grupos de madres asisten a distintos seminarios. Se les orienta sobre malnutrición infantil, nutrición, guarderías, higiene y salud dental del bebé. Otra forma de garantizar la defensa de los derechos de la mujer son las actividades de las guarderías y las escuelas de la Legião, donde se prepara a los niños para que desarrollen toda su potencialidad como ciudadanos. Todos los años se pone a miles de niños a salvo de situaciones de riesgo social y se los prepara para que puedan competir en el mercado laboral. Las escuelas cuentan con modernos centros de investigación, laboratorios de física, química, biología y computación, tres gimnasios y amplios sectores de recreación.

En ese contexto, las guarderías cumplen un papel preponderante porque la Legião integra a los niños, desde sus primeros años de vida, para que inicien su proceso de aprendizaje sobre bases sólidas. Estos niños se transformarán en adultos preparados para la vida, seres humanos completos, con un cerebro y un corazón en armonía. La pedagogía ecuménica del ciudadano diferencia esos complejos educativos de los demás e inculca en el carácter de los estudiantes los valores universales de la espiritualidad y el fervor por las prácticas de la solidaridad. Permite que las personas contribuyan a una mejora permanente del ambiente social. La consigna que orienta las actividades de los centros educativos de la Legião se resume en la siguiente consigna: "Estudiamos para formar la mente y el corazón"

Para apoyar a las mujeres y las niñas en situación de riesgo social, desde el decenio de 1980 la Legião ha establecido escuelas y centros educativos comunitarios en todo el Brasil y el exterior. En esos centros, la Legião ofrece educación de primera infancia, elemental, primaria y secundaria, así como cursos de orientación profesional, a miles de niños y jóvenes. Por ejemplo, en el Brasil hemos establecido el Centro Educativo, Cultural y Comunitario de la Legião da Boa Vontade en la ciudad de Río de Janeiro, el Instituto José de Paiva Netto en San Pablo, el Hogar y Parque Alziro Zarur en Glorinha, Estado de Río Grande do Sul, y muchos otros modernos centros de orientación profesional. En los centros educativos de la Legião se aplica la pedagogía ecuménica del ciudadano que concilia el intelecto y la afectividad a la luz de la espiritualidad ecuménica, contribuye a la solución de los mayores conflictos del ser humano y garantiza, por cuestiones temáticas, una participación igualitaria de las mujeres y las niñas, sobre la base de la igualdad entre los géneros.

El periodista Paiva Netto, Presidente de la Legião, ha señalado lo siguiente:

> "Toda discordia, radicalismo y hostilidad debe quedar fuera de los debates y las propuestas de naturaleza religiosa, filosófica, política, científica, económica, artística y deportiva, y cualesquiera otras, porque el Hombre y la Mujer han nacido en la Tierra para vivir en sociedad, Sociedad Solidaria.
>
> Por lo tanto, tenemos una profunda vocación conciliadora, basada en la amplia experiencia ecuménica de la Legião da Boa Vontade. El Brasil y el mundo necesitan vivir inmediatamente un ecumenismo irrestricto basado en los valores más profundos del espíritu. Grande es la nación y sabio el gobernante que reconcilian los valores de los componentes de uno y otro género, de cualquier raza, creencia y convicción política. Son ellos los constructores del verdadero progreso.
>
> La Legião da Boa Vontade ha asumido trascendentes compromisos sociales desde que su fundador Alziro Zarur (1914-1979), honroso, insustituible y guiado por la inspiración divina, esparció las semillas de esta organización por todo el suelo brasileño. La Legião lucha por construir una sociedad en que todos los seres humanos disfruten verdaderamente de una igualdad de derechos y cuyos cimientos sociales, por muy admirables y reconocidos que sean, no se transformen en una fuente de prejuicios que afecte a los derechos y la libertad de los ciudadanos, una sociedad en que sólo Dios y sus leyes de amor y justicia puedan inspirar responsabilidades para preservar la libertad individual y colectiva.
>
> Hablo del Supremo Creador que es amor, no de quienes desean transformarlo en un odioso instrumento de fanatismo, prejuicios y odio. Por lo tanto, la verdadera virtud será la que se construya en la propia gente, en la honrada ocupación de sus días, en la administración de sus bienes, en el respeto hacia los demás, en la hermosa e inspiradora aventura de la vida. Una nación compuesta de esa clase de personas será siempre grande e inviolable.
>
> Es hora de que se unan todos los que creen en la regeneración del cuerpo social, basado en el principio del espíritu del ser humano. ¿Qué vemos en el mundo, salvo la imposición de la injusticia? ¿Quién es culpable de ello? ¿Las pandillas callejeras? ¿Los codiciosos o los corruptores? ¿El explorador o los

pueblos rebeldes? ¡No son ellos! Culpables son quienes se consideran buenos, honestos, capaces, es decir, los complacientes, que se conforman con reivindicar el respeto de los derechos humanos en su propio beneficio y olvidan cumplir con más audacia y diligencia sus deberes sociales, morales y espirituales. Cuando los buenos no defienden el territorio, los malos transforman en 'justa' la victoria de la injusticia."

Para lograr que se instauren estrategias orientadas hacia el futuro, en pos del adelanto y la potenciación de las mujeres y las niñas, en cumplimiento de la Plataforma de Acción de Beijing, los gobiernos y la sociedad civil deben esforzarse al máximo para rescatar la calidad de la educación pública y familiar, abrazando valores ecuménicos y espirituales.

Nations Unies E/CN.6/2005/NGO/21

Conseil économique et social

Distr. générale
1er février 2005
Français
Original: anglais

Commission de la condition de la femme
Quarante-neuvième session
28 février-11 mars 2005
Point 3 c) ii) de l'ordre du jour provisoire*
Suivi de la quatrième Conférence mondiale sur les femmes et de la session extraordinaire de l'Assemblée générale intitulée : « Les femmes en l'an 2000 : égalité entre les sexes, développement et paix pour le XXIe siècle » : réalisation des objectifs stratégiques et mesures à prendre dans les domaines critiques et nouvelles mesures et initiatives : objectifs actuels et stratégies prospectives d'action pour la promotion et l'autonomisation des femmes et des filles

Déclaration présentée par Legion of Good Will, organisation non gouvernementale dotée du statut consultatif auprès du Conseil économique et social

Le Secrétaire général a reçu la déclaration ci-après, dont le texte est distribué conformément aux paragraphes 36 et 37 de la résolution 1996/31 du Conseil économique et social, du 25 juillet 1996.

* E/CN.6/2005/1.

05-22659 (F) 250205 010305

Déclaration

Dans le cadre de la quarante-neuvième session de la Commission de la condition de la femme consacrée aux objectifs actuels et aux stratégies prospectives d'action pour la promotion et l'autonomisation des femmes et des filles, la Legion of Good Will (LGW), ONG brésilienne dotée du statut consultatif général auprès du Conseil économique et social retient ce qui se fait de mieux au sein du système des Nations Unies en matière de stratégies d'autonomisation et de promotion des femmes et des filles et diffuse les enseignements tirés à cet égard aux niveaux national et international dans le cadre de ses centres communautaires, de ses garderies d'enfants et de ses établissements scolaires en Amérique latine, en Europe et aux États-Unis, notamment au Brésil, au Paraguay, en Uruguay, en Bolivie et en Argentine. Comme le déclare le journaliste, animateur de radio et auteur José de Paiva Netto, Président de l'organisation : « Toutes les organisations doivent leur succès à l'étonnante présence de femmes spirituelles et clairvoyantes. L'intuition, ce sentiment d'inspiration divine qui réside en chacun de nous, est le plus profondément marqué chez les femmes. Peut-être est-ce pour cela que Voltaire (1697-1778) a eu une fois à dire que : "Tous les raisonnements des hommes ne valent pas un sentiment de femme". »

Depuis le début de la vie en société, les femmes ont été jugées inférieures aux hommes. Au siècle dernier, dans les années 30, les femmes n'avaient pas le droit de vote et ne pouvaient que très rarement conduire une automobile. La Legion of Good Will défend des stratégies politiques, culturelles, scientifiques et philosophiques justes en faveur de l'égalité entre les sexes. Conformément à la Déclaration universelle des droits de l'homme, chacun a le droit de prendre part à la direction des affaires publiques de son pays. La démarginalisation et l'autonomisation des femmes et l'amélioration de leur condition sociale, économique et politique sont des plus importantes dans la gestion et l'administration transparentes et responsables des affaires publiques ainsi que dans le développement durable de tous les secteurs de la vie.

Même si aujourd'hui, elles peuvent diriger de grandes entreprises, être pilotes de ligne, pratiquer la chirurgie dans les blocs opératoires des hôpitaux, conquérir le marché du travail, terminer des études universitaires et jouir à peu près des mêmes droits que les hommes, les femmes ont encore un long chemin à parcourir. Il est inconcevable qu'au XXIe siècle, les femmes en soient encore à souffrir des vestiges d'une culture millénaire qui les asservit aux hommes. La Legion of Good Will apporte à la quarante-neuvième session de la Commission de la condition de la femme sa coopération en vue de la réalisation absolue des objectifs du Programme d'action de Beijing, en s'évertuant pour cela à favoriser l'instauration d'un partenariat entre les hommes et les femmes dans tous les secteurs de la vie politique, culturelle, scientifique ou éducative. Chaque fois que le Président de l'organisation aborde des questions relatives aux femmes, sa pensée renvoie fréquemment à l'adage qui dit en substance que « Valoriser la femme, c'est conférer une dignité à l'homme ». C'est pour cela que la LGW ne cesse d'insister sur l'importance du rôle de la femme dans le domaine social. Elle épouse la devise qui dit qu'une femme a le droit de devenir présidente d'un pays, responsable religieux, présidente-directrice générale, commandant de bord et capitaine de navire transatlantique; médecin, ingénieur, enseignant et qu'elle est donc à même d'évoluer dans tous les rangs de la société. Dans le monde du travail, il existe une notion de valeur équitable entre hommes et femmes : celle de compétence. (Voir Paiva Netto, *Reflections and Thoughts*, 1987).

En raison des nombreux problèmes financiers et psychologiques auxquels se heurtent les femmes en voulant porter leur grossesse à terme, et élever leurs enfants dans des conditions décentes, la Legion of Good Will a créé plusieurs programmes visant à atténuer cette situation d'urgence dans ses centres communautaires et éducatifs, dont le programme « Femme être et bébé citoyen ». Ce programme élabore divers moyens d'actions intégrées à l'intention de tous les membres de la famille, indépendamment de leur âge. Son principal objectif est de sauvegarder chez ces individus l'estime de soi aussi bien sur les plans humain et professionnel qu'intellectuel et émotionnel. Une équipe de volontaires professionnels s'occupe d'améliorer les conditions de vie de toutes ces personnes, en alliant leur moral et leur spiritualité aux valeurs matérielles qui concourent au véritable exercice de la citoyenneté.

L'une des activités que mène l'organisation en partenariat avec le secteur privé ou les services publics et le soutien d'organismes bénévoles afin d'obtenir des résultats tangibles revient à enrichir la qualité de la vie des femmes les moins privilégiées de la société en organisant pour elles des conférences éducatives, des cours de soins de beauté, des séminaires et des stages professionnels pour améliorer les ressources financières de leur famille, en leur prodiguant des conseils sanitaires qui leur permettent d'être plus au fait des procédures d'admission des malades dans les hôpitaux et en leur apportant une assistance sur les plans juridique et psychologique. L'accent est placé sur le projet « Bébé citoyen » pour resserrer les liens entre la mère et l'enfant, encourager les soins prénatals intégraux, restituer tout son sens à la grossesse et combattre la malnutrition infantile et maternelle.

Les femmes commencent à assister à ces séances à la fin de leur premier trimestre de grossesse. On les aide, tout au long des étapes de la grossesse, à préparer le trousseau du bébé en même temps qu'on leur fait passer des examens cliniques; elles reçoivent des produits alimentaires gratuits ainsi qu'une assistance dans le domaine de l'orthophonie, de l'allaitement et de la thérapie musicale, elles et leur famille aussi. Elles assistent à des séminaires où on leur apprend à s'occuper d'un bébé, à substituer d'autres aliments au lait maternel, la planification familiale, les maladies sexuellement transmissibles, les cancers du sein et du col de l'utérus, etc. La prière en famille est encouragée au même titre.

Les séances se poursuivent jusqu'à ce que l'enfant ait 1 an. Durant l'année, les mères viennent en groupes aux séminaires où elles reçoivent des conseils sur la malnutrition infantile, la nutrition, les garderies d'enfants, l'hygiène et la santé orale des nourrissons. Les droits des femmes sont garantis par la Legion of Good Will sous la forme d'une autre activité menée par ses garderies d'enfants et ses écoles et consistant à aider les enfants à réaliser pleinement leur potentiel en tant qu'individus. Des milliers d'enfants sont arrachés chaque année à des situations à risques sociaux et préparés à affronter la concurrence sur le marché de l'emploi. Les écoles sont équipées de centres de recherche modernes, de laboratoires de physique, de chimie, de biologie et d'informatique, de trois gymnases et d'une vaste cour de récréation.

Cela étant, les garderies d'enfants jouent un rôle prépondérant dans la mesure où la Legion of Good Will prend les enfants en charge dès le plus bas âge en leur donnant une base solide. Ces enfants deviendront des adultes prêts pour la vie, des êtres humains accomplis, sains d'esprit et sensibles de cœur. La pédagogie citoyenne œcuménique fait toute la différence dans ces cours en ce sens qu'elle inculque les valeurs universelles de la spiritualité, un goût exact de la solidarité aux étudiants. Elle permet aux individus de contribuer à l'amélioration constante de leur milieu social. Les activités des centres d'enseignement de la Legion of Good Will se résument par la devise suivante : « Ici, les études visent à modeler l'esprit et le cœur ».

Depuis les années 80, pour aider les femmes et les filles exposées à des risques sociaux, la Legion of Good Will a ouvert des écoles et des centres communautaires éducatifs dans tout le Brésil et à l'étranger. Dans ces centres, elle offre des cours d'enseignement maternel primaire, secondaire et professionnel à des milliers d'enfants et de jeunes. On peut citer notamment le Centre communautaire éducatif et culturel de la Legion of Good Will de Rio de Janeiro, l'Institut José de Paiva Netto de São Paulo, l'Alziro Zarur Home and Park de Glorinha (Rio Grande du Sud), et d'autres établissements d'enseignement professionnel modernes au Brésil. La pédagogie citoyenne œcuménique est appliquée dans les centres d'enseignement de la Legion of Good Will. Elle allie l'intellect à l'émotion d'après la spiritualité œcuménique. Elle contribue à régler les plus grands conflits humains et à garantir, selon les domaines thématiques, la participation des femmes et des filles à l'égalité entre les sexes.

Comme le déclare le Président de l'organisation, le journaliste Paiva Netto :

> « La discorde, les radicalismes, les hostilités de tous genres doivent être tenus à l'écart des débats et des thèses religieux, philosophiques, politiques, scientifiques, économiques, artistiques et sportifs notamment parce que l'homme ou la femme sont nés sur terre pour vivre en société, Société Solidaire.
>
> Notre grande vocation consiste donc à faire preuve d'esprit de conciliation, forts de notre vaste expérience œcuménique au sein de la Legion of Good Will. Le Brésil et le monde entier doivent s'installer sans tarder dans un œcuménisme non restrictif, basé sur les valeurs les plus profondes de l'esprit. Grande est la nation et sage est le souverain qui concilient les valeurs des éléments des deux genres, de chaque race, croyance et conviction, car tels sont les artisans du vrai progrès.
>
> La Legion of Good Will a pris d'importants engagements sociaux depuis que son vénéré et très regretté fondateur Alziro Zarur (1914-1979), sous le coup de l'inspiration divine, a étendu les racines de son organisation sous le sol brésilien. La Legion of Good Will se bat pour construire une société où tous les êtres humains sont véritablement égaux en droits et dont la structure, aussi admirable et reconnue soit-elle, ne devient pas une source de préjugés contre les droits et les libertés des citoyens – une société où seul Dieu et ses lois d'amour et de justice peuvent inspirer les devoirs dont s'accompagnent les libertés individuelles et assurer la liberté pour tous.
>
> Je parle du Créateur suprême qui est Amour et non pas de ceux qui souhaitent en faire un odieux instrument de fanatisme, de préjugé et de haine. Ainsi, la vraie vertu sera celle qui repose sur les individus eux-mêmes, l'occupation honnête de leurs jours, l'administration de leurs biens, le respect d'autrui, et la beauté de l'aventure humaine. Une nation peuplée de tels individus se caractérisera toujours par sa grandeur et son inviolabilité.

L'heure est à l'union de tous ceux qui croient en la résurgence du corps social, avec l'esprit de l'être humain pour principe. Et à quoi assiste-t-on d'autre autour de la planète sinon au règne de l'injustice? À qui la faute? Les gangs des rues? Les cupides ou les corrupteurs? L'explorateur ou les individus rebelles? Non! La faute est à ceux qui se considèrent comme bons, intègres, capables, autrement dit, ceux qui sont couverts et qui se contentent de revendiquer les droits de l'homme à leur profit, tout en oubliant plus audacieusement et plus promptement de remplir leurs devoirs sociaux, moraux et spirituels. Lorsque la défense du territoire n'est pas assurée par les bons, les mauvais "justifient" le triomphe de l'injustice. »

Pour assurer le succès des stratégies prospectives du Programme d'action de Beijing pour la promotion et l'autonomisation des femmes et des filles, les gouvernements et la société civile devraient en consacrer le maximum à la sauvegarde de la qualité de l'enseignement public et de l'éducation familiale, se fondant entièrement sur l'adoption de valeurs œcuméniques et spirituelles.

Организация Объединенных Наций E/CN.6/2005/NGO/21

Экономический и Социальный Совет

Distr.: General
1 February 2005
Russian
Original: English

Комиссия по положению женщин
Сорок девятая сессия
28 февраля — 11 марта 2005 года
Пункт 3(c)(ii) предварительной повестки дня*
Последующая деятельность по итогам четвертой Всемирной конференции по положению женщин и специальной сессии Генеральной Ассамблеи под названием «Женщины в 2000 году: равенство между мужчинами и женщинами, развитие и мир в XXI веке»: достижение стратегических целей и деятельность в важнейших проблемных областях и дальнейшие меры и инициативы: текущие задачи и перспективные стратегии улучшения положения и расширения прав и возможностей женщин и девочек

Заявления Легиона доброй воли — неправительственной организации, имеющей консультативный статус при Экономическом и Социальном Совете

Генеральный секретарь получил следующее заявление, которое распространяется в соответствии с пунктами 36 и 37 резолюции 1996/31 Экономического и Социального Совета от 25 июля 1996 года.

* E/CN.6/2005/1.

05-22660 (R) 220205 010305

Заявление

В соответствии с заявленными на сорок девятой сессии Комиссии по положению женщин «текущими задачами и перспективными стратегиями улучшения положения и расширения прав и возможностей женщин и девочек» Легион доброй воли, бразильская неправительственная организация, имеющая общий консультативный статус при Экономическом и Социальном Совете, занимается сбором данных и обменом информацией о передовой практике и опыте, накопленном в рамках системы Организации Объединенных Наций, в области стратегий расширения прав и возможностей и улучшения положения женщин и девочек в целях их распространения на национальном и международном уровнях через свою сеть общинных центров, детских учреждений и школ в Европе, Соединенных Штатах и Латинской Америке, особенно в Бразилии, Парагвае, Уругвае, Боливии, Аргентине. Как говорит журналист, ведущий радиопрограмм и писатель Жозе де Паива Нетту, президент Легиона доброй воли: «Все успешно действующие организации пользуются замечательной возможностью привлекать к своей работе сильных духом и просвещенных женщин. Мощным орудием женщин является интуиция, способность, дарованная им Творцом, который властвует над всеми своими созданиями. Возможно, именно поэтому Вольтер (1664–1778 гг.) однажды сказал: "Tous les raisonnements des hommes ne valent pas un sentiment d'une femme", что означает, что все рассуждения мужчин не стоят одного чувства женщины.

С момента зарождения общества женщине отводилась подчиненная роль по отношению к мужчине. Еще в 30-е годы прошедшего столетия женщины не имели права голоса, и женщину редко можно было увидеть за рулем автомобиля. Легион доброй воли претворяет в жизнь стратегии равенства мужчин и женщин, отстаивающие справедливость и равноправие женщин в политическом, культурном, научном и философском плане. Во Всеобщей декларации прав человека говорится о том, что каждый человек имеет право принимать участие в управлении своей страной. Эмансипация и независимость женщин и повышение их социального, экономического и политического статуса имеют существенно важное значение для достижения как гласного и подотчетного государственного управления и руководства, так и устойчивого развития во всех сферах жизни.

Несмотря на то, что в наши дни женщины возглавляют крупные корпорации, пилотируют самолеты на международных рейсах, проводят хирургические операции в больницах, активно заявляют о себе на рынке труда, получают высшее образование и близки к тому, чтобы пользоваться одинаковыми с мужчинами правами, еще предстоит очень многое преодолеть. Нельзя мириться с тем, что в XXI веке женщины по-прежнему страдают от своего подчиненного по отношению к мужчинам положения, которое является результатом тысячелетних культурных традиций. Легион доброй воли предлагает участникам сорок девятой сессии Комиссии по положению женщин свое сотрудничество в деле осуществления в полном объеме Пекинской платформы действий и в налаживании партнерских отношений между мужчинами и женщинами во всех сферах жизни — политической, культурной, научной и образовательной. Гендерные вопросы находятся в центре внимания президента Легиона доброй воли, чье отношение к этой проблематике лучше всего характеризуют его же слова о том, «что уважение достоинства женщины возвеличивает мужчину». Следуя этому, Легион стремится усилить ту важную роль, которую играют женщины в общественной жизни. Легион считает, что женщина имеет право быть президентом страны, религиозным лидером, руководителем крупного предприятия, капитаном воздушного или трансатлантического судна; она имеет право быть врачом, инженером, учителем, то есть способна играть активную роль во всех сферах жизни общества. На работе единственным справедливым критерием эффективности труда мужчин и женщин является их компетентность (см. труд Паивы Нетту "Reflections and Thoughts" («Мысли и думы»), 1987 год).

В связи с многочисленными финансовыми и психологическими проблемами, с которыми сталкиваются женщины во время беременности и в процессе воспитания детей, Легионом доброй воли создано несколько программ, которые осуществляются на базе его общинных и учебных центров с целью сведения к минимуму негативных последствий сложившейся ситуации, в том числе программа по защите гражданских прав женщин и детей. Эта программа предусматривает проведение целого комплекса мероприятий для всех членов семьи независимо от их возраста. Основной целью программы является оказание помощи в духовном развитии и профессиональном становлении человеческой личности. Группы в составе специалистов-добровольцев проводят мероприятия, направленные на повышение качества жизни таких людей в целом, увязывая при этом материальные ценности с моральными и духовными потребностями и добиваясь реального осуществления гражданских прав.

Одним из направлений работы, проводимой Легионом во взаимодействии с частным сектором и государственными ведомствами и при поддержке добровольцев в целях получения необходимых результатов, является повышение качества жизни социально незащищенных женщин путем организации для них просветительских мероприятий, занятий по уходу за своей внешностью, семинаров и курсов профессиональной подготовки для повышения материального благосостояния семей и проведения бесед на медицинскую тему в целях распространения информации об организации амбулаторного больничного лечения и оказания правовой и психологической помощи. Центральное место в этих усилиях отводится мерам по защите гражданских прав детей, направленным на укрепление взаимоотношений между матерью и ребенком, оказание полного комплекса услуг в дородовой период, пропаганду ответственного отношения к беременности и борьбу с недоеданием среди детей и женщин.

Женщины вовлекаются в мероприятия программы после третьего месяца беременности. На всех этапах беременности женщины получают помощь в подготовке комплектов для новорожденных и проходят необходимые осмотры; им предоставляется дополнительное питание, с ними проводятся беседы, они находятся под присмотром медсестер и вместе с членами семьи проходят курс терапии музыкой. Для женщин организуются консультации по уходу в дородовой период, альтернативному режиму питания, грудному вскармливанию, планированию семьи, предохранению от заболеваний, передаваемых половым путем, профилактике таких болезней, как рак груди и шейки матки, и т.д. Не менее важное значение придается поощрению всех членов семьи к участию в совместной молитве.

Эта работа продолжается до достижения новорожденными возраста одного года. В течение этого года для женщин организуются групповые семинары, где они получают информацию о проблеме недоедания среди детей, режиме питания ребенка, работе детских учреждений, правилах гигиены и методах ухода за детьми. Другим направлением деятельности по обеспечению прав женщин является организация Легионом работы своих детских учреждений и школ, задача которых состоит в том, чтобы способствовать полной реализации гражданских прав детей. Ежегодно из социальных групп риска отбираются тысячи ребят, которых готовят к тому, чтобы они могли конкурировать на рынке труда. В учебный комплекс входят современные научно-исследовательские центры, физические, химические, биологические и компьютерные лаборатории, три гимнастических зала и большая зона отдыха.

В этом контексте важная роль отводится детским учреждениям, поскольку с их помощью Легион закладывает прочную основу для развития и обучения детей с ранних лет. В результате дети вступают во взрослую жизнь хорошо подготовленными к ней и полностью сформировавшимися личностями. Одной из отличительных черт работы этих учебных комплексов является воспитание граждан в духе экуменизма. В ходе такой подготовки пропагандируются универсальные духовные ценности и у учащихся формируется правильное понимание солидарности. Она прививает индивидуумам чувство причастности к процессу постоянного совершенствования социальной среды. Девиз, которым учебные центры Легиона руководствуются в своей деятельности, умещается в следующей фразе: «Здесь происходит воспитание ума и сердца».

В целях оказания поддержки женщинам и девочкам, которые находятся в социальных группах риска, с 80-х годов Легион создает школы и общинные учебные центры на территории Бразилии и за пределами страны. На базе этих центров Легион предоставляет бесплатное дошкольное, начальное и неполное среднее образование и организует курсы профессиональной подготовки для тысяч детей и молодых людей. Например, в Бразилии у Легиона есть Общинный учебный и культурный центр в городе Рио-де-Жанейро, Институт Жозе де Паива Нетту в Сан-Паулу, «Дом и парк Альзиру Зарур» в Глоринье, Риу-Гранди-ду-Сул, и многие другие современные учебно-профессиональные заведения. В учебных центрах Легиона преподается программа гражданского воспитания в духе экуменизма. Она способствует развитию интеллекта и моральному становлению личности на основе экуменической духовности. Она вносит вклад в урегулирование крупнейших человеческих конфликтов и гарантирует женщинам и девочкам равноправное участие в решении проблем гендерного равенства, как это предусмотрено ее тематикой.

Как президент Легиона журналист Паива Нетту заявляет:

> «В дебатах и обсуждении предложений в таких сферах, как религия, философия, политика, наука, экономика, искусство и спорт, недопустимы раздоры и проявления радикализма и любого рода враждебности, так как Мужчина и Женщина созданы для совместной жизни на Земле, в обществе, обществе солидарном.
>
> В этой связи нашей главной задачей является добиваться сближения позиций, поскольку в основе наших усилий лежит обширный опыт работы Легиона доброй воли в экуменической области. Необходимо, чтобы Бразилия и весь мир уже сейчас жили в соответствии с принципами безраздельного экуменизма, основанного на глубочайших духовных ценностях. Величие нации и мудрость правителя зависят от того, насколько успешно им удается объединить в одной системе преимущества, свойствен-

ные компонентам обоих полов любой расовой принадлежности и вероисповедования и любых политических убеждений. Именно они являются созидателями истинного прогресса.

Легион доброй воли занимается решением серьезных социальных задач с тех пор, как благодаря его уважаемому и столь почитаемому основателю Альзиру Заруру (1914–1979 гг.) и божественному провидению эта организация пустила свои корни в Бразилии. Легион стремится к построению такого общества, где все люди пользуются действительно равными правами и их социальное происхождение, независимо от степени его величия и признания, не является источником предубеждений в отношении прав и свобод граждан, — общества, в котором внушать ответственность за свободу личности, а также гарантировать свободу для всех может лишь Всевышний и его законы любви и справедливости.

Я говорю о Высшем творце, который являет собою любовь, а не о тех, кто желает сделать из него одиозный инструмент фанатизма, предрассудков и ненависти. Таким образом, реально добродетель проявляется в самих людях, в честном выполнении ими своих повседневных обязанностей, в распоряжении ими своими благами, в уважении по отношению к другим людям, в прекрасном и дерзновенном подвиге жизни. Нация, объединяющая таких людей, будет неизменно великой и несокрушимой.

Настала пора для объединения всех тех, кто верит в возрождение социального организма, принципом деятельности которого является человеческий дух. А что же мы видим вокруг, помимо творящейся несправедливости? Кто за это в ответе? Уличные бандиты? Корыстолюбцы или коррупционеры? Авантюристы или бунтари? Нет! Виноваты те, кто считает себя добропорядочными, честными, умелыми людьми, иными словами те, кто устроился в жизни и удовлетворяются тем, что отстаивают права человека в собственных интересах, забывая тем временем о необходимости своевременно и смело выполнять свои социальные, моральные и духовные обязанности. Когда добро молчит, «справедливо» торжествует злокозненная несправедливость».

В целях обеспечения осуществления предусмотренных в Пекинской платформе действий перспективных стратегий улучшения положения и расширения прав и возможностей женщин и девочек правительствам и гражданскому обществу следует добиваться максимальной реализации стратегий по сохранению качества общественного и семейного воспитания на основе принятия экуменических и духовных ценностей.

关合国 E/CN.6/2005/NGO/21

经济及社会理事会

Distr.: General
1 February 2005
Chinese
Original: English

女地位委员会

四十九届会议

05 年 2 月 28 日至 3 月 11 日

时议程项目 3(c)(二)

四次妇女问题世界会议以及题为 2000 年妇女：二十一世纪两性平 、发展与和平”的大会特别会议 后续行动：各项重大关切领域的 略目标和行动的执行情况以及进 步的行动和倡议：提高妇女和女 地位及赋予她们权力的现有挑战 前瞻性战略*

有经济及社会理事会咨商地位的非政府组织友好社提出的声明

秘书长收到以下声明，现依照 1996 年 7 月 25 日经济及社会理事会第 1996/31 决议第 36 和 37 段的规定分发。

* E/CN. 6/2005/1。

-22657 (C)   010305   010305

声明

关于妇女地位委员会第四十九届会议关于“提高妇女和女童地位及赋予她们权力的现有挑战和前瞻性战略”，友好社，一个具有经济及社会理事会（经社理事会）全面咨商地位的巴西非政府组织，收集和交流联合国系统内在赋予妇女和女童权力及提高她们的地位方面的最佳做法和经验教训，并通过遍及拉丁美洲、欧洲和美国，特别是巴西、巴拉圭、乌拉圭、玻利维亚、阿根廷的友好社的社区中心、日托中心和学校在国家和国际各级进行传播。友好社社长 Jose de Paiva Netto 是记者、电台播音员和作家，他指出：“所有成功的组织背后都有精神高尚、思想开明的妇女。直觉是折射在众生身上的造物主的能力，是女性有力的工具之一。或许伏尔泰（1694-1778）就是因为这个原因而说了以下这段话：“Tous les raisonnements des hommes ne valent pas un sentiment d'une femme”，意思是，所有男人的推理抵不上一个女人的感觉。

自从出现人类社会以来，就认为妇女的地位低于男子。在上一个世纪，大约 1930 年代，妇女没有投票权，她们很少有机会开车。友好社捍卫公正的、促进实现政治、文化、科学、哲学方面性别平等的战略。正如《世界人权宣言》所指出的那样，每个人都有权利参加自己国家的政府。赋予妇女权力和妇女自治、提高妇女的社会、经济以及政治地位，对实现具有透明度和实行问责制的政府和行政部门以及生活所有领域的可持续发展来说是必不可缺的。

尽管如今妇女可以领导大公司、担任国际航班的飞行员、在医院的手术室实施手术、占领劳动力市场、完成大学学业、几乎与男子享有同样的权利，但是，依然任重道远。令人无法接受的是，在 21 世纪，妇女依然受到千百年来将她们置于从属于男子的地位的文化的影响。友好社给妇女地位委员会第四十九届会议带来了它的合作，以促进全面实施《北京行动纲要》，努力促进男子与妇女在所有领域的伙伴关系，不论是政治、文化、科学还是教育领域。友好社社长谈到性别平等问题时，一再提及他在这个问题上的理想是一句谚语，“珍视妇女，男子才有尊严”。因此，友好社强调妇女在社会舞台的重要作用。友好社认为，妇女有权利成为一个国家的总统、成为宗教领导人、首席执行官、机长以及越洋轮船的船长；她有权利成为医生、工程师、教师，从而积极介入社会各阶层。就工作而言，男子和妇女都承认一个公平的价值观念：任人唯贤。（见 Paiva Netto 的《Reflections and Thoughts》，1987 年。

妇女在怀孕、分娩及妥善抚养子女的过程中遇到各种经济和心理上的问题，为此，友好社建立了若干方案，以在其社区和教育中心尽量减少这些问题，其中一项方案题为“作为人的妇女和作为公民的婴儿”。该方案制定了若干项综合性行动，适于所有家庭成员，无论老少。方案的主要目标是从理智和感情上树立人的自尊和职业自尊。一支由专业人员组成的志愿者队伍开展各种活动，提高人们的生活质量，将伦理道德和精神价值观念与物质价值观念结合起来，从而真正行使公民权利。

友好社为了取得实际成效，与私人部门、政府部门和志愿者支助团体合作开展了一项活动，通过以下方式提高社会地位最低的妇女的生活质量：举行教育会议；开办美容课、讲习班和有助于增加家庭经济收入的职业培训课；介绍保健方面的常识，以使她们了解门诊病人就诊程序；提供司法和心理帮助。重视题为“作为公民的婴儿”的项目，以加强母婴关系、鼓励产前全面护理、强调妊娠期的重要性并防止母婴营养不良。

妇女自怀孕第三个月开始参加该方案的活动。孕妇在整个妊娠期的各个阶段都得到帮助，例如为尚未出生的婴儿准备所需要的衣物，进行各种身体检查；为孕妇及家人提供免费食品、还有谈话疗法、育儿援助和音乐疗法援助。妇女参加各种讲习班，了解照料婴儿、替代食品、母乳喂养、计划生育、性传播疾病、乳腺癌和宫颈癌等方面的知识。对鼓励全家共同祈祷也给予同样的重视。

这些做法一直延续到婴儿满一周岁为止。在这一年中，母亲们结成小组参加讲习班。通过讲习班，她们了解了关于婴儿营养不良、营养、日托中心卫生以及婴儿口腔卫生方面的知识。保证妇女权利的另一项活动是，通过友好社的日托中心和学校，为儿童实现他们作为公民的全部潜能奠定基础。每年帮助数千名儿童脱离有社会风险的环境，为他们提供培训，使他们能够应付劳动力市场的竞争。学校里有现代研究中心、物理实验室、化学实验室、生物实验室及计算机室、三个体育馆和一个很大的娱乐活动场地。

因此，日托中心的作用极为重要，因为友好社对儿童的教育从幼童开始，以打下坚实的基础。这些儿童长大成人后，将成为有能力面对人生，有头脑、有良知的健全的人。普世公民教育方法与其他教育方法不同。这种教育法介绍精神性的普遍价值，使学生具备团结友爱的品质。它使个人为社会环境的不断改善作出贡献。指导友好社教育中心的活动的座右铭可总结为：“在这里，我们为了塑造头脑和心灵而学习”。

为了支助面临社会风险的妇女和女童，自从 1980 年代以来，友好社在巴西各地以及国外的许多学校和教育社区中心都向妇女和女童开放。友好社在这些中心为成千名儿童和青年免费提供早期教育、小学、中学教育和职业培训。例如，我们在里约热内卢市有友好社教育、文化和社区中心，在圣保罗有 José de Paiva Netto 学院，在 Glorinha, Rio Grande do Sul 有 Alziro Zarur 家园和公园”，在巴西还有许多其他现代职业学校中心。友好社教育中心采用普世公民教育方法。这种方法将智力和情感置于普世精神的光芒照耀下。它有助于解决最大人间冲突，保证妇女和女童像主题所述那样，平等参与促进性别平等的活动。

作为友好社社长的记者 Paiva Netto 指出：

“在有关宗教、哲学、政治、科学、经济、艺术和体育辩论和建议中，应当避免任何冲突、激进活动和敌对行动，因为，首先，在这个地球上，不论男人还是女人，天生就要在一个社会中生活，援助團體。

“因此，和解是我们的伟大使命，因为我们以友好社的广泛的普世经验为基础：巴西和世界必须立即实践以最深刻的精神价值观为基础的无限的普世精神。对不同性别、种族、信仰、政治信念的价值观念能够兼容并蓄的民族是伟大的，能够这样作的统治者是智慧的。真正的进步，是他们实现的。

“友好社作出了庄严的社会承诺，因为尊敬的、令人缅怀的友好社的创始者 Alziro Zarur（1914-1979）根据神灵的启示，使本组织在巴西的土地上扎根。友好社努力建设一个社会，在这个社会里，所有的人真正享有同样的权利，任何人，不论其社会地位多么令人羡慕，多么显赫，都不得依仗其社会地位侵犯公民的权利和自由。在这个社会，只有上帝和他的爱与正义之法才能保证个人的自由，同时确保所有人的自由。

“我谈及的是爱的化身、至高无上的造物主，而不是那些企图将造物主变成煽动狂热、偏见和仇恨的邪恶工具的人。因此，真正的美德靠人们自己修炼，通过诚实地度过每一天、行善、尊敬他人、对生活的美好的、令人兴奋的追求中修炼。一个由这样的人组成的民族，将永远是伟大的、不可侵犯的。

“目前需要的是，所有相信一个以人类精神为其原则的社会肌体再生的人团结起来。在这个星球上，除了不公正，我们还看到什么？有罪的是谁？街头团伙？贪心不足者，还是实施贿赂者？剥削者还是反叛的人民？都不是！有罪的是那些自以为良善、诚实、能干的人，换言之，是那些吃住不愁的人，是那些利用人权谋取私利的人，他们因此而忘记更大刀阔斧、更及时地履行他们的社会、道义和精神上的责任。在那些不是由好人捍卫的地方，坏人就会把非正义的胜利说成是“正义的”。

为了确保实施《北京行动纲要》的提高妇女和女童地位及赋予她们权力的前瞻性战略，政府和民间社会应当以普世、精神价值观念为基础，充分利用这些战略保证公共和家庭教育的质量。

قيم جميع عناصر المجتمع رجالا ونساء، من كل عرق وعقيدة ومذهب سياسي وحكيم هو القائد الذي يفعل ذلك، فهؤلاء هم بناة التقدم الحقيقي.

''لقد قطع فيلق الخير على نفسه التزامات اجتماعية جسيمة منذ غرس النبتة الأولى للمنظمة في أرض البرازيل بإلهام إلهي على يد رئيسها المبجل الفقيد ألزيرو زارور (١٩١٤-١٩٧٩). ويناضل الفيلق من أجل بناء مجتمع يتساوى فيه جميع البشر في الحقوق مساواة حقيقية ولا تكون أسسه الاجتماعية، مهما كانت موضع إعجاب واعتراف، مصدر ضرر بحقوق المواطنين وحرياتهم - مجتمع يكون فيه الرب وشرعته في الحب والعدل مصدرا أوحد لإلهام المسؤوليات للحرية الفردية وضماناً لحق الجميع في الحرية، وفي العيش في مجتمع متضامن.

''إنني أتحدث عن الخالق عز وجل بوصفه مثالا للحب لا عن أولئك الذين يودون أن يجعلوا منه أداة قبيحة للتعصب والتحيز والضغينة. لذلك، تكون الفضيلة الحقة هي تلك القائمة على بني البشر أنفسهم في قضاء أيامهم في عمل الحق وفي صنع الخير واحترام الآخرين وفي مغامرة الحياة الجميلة والمثيرة. إن أمة أفرادها كهؤلاء ستبقى دائما عظيمة ومهابة الجانب.

''إن هذا لوقت اتحاد بين جميع من يؤمنون بإحياء الجسد الاجتماعي المستنير بروح البشرية. فما الذي نراه في أرجاء كوكبنا غير سواد الظلم؟ من المذنب يا ترى؟ أهي عصابات الشوارع؟ أم هم الجشعون أو المفسدون؟ أم هم المستكشفون أو المتمردون؟ كلا!! إن المذنبين هم من يحسبون أنفسهم خيّرين ونزيهين وقادرين، أو بعبارة أخرى من يجدون أنفسهم في سعة ويرضون أنفسهم بادعاء الحقوق الإنسانية لصالحهم، دونما بال للمبادرة بجرأة لأداء واجباتهم الاجتماعية والأخلاقية والروحية. فعندما لا ينهض الخيّرون للذود عن الحمى، يقلب الأشرار غلبة الظلم إلى نصر 'عادل'.''

ومن أجل كفالة قيام استراتيجيات تطلعية لإعلان ومنهاج عمل بيجين للنهوض بالنساء والفتيات وتمكينهن، ينبغي للحكومات وللمجتمع المدني أن تشدد على الاستراتيجيات الرامية إلى إنقاذ جودة التعليم العام والتربية الأسرية القائمين على إقرار القيم المسكونية والروحية.

الآخر، الرامي إلى كفالة حقوق المرأة، في مراكز الرعاية النهارية والمدارس التابعة لفيلق الخير والتي تعد الأطفال من أجل تحقيق أقصى درجات المواطنة. ويتم انتشال الآلاف من الأطفال كل سنة من حالة الخطر الاجتماعية وإعدادهم من أجل المنافسة في أسواق العمل. وتشتمل المدارس على مراكز بحث حديثة ومختبرات للفيزياء والكيمياء والبيولوجيا والحاسوب وثلاث قاعات لممارسة الرياضة البدنية وفناء كبير للترفيه.

وفي هذا السياق، تضطلع مراكز الرعاية النهارية بدور كبير لأن الفيلق يقوم بإشراك الأطفال منذ سنوات عمرهم الأولى في عملية التعلم على أسس متينة. وسيتحول هؤلاء الأطفال إلى بالغين مهيئين للحياة، وبشر أسوياء ترتبط عقولهم بقلوبهم. ويكمن الفرق بالنسبة لهذه المجمعات التعليمية في عملية التربية المسكونية للمواطن، وذلك عن طريق غرس القيم الروحية العالمية، والذوق السليم لممارسات التضامن في شخصية الطالب، إضافة إلى تمكين الأفراد من المساهمة في التحسين الموصول للبيئة الاجتماعية. ويتلخص الشعار الذي يلهم أنشطة مراكز الفيلق التعليمية فيما يلي: ''إننا ندرس هنا لتكوين العقل والقلب''.

وسعيا من الفيلق لدعم النساء والفتيات اللائي يعشن في ظل مخاطر اجتماعية، عمد، اعتبارا من الثمانينيات، إلى توفير المدارس والمراكز المجتمعية التربوية في جميع أنحاء البرازيل وفي خارجها. ويقدم الفيلق في تلك المراكز التعليم الأولي والإعدادي والثانوي ودورات مهنية لآلاف الأطفال والشباب مجانا. وكمثال على ذلك لدينا ''مركز فيلق الخير التربوي والثقافي والمجتمعي'' في مدينة ريو دي جانيرو و ''معهد خوسيه بايفا نيتو'' في ساو باولو و ''دار ومنتزه آلزيرو زارور'' في جلورينهه، ريو جراندي دو سول، والكثير من المراكز المدرسية المهنية الحديثة الأخرى بالبرازيل. ويتم تطبيق منهج التربية المسكونية للمواطن في المراكز التربوية التابعة لفيلق الخير، وذلك من أجل التأليف بين الفكر والشعور بهدي من أنوار الروحانية المسكونية، إسهاما في حل أكبر الصراعات البشرية وضمانا لمشاركة النساء والفتيات المتكافئة - حسب المسائل المواضيعية - في معالجة المساواة بين الجنسين.

ومثلما قال رئيس فيلق الخير، الصحفي بايفا نيتو:

''من الواجب إبعاد الخلاف والتطرف والشنآن بجميع أشكاله عن الحوار والنقاش الديني والفلسفي والسياسي والعلمي والاقتصادي والفني والرياضي ونحو ذلك، لأن الرجال والنساء ولدوا في هذه الأرض ليعيشوا وسط مجتمع.

''لذلك، فإن التوفيق هي دعوتنا الكبرى لأننا نستند إلى التجربة المسكونية الواسعة لفيلق الخير. فالبرازيل والعالم بحاجة إلى الإسراع من أجل العيش في ظل مسكونية مطلقة قائمة على القيم الروحية المتجذرة. فعظيمة هي الأمة التي تؤلف بين

ومديرة لمؤسسة ورئيسة لطاقم لقيادة الطائرات أو السفن العابرة للمحيط الأطلسي، وأنه يحق لها أن تصبح طبيبة ومهندسة ومدرسة، ويتسنى لها بالتالي العمل بشكل نشط في جميع فئات المجتمع. وفي مجالات العمل هناك مفهوم منصف للقيمة بين الرجال والنساء، ألا وهو الكفاءة (انظر بايفا نيتو، خواطر وأفكار، ١٩٨٧).

ونظرا للمشاكل المالية والنفسانية العديدة التي تعانيها المرأة إلى أن تضع حملها وهي في أتم صحة ثم تقوم بتنشئة أبنائها بصورة كريمة، قام فيلق الخير بوضع برامج عديدة للتخفيف من حدة هذه الحالة الناشئة بواسطة مراكزها المجتمعية والتربوية، ومن بينها "المرأة الكائن والطفل المواطن". ويضع هذا البرنامج مجموعة من الإجراءات المتكاملة من أجل جميع أفراد الأسرة، بصرف النظر عن أعمارهم. ويتمثل الهدف الرئيسي للبرنامج في تعزيز الاعتداد بالنفس إنسانيا ومهنيا على الصعيدين الفكري والعاطفي. ويقوم فريق من المتطوعين المهنيين بتنفيذ أنشطة ترمي إلى تحسين نوعية معيشة أولئك الناس ككل، وذلك بالجمع بين الأخلاقيات والروحانيات من ناحية، والقيم المادية من ناحية أخرى، سعيا إلى ممارسة حق المواطنة بصورة صحيحة.

ويتمثل أحد أنشطة فيلق الخير في المشاركة مع القطاع الخاص والإدارات الحكومية والدعم التطوعي، من أجل تحقيق نتائج فعلية في إثراء نوعية حياة معظم النساء المحرومات بالمجتمع، عن طريق المؤتمرات التربوية ودروس التجميل وحلقات العمل والدورات المهنية، من أجل تحسين الموارد المالية للأسرة والتوجيه في مجال الصحة، بغية تيسير الحصول على المعلومات بشأن إجراءات قبول المرضى بالعيادات الخارجية بالمستشفيات والحصول على المساعدة القانونية والنفسانية. وقد جرى التشديد على مشروع الطفل المواطن، بغية تعزيز العلاقة بين الأم والطفل، وتوفير الرعاية الكاملة للأم في مرحلة ما قبل الولادة، وإبراز معنى الحمل، ومكافحة سوء تغذية الأم والطفل.

وتبدأ المرأة في حضور ممارسات البرنامج بعد شهر حملها الثالث. وتتم مساعدتها أثناء جميع مراحل الحمل، لإعداد ملابس الوليد قبل ولادته، وإجراء جميع الفحوص الطبية، مع تلقي مواد غذائية مجانية على سبيل المجاملة، كما تقدم لها ولأسرتها المساعدة لعلاج النطق والتمريض والعلاج بواسطة الموسيقى. وتحضر النساء حلقات عمل بشأن العناية في فترة ما قبل الولادة، والأغذية البديلة، والرضاعة الثديية، وتنظيم الأسرة، والأمراض المنقولة بالاتصال الجنسي، وسرطان الثدي والرحم وما إلى ذلك. وتُولى مسألة تشجيع الصلاة الجماعية في الأسرة نفس القدر من الأهمية.

وتستمر هذه الممارسات إلى حين بلوغ الطفل العام الأول من عمره. وأثناء هذه السنة، تأتي الأمهات جماعة إلى حلقات العمل. ويجري توجيههن بشأن سوء تغذية الرضّع وعملية التغذية ومركز الرعاية النهارية والإصحاح وصحة فم وأنف الطفل. ويتمثل النشاط

البيان

فيما يتعلق بالدورة التاسعة والأربعين للجنة وضع المرأة بشأن ''الاستراتيجيات الراهنة والتطلعية للنهوض بالنساء والفتيات وتمكينهن''، عملت منظمة فيلق رابطة الخير، وهي منظمة برازيلية ذات مركز استشاري عام لدى المجلس الاقتصادي والاجتماعي، على تجميع وتبادل أفضل الممارسات والدروس المستقاة على نطاق منظومة الأمم المتحدة حول استراتيجيات النهوض بالنساء والفتيات وتمكينهن لنشرها على المستويين الوطني والدولي من خلال مراكز المجتمع المحلي ومراكز الحضانة والمدارس التابعة للرابطة في أمريكا اللاتينية وأوروبا والولايات المتحدة، وفي البرازيل وباراغواي وأوروغواي وبوليفيا والأرجنتين على وجه الخصوص. وكما عبر عن ذلك الصحفي والمذيع والكاتب السيد خوزيه بايفا نيتو، رئيس منظمة فيلق رابطة الخير: ''تستغل كل المنظمات الناجحة الحضور المتميز للنساء المتشبعات بالقيم الروحية والمستنيرات. ويعد الحدس الذي هو ملكة الخالق التي تسمو على جميع المخلوقات أداة من أقوى أدوات المرأة. ولربما لهذا السبب قال فولتير (١٦٩٤-١٧٧٨) ذات يوم إن تفكير الرجال كلهم لا يساوي شيئا أمام شعور امرأة واحدة''.

ومنذ بداية الحياة بالمجتمعات، كانت المرأة تعتبر أدنى من الرجل. فحتى الثلاثينات من القرن الماضي، لم يكن للمرأة الحق في التصويت، وقلة نادرة من النساء كان بوسعهن قيادة السيارات. ومن ثم ففيلق الخير يدافع عن استراتيجيات المساواة بين الجنسين العادلة والشاملة للأبعاد السياسية والثقافية والعلمية والفلسفية. والواقع أن الإعلان العالمي لحقوق الإنسان ينص على ''حق كل فرد في أن يشترك في حكومة بلده. وتمكين المرأة من أداء دورها ونيلها للاستقلال الذاتي وتحسين مركزها الاجتماعي والاقتصادي والسياسي أمر ضروري لتحقيق الحكم والإدارة والتنمية المستدامة على أساس الوضوح والمساءلة في جميع جوانب الحياة''.

ولئن بات بمقدور المرأة في هذه الأيام ترؤس المؤسسات الكبيرة، وقيادة طائرات الخطوط الدولية، وإجراء العمليات في مراكز الجراحة بالمستشفيات، ودخول أسواق العمالة، وإكمال الدراسة بالكليات الجامعية، والتطلع إلى نفس الحقوق التي يتمتع بها الرجل، لا يزال هناك شوط كبير ينبغي قطعه. فمن غير المقبول أن تعاني المرأة إلى الآن، في القرن الحادي والعشرين، من مخلفات ثقافة ترجع إلى آلاف السنين تجعلها خاضعة للرجل. ويعرض فيلق الخير على لجنة وضع المرأة في دورتها التاسعة والأربعين التعاون من أجل التنفيذ التام لمنهاج عمل بيجين، والعمل من أجل تيسير الشراكة بين الرجال والنساء في جميع القطاعات، سواء كانت سياسية أم ثقافية أم علمية أم تربوية. ويتطرق السيد بايفا نيتو، بوصفه رئيسا لفيلق الخير، إلى المسائل المتعلقة بالجنسين، وقد سجلت مرارا آراؤه في هذا الصدد ومؤداها أن ''تقدير المرأة يعني إكرام الرجل''. واتباعا لفكرته، فإن المنظمة تعزز دور المرأة الهام في الحقل الاجتماعي. وهي ترى أن للمرأة الحق في أن تصبح رئيسة لأي بلد وأن تكون زعيمة دينية

الأمم المتحدة

E/CN.6/2005/NGO/21

المجلس الاقتصادي والاجتماعي

Distr.: General
1 February 2005
Arabic
Original: English

لجنة وضع المرأة

الدورة التاسعة والأربعون

٢٨ شباط/ فبراير - ١١ آذار/مارس ٢٠٠٥

البند ٣ (ج) '٢' من جدول الأعمال المؤقت*

متابعة المؤتمر العالمي الرابع المعني بالمرأة والدورة الاستثنائية للجمعية العامة المعنونة "المرأة عام ٢٠٠٠: المساواة بين الجنسين والتنمية والسلام في القرن الحادي والعشرين": تنفيذ الأهداف الاستراتيجية والإجراءات الواجب اتخاذها في مجالات الاهتمام الحاسمة واتخاذ مزيد من الإجراءات والمبادرات: التحديات الراهنة والاستراتيجيات التطلعية للنهوض بالنساء والفتيات وتمكينهن

بيان مقدم من فيلق الخير، منظمة غير حكومية ذات مركز استشاري لدى المجلس الاقتصادي والاجتماعي

تلقى الأمين العام البيان التالي، الذي يجري تعميمه وفقا للفقرتين ٣٦ و ٣٧ من قرار المجلس الاقتصادي والاجتماعي ١٩٩٦/٣١ المؤرخ ٢٥ تموز/يوليه ١٩٩٦.

---

* E/CN.6/2005/1.

010305 010305 05-22656 (A)

Marta e Maria Madalena, obra de Caravaggio
c. 1598
Óleo sobre tela, 97.8 x 132.7 cm
Institute of Arts, Detroit

A Mulher no conSerto das Nações

Prezadas leitoras e leitores, antes de tudo preciso esclarecer-lhes sobre a palavra conSerto que grafei com a letra ésse*[1] no título desta página. Não se trata de erro ou distração: é conSerto mesmo, porquanto, da forma que se encontra o mundo a pré-abrasar-se com o aquecimento global, é melhor que os sexos confraternizem, unam forças e realizem o conSerto urgente, porque, do contrário, poderemos acabar cozidos numa panela fenomenal: o Planeta que habitamos.

Peço-lhes licença para prestar uma justa homenagem às Mulheres de todos os segmentos da sociedade, entre eles, étnicos, religiosos, científicos, políticos, enfim, culturais: àquelas que são a base das Nações quando integradas em Deus e/ou nos mais elevados sentimentos que honram a Raça Humana. (...)

A respeito da devida valorização das Mulheres, quero destacar um trecho de excelente artigo da doutoranda de Teoria da Literatura da Universidade de Brasília (UnB) Josélia da Silva Almeida, publicado na *Tribuna da Imprensa* (3/3/2005), uma vez que pouca gente sabe do alçado papel da Mulher no progresso, por exem-

*[1] **Ésse ou esse?** — No *Dicionário Aurélio* figura a primeira grafia da 18ª letra do nosso alfabeto. Já o *Houaiss* a representa sem o acento agudo. Optamos pela primeira versão em virtude da clareza do entendimento, a fim de não ser confundida com o pronome demonstrativo *esse*.

plo, da Ciência, conseqüentemente no conSerto de que precisa tanto a Humanidade:

> (...) A fórmula da energia relativística de Einstein, que revolucionou o pensamento filosófico-científico, foi comprovada graças ao trabalho investigativo de um grupo de cientistas. Desse grupo se destacaram quatro mulheres: Marie Curie, Cecília Payne, Du Chastelet e Lise Meitner.
>
> A primeira cunhou em 1898 a palavra radioatividade para o ativo jorro de radiação dos minérios. A segunda foi independente o suficiente para desafiar o consenso de que as estrelas eram compostas de ferro, mudando assim o que se entendia sobre como as estrelas queimam. A francesa Du Chastelet aprofundou a teoria de Leibnitz — para Newton, duas colisões se cancelavam reciprocamente, mas para Leibnitz elas se somavam. E, por fim, a austríaca Lise Meitner, em 1938, revelou os mecanismos mais profundos da matéria, o que finalmente permitiria que a energia prometida pela equação de Einstein emergisse.
>
> Todavia, não obstante a inteligência e talento dessas mulheres, todas sofreram uma série de restrições impostas pelo mecanismo de poder exercido pelos homens. Só para ilustrar, Payne, dentre outras limitações sofridas, foi obrigada a negar em sua tese o que havia descoberto sobre a combustão das estrelas. Anos mais tarde, sua teoria sobre as estrelas viria a se confirmar.
>
> Evidente que a mulher se destaca em outros domínios e não apenas nos aqui lembrados. Mas é fato que nomes femininos não freqüentam as páginas da história com a mesma facilidade e desenvoltura que os homens. Normalmente, sua inteligência não é ressaltada com a mesma ênfase que se dá à sua estética e outras frivolidades. Das cientistas aqui citadas, com exceção de Marie Curie, dificilmente ouvem-se os

nomes das demais, mesmo no universo acadêmico.

Falha imperdoável, sobretudo em uma era em que o aumento da escravidão da mulher a uma imagem masculina vem empacotada sob o rótulo de "liberdade". A prova se encontra impressa nas páginas de semanários e em telas de cinema e TV, onde são expostas na materialidade de sua carne. Enganadas, nutrem a ilusão de serem sujeitas ativas de seu destino, como o são os chefes de Estado, os generais, os diretores de cinema, etc. Estes podem exercer sua transcendentalidade independentemente da carne, livres do fantasma do tempo e da estética.

Para finalizar, vale perguntar: qual é a imagem preponderante de mulher vendida como modelo a ser seguido e copiado pelas meninas e adolescentes? As figuras televisivas que copiam as louras lipoaspiradas e siliconadas de Hollywood ou as que em pé de igualdade com os homens têm condições concretas de influir no mundo com seu conhecimento e pensamento?

Não há o que comentar. É por demais atual e esclarecedor.

"Pão e Rosas"

A luta pela emancipação da Mulher é antiga. Já nos tempos clássicos da Grécia, esse espírito libertário procurava o seu caminho nos esforços e dificuldades de Lisístrata*[2], com sua greve de

---

*[2] **Lisístrata** — Comédia de Aristófanes (aproximadamente 450-385 a.C.) apresentada em 411 a.C., nos últimos anos da Guerra do Peloponeso. Atenas estava em situação crítica: ainda não se recuperara da desastrosa campanha da Sicília (413 a.C.); os lacedemônios (espartanos), acampados a pouco mais de 20 quilômetros, haviam concluído um acordo com o sátrapa persa Tissafernes; e diversos

sexo, por meio da qual moveu mulheres de Atenas e de Esparta para deter a Guerra do Peloponeso, segundo a comédia de Aristófanes.

Em 1857, centenas de operárias das fábricas têxteis e de vestuário de Nova York iniciaram um forte protesto contra os baixos salários, jornada diária de mais de 12 horas e péssimas condições de trabalho. Em 1908, mais de 14 mil delas voltaram às ruas nova-iorquinas. Sob o *slogan* "Pão e Rosas" — "tendo o pão como símbolo da estabilidade econômica e as rosas representando uma melhor qualidade de vida"—, pleiteavam idênticos direitos aos reivindicados pelas trabalhadoras da década de 50 do século XIX. Aproximadamente 130 delas acabaram falecendo durante misterioso incêndio.

Mas não ficou só nisso a tamanha luta. Três anos depois, também naquela cidade, ocorreu outro trágico acontecimento, provocado pelas infernais condições de segurança na Triangle Shirtwaist Company. Em 25 de março de 1911, mais de 140 tecelãs e tecelões, na maioria italianos e judeus, morreram calcinados (21 eram homens). A violência dos fatos foi fotografada

aliados passavam para o lado do inimigo. Escrita como veemente apelo à Paz, a encenação tem como enredo mulheres das cidades gregas, lideradas pela ateniense Lisístrata, que decidem instituir uma greve de sexo até que seus maridos parem a luta e estabeleçam a concórdia. No fim, graças às atenienses e espartanas, as duas cidades celebram a Paz. Aristófanes notabilizou-se pelo estilo contundente e sarcástico com o qual escrevia seus trabalhos, sendo esses um manifesto contra os elementos que julgava culpados pela derrocada de Atenas. Redigiu mais de 40 peças (mas apenas 11 são conhecidas), em que defendia o entendimento e os valores tradicionais.

e filmada em sua dramaticidade, com criaturas em desespero jogando-se das janelas do prédio em chamas.

As manifestações femininas sucedidas na cosmopolita metrópole foram os principais degraus para a emancipação da Mulher, bem como os esforços de tantas outras, a exemplo da socialista alemã Clara Zetkin (1857-1933), uma das mais famosas ativistas pelos direitos femininos, que em 1910, durante o II Congresso Internacional de Mulheres Socialistas, propôs a criação do Dia Internacional da Mulher*[3].

---

*[3] **Dia Internacional da Mulher** — Considerado feriado em muitos países, o 8 de março relembra os esforços das mulheres que derrubaram fronteiras étnicas, culturais e lingüísticas para conquistar, juntas, um espaço no qual houvesse maior justiça, igualdade, Paz e desenvolvimento. Essa luta se iniciou desde a antiga Grécia e foi bem marcada durante o século XVIII, no desenrolar da Revolução Francesa, quando as parisienses exigiram o direito ao voto. Nos Estados Unidos, a data foi celebrada, primeiramente, em 28 de fevereiro de 1909, por iniciativa do Partido Socialista da América, e prosseguiu durante quatro anos sendo comemorada no último domingo do mesmo mês. Em 1910, em Copenhague, Dinamarca, a Internacional Socialista decidiu homenagear o movimento dos direitos da Mulher. Em 19 de março de 1911, foi marcado pela primeira vez como o Dia da Mulher em caráter internacional em quatro países (Áustria, Dinamarca, Alemanha e Suíça). Menos de uma semana depois do ocorrido, um trágico incêndio em uma fábrica de tecidos na Triangle Shirtwaist Company, em Nova York, tirou a vida de mais de 140 operárias, a maioria delas italiana e judia. O dramático acontecimento causou um impacto na legislação estadunidense, momento em que foram expostas e questionadas as condições de trabalho a que estavam submetidas. Esse fato se deu quando da criação de um dia específico para homenagear as mulheres. Em 1914, a Secretaria Internacional da Mulher Socialista, dirigida por Clara Zetkin, indicou uma data única para a comemoração do Dia da Mulher: 8 de março. Em dezembro de 1977, a Assembléia-Geral da ONU proclamou a data como o Dia Internacional da Mulher, sendo celebrado até os dias atuais.

A atitude corajosa delas encontra-se perfeitamente enquadrada nesta exclamação da inesquecível escritora norte-americana Helen Adams Keller (1880-1968):

— A vida é uma aventura ousada ou nada!

É palmar que a famosa ativista social se refere à audácia que impulsiona os vanguardeiros a rever costumes e conceitos ultrapassados, que retardam a evolução das criaturas e dos povos (sobretudo no campo imprescindível do conhecimento espiritual). Ela própria é um modelo constante dessa premissa. Cega, surda e muda, em decorrência de uma doença manifestada aos 18 meses de vida, rompeu tremendas barreiras, tornando-se uma das mulheres mais respeitadas da História.

Todas as Mulheres são mães

Num artigo que escrevi para a *Folha de S.Paulo*, em 22 de maio de 1988, explico por que na LBV consideramos todas as Mulheres mães:

"A visão que temos da maternidade é ampla. Deus, Mãe e Pai dos Seres Humanos, é universal abrangência. Assim sendo, para os Legionários da Boa Vontade, Mães não são apenas as que geram filhos carnais. Também são aquelas que se consagram à sobrevivência dos filhos dos outros: as crianças órfãs, até mesmo de pais vivos; as das Mães que precisam trabalhar e não têm pessoa de confiança com quem deixá-las; as das que são irremediavelmente enfermas. Tal como se lê no *Poema do Grande Milênio*, de Alziro Zarur (1914-1979):

> (...) Os filhos são filhos
> de todas as mães,
> e as mães são as mães
> de todos os filhos.

Mães são ainda as que se devotam à Arte, à Literatura, à Ciência, à Filosofia, à Religião, à Política, à Economia, afinal a todos os setores do pensamento e/ou ação criadores, a gerar 'filhos' de sua dedicada competência pelo desenvolvimento da Humanidade. Por isso, o 'Congresso das Mães Legionárias' igualmente é o das Mulheres Legionárias e, por extensão, de todas as do mundo, que dele queiram participar. A LBV não ergue bastilhas, pelo contrário, as derriba com muita Boa Vontade. (...)".

Muito oportuna também é outra composição poética do velho Zarur: *Poema das Mães*, uma ode à face maternal, à necessidade da marca afetuosa e forte deste Ser no governo dos povos:

Poema das Mães

> Desde que o mundo é mundo, até onde vai
> O arqueológico olhar da pré-História,
> Na família dos nobres ou da escória
> A mãe não manda, pois quem manda é o pai.
>
> Sem pretensão alguma a Nostradamus,
> Eu creio que a razão desse destino
> Da mulher-mãe, que todos subjugamos,
> É o Deus antropomorfo-masculino.

"Se é homem o Criador (raciocinaram
Os argutos filósofos de antanho),
Façamos das mulheres um rebanho..."
E assim fizeram quando assim pensaram.

Desde então, temos visto a velha farsa
Representada, com solenidade,
Nos países de toda a Humanidade
Onde a moral pré-histórica anda esparsa.

"As mulheres não podem entender-nos",
Diziam os despóticos senhores.
E fomos vendo, em séculos de horrores,
A falência dos homens nos governos.

Ao meditar, em raras horas mansas,
Cheguei a conclusões desprimorosas:
Os homens são crianças rancorosas,
Sem a graça espontânea das crianças.

Só então compreendi o caos da guerra,
Em seus apavorantes misereres:
Coisa impossível de se ver na terra,
Quando os governos forem de mulheres.

Assim é que não pode continuar!
Porque os "chefes" — piores do que os cães
Hidrófobos — têm este singular
Defeito imenso de não serem mães.

A Alma da Humanidade

(...) O papel da Mulher é essencial para a sobrevivência dos povos. Irmã, esposa, mãe, amiga, trabalhadora, chefe de família, é presença indispensável e carinhosa conselheira. Pelos filhos é o seu porvir, porquanto prepara homem e mulher futuros. Por isso, as sociedades que a deprimem o fazem a si mesmas. A Mulher de entendimento esclarecido torna o elo familiar forte e a comunidade grande, moral, respeitada e unida.

Estas nossas afirmativas encontram ressonância nas de Charles McIver (1860-1906) que dizia:

> — O caminho mais econômico, fácil e certo para a educação universal é educar as mulheres, aquelas que se tornarão as mães e professoras de gerações futuras.

Verdade seja dita, nenhum homem realiza nada de realmente valioso se não tiver, de uma forma ou de outra, o apoio da Mulher. Realmente, pois, "se você educar um homem, educa um indivíduo, mas, se educar uma mulher, educa uma família".

Eis também a apropriada assertiva do velho Goethe (1749-1832):

> — O homem digno irá longe guiado pelas boas palavras de uma mulher sábia.

Às Mulheres do Brasil e do mundo, a nossa saudação pela data especial: 8 de março — embora, na Legião da Boa Vontade, na Religião de Deus e na Fundação José de Paiva Netto, todo dia é dia da Mulher de real Boa Vontade*[4] , cujo

---

*[4] **Nota do autor** — Como ensinava Alziro Zarur, Boa Vontade não é boa intenção. Boa Vontade é a vontade boa, firme, decidida, que sabe o que quer, iluminada pela Verdade e pelo Amor. Nada tem a ver com boa intenção, da qual, no dizer popular, "está calçado o inferno".

exemplo de coragem encontramos no Evangelho do Cristo, segundo João, 19:25, que relata o apoio das Mulheres por Ele recebido, que estavam acompanhadas unicamente pelo Discípulo Amado*[5] na derradeira hora, no momento da Sua crucificação:

> — E diante da cruz estavam a Mãe de Jesus, a irmã dela e também Maria Madalena, e Maria, mulher de Clopas.

Essas verdadeiras heroínas, no instante supremo da dor, não O abandonaram, permanecendo firmes ao lado Dele, numa demonstração de inaudita bravura.

Nenhum movimento social, político, religioso pode, decisivamente, progredir sem o auxílio, público ou reservado, delas. A História está repleta de comprovações.

(...) as sociedades que a deprimem o fazem a si mesmas. A Mulher de entendimento esclarecido torna o elo familiar forte e a comunidade grande, moral, respeitada e unida.

---

*[5] **Discípulo Amado** — Assim era conhecido João Evangelista, um dos 12 Apóstolos do Cristo, único que acompanhou Jesus até a Sua crucificação, ao lado de Maria e de outras Mulheres, ocasião em que o Mestre lhe confiou a tarefa de cuidar de Sua Mãe.

Tsunami, Deus e Solidariedade Mundial (I)

O Quinto Evangelista, o Profeta Adormecido e Nostradamus.

Após o terremoto que atingiu 9 graus na escala Richter — o quinto maior desde 1900 —, a agência de notícias Reuters divulgou informação de que a Terra, passada uma quinzena, ainda sofria vibrações do tremor que causou o *tsunami* próximo à ilha de Sumatra, na Indonésia, citando como fonte pesquisadores da Universidade Nacional Australiana (ANU). Eles afirmaram que as reverberações, semelhantes ao badalar de um sino, embora não emitindo som, foram registradas por aparelhos que monitoram a gravidade terrestre. Além disso, a agência menciona o alerta de estudiosos norte-americanos sobre as transformações ocorridas no orbe:

> Cientistas dos EUA disseram logo depois do terremoto que ele pode ter acelerado a rotação da Terra de maneira permanente — encurtando os dias em uma fração de segundo — e causado por uma inclinação no planeta em seu próprio eixo.
>
> Richard Gross, do Laboratório de Propulsão a Jato da Nasa na Califórnia, teorizou que uma mudança da massa em direção do centro da Terra durante o terremoto acelerou o planeta em três milionésimos de segundo, que se inclinou cerca de 2,5 centímetros em seu eixo.

Nessas ocasiões, demonstrando ou não, muitos se lembram de videntes e profetas, reais, — como os do Antigo Testamento e dos demais livros sagrados de diversas crenças — ou falsos, com suas previsões que raramente se realizam.

Tendo como objetivo cooperar com os investigadores do assunto, trago algumas reflexões, que merecem nossa atenção.

Isaías — O Quinto Evangelista.

O Profeta Isaías — considerado por muitos o quinto Evangelista, em virtude da grande quantidade de acertos nos anúncios a respeito da Primeira Vinda de Jesus a este Planeta — registrou no Antigo Testamento da Bíblia Sagrada, em seu livro, 24:19, o seguinte:

> — De todo será quebrantada a Terra, de todo se romperá, e de todo se moverá.

Cayce — O Profeta Adormecido.

Outras antevisões nos chegam por intermédio de Edgar Cayce (1877-1945), também chamado de "Profeta Adormecido". No segundo volume (esgotado) de *O Brasil e o Apocalipse*, obra lançada em 1985, no capítulo "O povo pergunta — Paiva Netto responde", p. 65, destaquei, à guisa de estudo, algumas dissertações do conhecido sensitivo:

> — (...) Edgard Cayce, o grande médium norte-americano desencarnado na década de quarenta, pouco tempo depois da II Guerra Mundial, ti-

nha, como se conta, o dom da profecia, em estado sonambúlico. Entre as mais famosas delas encontra-se a que anuncia a destruição do Estado da Califórnia: toda aquela região do continente americano do norte sumiria sob as águas do Oceano Pacífico como conseqüência de um grande terremoto. (...) Relacionou igualmente repentinas mudanças na superfície do planeta como conseqüência do **deslocamento do eixo terrestre**, resultando no desaparecimento do norte da Europa. O Japão seria destruído por terremotos e erupções vulcânicas. Parte dos Estados Unidos, **tragada por maremotos**. Quanto à III Guerra Mundial, segundo ele, virá, marcando de forma trágica o término desta civilização, infelizmente construída sobre a violência.

Não obstante, segundo o Apocalipse, 20:11 a 15, após "O juízo de Deus" haverá "Novo Céu e Nova Terra" e "A Nova Jerusalém", portanto não o fim do mundo; todavia, uma transformação jamais vista. Contudo, os que perseverarem no Bem até o fim sobreviverão a todo tipo de *tsunami,* físico, moral, mental ou espiritual.

Nostradamus e o Reino de Saturno

E para os que admiram o Sábio de Salon*[1] (1503-1566), transcrevo o que ele revela sobre um novo reino ideal de Saturno, com os comentários do professor Marques da Cruz, no seu *Profecias de Nostradamus*, p. 287 e 288:

*[1] **Sábio de Salon** — Como também é conhecido Michel de Nostradamus.

— "Será criado um Novo Reino de Saturno (deus da paz, abundância e justiça), um Século de Ouro; começará, entre Deus e os homens, uma paz universal, e Satanás será algemado por 1.000 anos e mais" (Nostradamus, Carta a Henrique II, pág. 188). Diz a tradição oriental, grega e latina que houve, no começo do Mundo, uma Primavera Eterna, Idade de Ouro; depois: *de prata, de bronze e de ferro*, à medida que os homens foram caindo em maldade (Ovídio, "Metamorphoses"). Moisés diz na Gênese, 2-9, que, no começo, havia, no Paraíso Terreal, a Árvore da Vida e a Árvore da Ciência do Bem e do Mal; que Adão e Eva não podiam comer, por ordem de Deus, o fruto desta, mas comeram, e começou o mal na Terra. S. João, no Apoc. 22, diz que, no fim, na Nova Terra, na Nova Jerusalém, haverá uma praça, onde estará a Árvore da Vida, que dará 12 frutos, dando, em cada mês, o seu fruto. Parece, pois, que a Terra (que tivera a inclinação de 23°, e, por isso, várias zonas e climas e frutos), ficará em vertical, dando só um fruto cada mês, numa Primavera Eterna, numa Idade de Ouro, onde reinarão os escolhidos com Cristo.

Ante os tempos novos

Aníbal Vaz de Melo, Professor da Faculdade de Ciências Econômicas da Universidade de Minas Gerais, Brasil, na abertura do seu livro *Sinais dos Tempos*, de 1948, assim dissertou sobre a era que tantos esperam ser melhor que a atual:

> (...) O planeta caminha para novos destinos, para uma nova Idade, para um novo ciclo cósmico: a Era do Aquário.
>
> Contudo, o Homem, que acaba de se apossar do segredo da constituição atômica da matéria,

está diante de um perigo tremendo: — o poder da Ciência, se esta não for controlada imediatamente pelos valores do sentimento e pela consciência interior do homem iluminado e renascido pela luz do Amor e da Solidariedade humana.

Uma nova guerra, entre os povos e os continentes, seria, no instante atual, o cumprimento integral daquelas profecias contidas na 2ª Epístola de São Pedro, e escrita para os fiéis da Ásia Menor: — "Os céus e a terra que existem agora estão reservados para o fogo... E todas as coisas se hão de dissolver pelo calor e os elementos se fundirão pelo ardor do fogo e toda a terra será presa do incêndio, com todas as obras que nela se contém".

Hiroshima e Nagasaki são dois testemunhos vivos e impressionantes da verdade destas profecias de Simão*[2]...

E a solução única e tão simples para a reconstrução econômica e a recristianização do mundo, o homem só a encontrará no dia em que resolver VIVER, definitiva e praticamente, em todos os atos da sua vida diária, a máxima sublime da ética revolucionária do Cristo: — "**Ama ao teu próximo como a ti mesmo**" (O negrito é nosso). (...)

Os que perseverarem no Bem até o fim sobreviverão a todo tipo de *tsunami*, físico, moral, mental ou espiritual.

---

*[2] **Simão** — Aníbal Vaz de Melo refere-se a Simão Pedro, que Jesus nomeou como chefe dos Apóstolos, consoante o Evangelho, segundo João, 21:15 a 17.

Ships in Distress off a Rocky Coast,
obra de Ludolf Backhuysen
1667
Óleo sobre tela
National Gallery of Art, Washington, DC

Chaves Bíblicas e Previsões

Alziro Zarur, em 1974, comentando a Segunda Chave Bíblica da Volta Triunfal de Jesus*[1], durante a Cruzada do Centro Espiritual Universalista (CEU da Religião de Deus), declarou que tristes eventos se multiplicariam em nosso Planeta:

> — Vêm ocorrendo alguns terríveis terremotos, como o que atingiu a Nicarágua, que quase tirou Manágua do mapa; outro no Peru; um na Colômbia, que deixou muitos mortos e feridos. No Brasil, diziam que não existia esse perigo, porque aqui nunca houve vulcões, por exemplo. Porém, nosso país está cheio deles. Só que adormecidos, esperando algum fator que os dispare. (...) Mas nessa hora (no tempo do fim*[2]) vai ocorrer um terremoto sem precedentes, que abalará a estrutura planetária.
>
> Todos esses sinais são apenas o começo real do fim. Quem o diz é Jesus: *Mas tudo isso é apenas o princípio das dores* (Evangelho, segundo Mateus, 24:8).

---

*[1] **Segunda e Terceira Chaves** — As 21 Chaves Bíblicas da Volta Triunfal de Jesus, de Alziro Zarur, no *Livro de Deus*, de Paiva Netto. Podemos ler, respectivamente, nas Chaves Segunda e Terceira: "II — Guerras, terremotos, fomes e pestes em todo o mundo. III — Sinais no céu (Sol, Lua, estrelas) visíveis a toda a Humanidade".

*[2] **Nota do autor: Tempo do fim** — Em meu livro *Apocalipse sem medo,* que faz parte desta coleção, nos capítulos I, II e III de "'Fins' do mundo", pp. 85-97, esclareço que "fins" parciais já ocorreram diversas vezes na Terra.

E mais adiante, no estudo da Terceira Chave Bíblica, Zarur esclarece:

> ***Grandes sinais no céu*** (Evangelho de Jesus, segundo Lucas, capítulo 21).
>
> ***O Sol escurecerá, a Lua não terá luz*** (se o Sol escurece, a Lua não tem luz, porque não a possui propriamente. Sua claridade provém do Sol), ***as estrelas cairão do Céu*** (Evangelho de Jesus, segundo Mateus, capítulo 24).
>
> Claro que Deus não vai fazer cair estrela do Céu em cima da Terra. Seria um absurdo! Uma só já liquidaria nosso orbe, imagine uma chuva de estrelas! Mas é que a Terra vai sofrer um impulso para se verticalizar relativamente ao seu eixo (imaginário). Nessa hora, a impressão de todos é que as estrelas estarão caindo sobre o Planeta. É como quem roda num carrossel: começa a ter impressões que não são as das pessoas comuns que estão sentadas normalmente. A Terra vai se verticalizar sobre o seu eixo. E o homem vai se verticalizar em seu Espírito. Ele ainda se posiciona tortamente. Os que não quiserem não ficarão aqui. Seus Espíritos sairão deste Planeta, que será promovido à categoria de Mundo Superior. Essa é a luta do Cristo até hoje, desde a criação deste orbe. Como ensinam os iniciados espirituais, ele foi criado para receber os criminosos de outras plagas*[3]. Daí a batalha de Jesus (para fazer com que melhorem em seu estado moral, espiritual e intelectual). Mas agora, como tudo evolui, Ele vai ter esta compensação, por força do Poder Divino: ver a Terra promovida à categoria de mundo ditoso, feliz em relação ao que somos hoje.

---

*[3] Leia "A Humanidade do Absinto", na obra *A Bíblia para o Povo*, de Paiva Netto, p. 37.

Com a verticalização do eixo terrestre, a expressão perfeita é mesmo esta: parecerá que as estrelas cairão do firmamento. E muitas coisas espantosas ocorrerão, como adverte o próprio Jesus, no Evangelho, segundo Lucas, capítulo 21, versículo 11:

— E haverá, em vários lugares, grandes terremotos, e fomes, e pestilências; haverá também coisas espantosas e grandes sinais do céu.

Vimos que Zarur alertou não estar o Brasil isento de vulcões, terremotos e outros perigos, apesar de ter sido geologicamente constituído na Era Primária, o que lhe propicia segurança maior do que a das regiões vizinhas, onde impera a Cordilheira dos Andes, surgida no Período Terciário. Em contribuição à sua palavra, destaco notícias não comuns, referentemente ao nosso país:

• **"A Semana": Números** — O vilarejo paulista de Andes já sofreu 160 tremores de terra somente em 2005. O maior tremor atingiu 2,9 graus na escala Richter. (revista *IstoÉ*, nº 1.856, de 11 de maio de 2005).

• **Terremoto no Chile e Peru teve reflexo no Brasil** — O terremoto que atingiu o Chile e o Peru ontem e causou a morte de oito pessoas teve reflexos em alguns Estados do Brasil. Moradores de São Paulo, Paraná, Goiás e Distrito Federal também teriam notificado a ocorrência ao Observatório Sismológico da Universidade de Brasília (UnB). (...) No Brasil, o abalo sísmico foi sentido por volta das 20h, cerca de 15 minutos após o tremor no Chile. Os efeitos do sismo sobre a superfície chegaram a dois graus na Escala Mercalli Modificada, que vai de um a doze e difere da Escala Richter. No Chile e no Peru, a intensidade de energia do terremoto chegou a 7,9 graus na Escala Richter, e deixou oito mortes. Segundo a Defesa Civil de São Paulo, as cidades atingidas pelo tremor no Estado foram Campinas, São José do Rio Preto, Ribeirão Preto e a capital, São Paulo, nos bairros Vila Madalena, Perdizes, Lapa e Pinheiros, informou o Instituto de Astronomia, Geofísica e Ciências Atmosféricas da USP (IAG – USP). De acordo com o IAG-USP, o tremor foi sentido em vários prédios (...). (Portal Terra, 13/6/2005).

• **Abalo sísmico assusta moradores na região metropolitana de Belo Horizonte** — Apesar de ter sido considerado pelos especialistas como um terremoto de magnitude baixa, o tremor de terra ocorrido na madrugada desta quinta-feira, em Nova Lima (MG), assustou muitas pessoas. Principalmente quem acordou com o barulho que a terra faz ao mover-se e com os objetos tremendo.

(...) A tradutora Helena Mader, que já vivenciou alguns terremotos nos Estados Unidos, teve a impressão, ao acordar, de que enfrentava mais um deles. "Acordei com a sensação de que um gigante estava andando no meu telhado. O teto da casa vibrava. Pensei: 'Deve ser um terremoto, mas isso não pode acontecer por aqui.'" (...) (Agência Folha, 7/7/2005).

"Com a verticalização do eixo terrestre, a expressão perfeita é mesmo esta: parecerá que as estrelas cairão do firmamento."
(Alziro Zarur)

Tsunami, Deus e Solidariedade Mundial (III)

Mais alguns sinais

Horas tão desoladoras como aquelas a que assistimos na Ásia e na África, no fim de 2004, quando a movimentação de placa tectônica do Índico marcou a história com cifras inacreditáveis de mortes — além de notáveis gestos de Fraternidade, que exaltam a nossa categoria de criaturas civilizadas —, suscitam no Ser Humano dúvidas, mesmo que passageiras, em relação ao seu futuro terrestre, tão débil se descobre ante a tremenda força telúrica que expõe a sua fragilidade. Mesmo a despeito da negação de alguns pesquisadores de que não padeceríamos conseqüências maiores relativamente às mudanças advindas desse episódio, bem como dos que, durante anos, contestaram que o efeito estufa traria, em curto prazo, irreversíveis danos ao nosso meio ambiente, o Planeta continua oferecendo dezenas de demonstrações preocupantes. A título de informação, transcrevo algumas das mais recentes notícias:

- **Catástrofe no Atlântico** — Um *tsunami* gigante com ondas de até cem metros poderá ocorrer no Oceano Atlântico nos próximos 10 mil anos, segundo o conselheiro científico do governo britânico, David King. A pesquisa, assinada por dois geofísicos de reputação, o norte-americano Steven Ward e o britânico Simon Day, revela que o epicentro do fenômeno será o vulcão Cumbre Vieja, no arquipélago das Canárias. O estudo prevê ainda que as ondas poderão atingir até 25 metros de altura na costa da Flórida (EUA). O *tsunami* chegaria à costa leste estadunidense em 12 horas; já o Brasil levaria cerca de sete horas para sofrer os impactos da catástrofe. Segundo registros, o Cumbre Vieja, quando entrou em atividade em 1949, teve a parte ocidental danificada o que tornou a região mais vulnerável, podendo desmoronar nos próximos 10 mil anos. (*BOA VONTADE, edição nº 197, FSP e* Agência Lusa)

• **Contaminação do ar mata mais de 500 mil pessoas por ano** — As partículas tóxicas contidas no ar são responsáveis pela morte de mais de meio milhão de pessoas todos os anos. É o que divulgou um artigo publicado pela revista *Science*, assinado por André Nel, da Universidade da Califórnia. A publicação reitera a necessidade de ampliar os estudos das partículas tóxicas contidas no ar para que sejam analisados os efeitos nocivos dessas substâncias à saúde humana. O especialista atenta para o fato de que o tamanho das partículas suspensas no ar — classificadas como grossas, finas e ultrafinas —, e as suas composições químicas podem representar maior risco de contaminação para algumas pessoas. (*Tribuna da Imprensa on-line,* dias 7 e 8 de maio de 2005)

• **Equador registra mais de 50 tremores nas últimas 24 horas** — O Equador foi abalado nas últimas 24 horas por mais de 50 tremores, mas não há registro de vítimas ou danos materiais, de acordo com balanço divulgado pelo Instituto Geofísico, em Quito (France Presse — 22/1/2005).

• **Novos tremores abalam a Indonésia e a Índia** — Dois terremotos com magnitude de 6,3 graus na escala Richter atingiram novamente o sul da Ásia, nesta segunda-feira, causando pânico (...) (*Folha on-line* —24/1/2005).

• **Quantidade de luz na Terra é cada vez menor** — Cientistas acreditam que a Terra está recebendo uma quantidade cada vez menor de energia solar — e que, paradoxalmente, isto pode ser resultado do aquecimento global (BBC Brasil — 13/1/2005).

• **Enchentes matam na Europa** — Dinamarca, Suécia e Reino Unido foram os países mais afetados. (...) Na Dinamarca e Suécia, além das mortes, a tempestade também deixou 405 mil casas sem eletricidade, causando muitos problemas ao tráfego rodoviário e ferroviário. Também sofreram com as tempestades a Alemanha, Holanda e Rússia (France Presse — 9/1/2005).

• **Alerta na Antártida: O gigante despertou** — Derretimento da camada de gelo na Antártida — conhecida como "um Gigante Adormecido" — está elevando o nível dos oceanos, segundo mais um estudo sobre os efeitos do aquecimento global e seus reflexos no planeta (*O Estado de S. Paulo* — EFE — The Guardian e Reuters — 3/2/2005).

• **China admite que 360 milhões bebem água poluída no país** — (...) O governo admite também que mais de 70% dos rios e lagos do país estão contaminados. (...) O governo enfrenta dificuldades para encontrar um equilíbrio entre o acelerado desenvolvimento econômico e o impacto ambiental. (...) O total de pessoas ameaçadas pela água que consomem representa um terço da população das áreas rurais (BBC Brasil — 23/3/2005).

• **Poluição do ar mata 310 mil europeus por ano** — (...) O país europeu mais afetado é a Alemanha, onde morrem anualmente 65.088 pessoas devido ao problema. Seguem-se a Itália, com 39.436 vítimas mortais, e a França, com 36.868. (...) A morte por poluição atmosférica não é um problema novo nem restrito à Europa ou à Alemanha. Em 1997, a Organização Mundial de Saúde já relacionou 700 mil mortes anuais à poluição. Uma pesquisa publicada pela revista *Science* em 2001 fez a seguinte projeção para 2020: se a Cidade do México, Nova York, Santiago e São Paulo baixassem em 10% sua emissão de gases poluentes, seria possível evitar 64 mil mortes e 65 mil casos de bronquite crônica por ano nessas cidades (*Deutsche Welle* — 24/3/2005).

Trombetas e poluição

Com antecedência, o Apocalipse do Cristo, em particular nas Trombetas, adverte-nos sobre as implicações de um progresso material que não mede conseqüência quando o assunto é lucro:

> — O terceiro Anjo tocou a trombeta, e caiu do céu sobre a terça parte dos rios e sobre as fontes das águas uma grande estrela ardendo como tocha. O nome da estrela é Absinto; e a terça parte das águas se converteu em absinto, e muitos dos homens morreram por causa dessas águas, porque se tornaram amargosas (Apocalipse, 8:10 e 11).

Como já lhes falei, o Apocalipse é uma severa, porém generosa, convocação à responsabilidade; um austero alertamento à Igreja de Deus — que se encontra em todos os rebanhos do mundo, isto é, não somente religiosos, mas políticos, científicos, econômicos, filosóficos, esportivos e assim por diante —, para que preserve a sua dignidade e a sua pureza e não se prostitua com o mundo, por pior que seja a tentação vinda dele. Alertar os que se encontram no erro é também ato de piedade ecumênica.

Não prestar atenção às advertências de Deus, longe de qualquer fanatismo, não é nada aconselhável. E o Criador, no meio de tão terríveis circunstâncias apocalípticas, não deixará sem socorro os Seus eleitos: aqueles que se fizerem escolhidos pelas Boas Obras que realizarem.

Fortes candidatos ao desespero

Em um improviso que proferi na cidade de Brasília/DF, Brasil, em 1984 e que se encontra publicado em *Paiva Netto — O Comunicador da Solidariedade Humana*, de Mário Frigéri, declarei que existem alguns irmãos religiosos, educadores e políticos que, infelizmente, se candidatam a estar entre os primeiros a serem abalados pelos fatos do próximo Armagedom e da Grande Tribulação, anunciados por Jesus no Apocalipse e no Evangelho. O Povo irá procurá-los, em grandes levas, como as falenas à luz, e poderá encontrá-los em perplexidade maior que a dele. (...).

Daí ser o Apocalipse uma Revelação de Jesus aos Seus perseverantes seguidores a respeito do que iria acontecer, como vem ocorrendo e assim será sem falhas, pois se trata da colheita da semeadura realizada pelas nações do mundo, de geração em geração, como no caso das muitas poluições criadas e mantidas, ao longo dos séculos, desde a primeira revolução industrial, a do carvão.

Não custa nada analisar o Livro das Profecias Finais. Sem preconceitos, é lógico. Se assim o fizermos, ele nos levará ao entendimento do mecanismo de fenômenos como o *tsunami*. Não devemos desfazer do valor da intuição no esclarecimento de fatos até agora velados às pesquisas da Razão. Virar a face contra o que a Ciência humana atual ainda não desvelou é menoscabar o próprio futuro dela. Há muito que descobrir do mecanismo que rege a vida na Terra. Razão por que ninguém é dono da Verdade. Portanto, não devemos bloquear a nossa mente. **Quando a Boa Vontade dos Homens se une à Boa Vontade de Deus, nada mais é impossível.**

Há muito que descobrir do mecanismo que rege a vida na Terra. Razão por que ninguém é dono da Verdade. Portanto, não devemos bloquear a nossa mente.
Quando a Boa Vontade dos Homens se une à Boa Vontade de Deus, nada mais é impossível.

Pelejar pela Fé

Pregar a Palavra de Deus exige dedicação e espírito de sacrifício, mormente se temos de fazê-lo de forma ecumênica irrestrita e total, falando para todas as pessoas, para todos os corações, porque divulgamos o Ecumenismo da Fraternidade. Contudo, ninguém é mais feliz do que aquele que se dispõe a servir ao Pai Celestial, servindo a Seus filhos, porquanto o Amor é o Bem supremo, é luzente expressão do Criador nas Suas criaturas. A esses, Jesus aplaude, pois, como Seus Apóstolos e Discípulos, vão além das próprias forças, atravessando a "porta aberta" à decifração dos mistérios, porque o Celeste Criptógrafo deseja que ninguém padeça na sombra da ignorância que provoca frustração, portanto sofrimento.

> 7 Ao Anjo da Igreja em Filadélfia escreve:
> Estas coisas diz o **Santo**, o **Verdadeiro**, **Aquele** que **tem a chave de Davi**, que **abre e ninguém fecha** e que **fecha e ninguém abre**:
> 8 Conheço as tuas obras — eis que tenho posto diante de ti **uma porta aberta**, a qual ninguém pode fechar — e que tens pouca força; entretanto, guardaste a minha palavra **e não negaste o meu nome** (Apocalipse, 3:7 e 8, Carta do Cristo à Igreja em Filadélfia).

E não negaste o meu nome. Aos que assim o fazem Ele oferece a Sua Sabedoria e Poder, e os torna fortes, porque sabe que não os usarão mal.

Imensa é a autoridade que o Divino Mestre confere ao Apocalipse. É de envergadura humana, espiritual e cósmica tamanha que nenhum outro autor, por maior que seja, poderia conceder a esse Livro tão importante para a nossa sobrevivência. Ele diz, por intermédio do Discípulo Amado:

A Primeira Voz

> 6 Vi outro Anjo voando pelo meio do céu, **tendo um Evangelho eterno para pregar aos que se assentam sobre a Terra, e a cada nação, e tribo, e língua e povo,**
> 7 dizendo, em grande voz: Temei o Senhor Deus e dai-Lhe glória, pois é chegada a hora do Seu juízo; e adorai Aquele que fez o céu, e a terra, e o mar, e as fontes das águas (Apocalipse de Jesus, segundo João, 14:6 e 7).

Não sejamos, portanto, sovinas na distribuição dessa ventura espiritual. Apenas crescemos quando a ampliamos a todos. É diferente da riqueza humana, na forma que é vista pelos avaros. Estes acham que ela tem de crescer guardando-a para si próprios, e afirmam: "O mundo que se dane e morra de fome". Porque desconhecem, no seu egoísmo, que o tesouro material, quando bafejado pelo Poder de Deus, cresce à razão em que é distribuído. E dessa economia solidária e divina nasce o convívio fraterno que perdura para sempre aos Seres Humanos e seus povos. Outro tipo de fortuna e poderio gera amizade fátua, como a que Sá de Miranda* (1481-1558) denuncia em versos:

---

* **Sá de Miranda** — Escritor português, natural de Coimbra. De família fidalga, teve uma ação basilar na introdução, em Portugal,

Amigos aventureiros,
amigos de louvaminhas,
com a grimpa ao vento feito,
fazem como as andorinhas,
vão e vem com tempo feito.

Armagedom, os Simples de Coração e semeadura.

O Apocalipse é instigante, pois provoca a nossa inteligência material e a sapiência espiritual que os Simples de Coração possuem. Simples de Coração que se encontram em todas as classes sociais, em todas as cores, em todas as ideologias, em todas as religiões, e na Ciência, e na Filosofia, e na Economia, e na vida particular. São os que trazem à Humanidade, desde reis até o cidadão mais humilde, contribuições fervorosas de Fé, Amor e Vida, sem o que não é possível entender os assuntos celestes, porquanto o Apóstolo dos Gentios já ensinara que

> — As coisas espirituais têm de ser discernidas espiritualmente (Primeira Epístola de Paulo aos Coríntios, 2:14).

O mundo ainda é, em grande quantidade, um rebanho de almas desgarradas, em um corre-corre infrene, em um consumismo desenfreado, em um egoísmo tremendo, prejudicando a sua natural mar-

dos gêneros poéticos e do ideário do Renascimento. Sá de Miranda foi o introdutor, na literatura portuguesa, do soneto, do terceto, da oitava, de subgêneros poéticos como a canção, a carta, a écloga e a elegia, do metro decassilábico e da comédia clássica. Mantinha convívio epistolar com grandes personalidades da época, entre as quais o próprio rei D. João III. Falece possivelmente em 1558.

cha para a frente e para Deus. Mas sempre haverá os simples, Simples de Coração, fiéis, generosos, que respeitam a própria vida e a alheia, porque o melhor é viver em sintonia com os Espíritos Superiores, para que, quando chegue a hora de voltarmos à Pátria de Origem, lá não aportemos com as mãos vazias de bons feitos. Francis Bacon (1561-1626), em sua obra *New Atlantis*, concluiu:

— Depois da Religião, o respeito a si mesmo é o freio mais poderoso contra todos os vícios.

É preciso que tenhamos Amor, humanidade permanente no coração, para poder alcançar esse entendimento de forma que a maldade, oriunda do pensamento do Homem sem rumo, não nos esmague num Armagedom causado pela insensatez de governantes e governados distantes das Leis Celestiais, que nos dirigem e não podem ser ignoradas por nós. Muito a propósito esta admoestação do grande jurista brasileiro Rui Barbosa (1849-1923), em *Novos Discursos e Conferências*:

— É fora da legalidade que se escondem os grandes perigos e se preparam os naufrágios irremediáveis.

Imaginemos o andar longe da Legalidade Divina!

Outras definições de Armagedom

Os maus-tratos a uma pessoa são um Armagedom (Apocalipse, 16:16); o estupro é um Armagedom para a sua vítima indefesa; a ignóbil prostituição de menores; o tráfico de drogas; os seqüestros prolongados e "relâmpagos"; o alimento intoxicado e as precaríssimas condições de vida a que são submetidos milhões de famílias em todo o mundo. Tudo isso é Armagedom. E a Humanidade vem semeando o IMENSO Armagedom, porque, além das deploráveis guerras de costume, permanece exaurindo a Terra, provocando **A Grande Tribulação**, anunciada por Jesus (Evangelho, segundo Mateus, 24:21).

• **Níveis de consumo ameaçam sustentabilidade do planeta** — O Relatório Planeta Vivo 2004, apresentado na Suíça pela Rede WWF, apresenta novos indicadores que mostram que a humanidade está acabando com os recursos naturais do planeta. A "pegada ecológica" do ser humano – índice que mede a sustentabilidade ambiental com base na demanda de recursos naturais renováveis – aumentou em 70% desde 1970 (5% a mais do que o crescimento populacional) e é hoje de 2,2 hectares por pessoa num mundo que só dispõe de 1,8 hectares por pessoa – ou seja, consumimos 20% a mais do que temos, o capital natural está diminuindo e pode acabar. O Índice Planeta Vivo – que mede tendências populacionais de espécies silvestres – mostra que em 30 anos houve uma redução de 40% na fauna. As espécies aquáticas (água doce) reduziram-se pela metade, as marinhas em 30% e as terrestres também em 30%. Segundo o WWF, isso é provocado pela crescente demanda por alimentos, fibras, energia e água – assim como pelos métodos não sustentáveis de produção. Entre os dados preocupantes desta edição estão o de consumo da água doce e o de energia. A "pegada" de energia (proveniente de combustíveis fósseis como petróleo, gás e carvão) é a que mais aumenta, tendo crescido 700% desde 1961. (...) (ABDL – Associação Brasileira para o Desenvolvimento de Lideranças — 28 de outubro de 2004)

Enquanto isso, continuamos nós ininterruptamente sob a ameaça de embates atômicos, químicos e o que mais haja construído a insensibilidade de alguns.

Alziro Zarur sabiamente ensinava a existência do Armagedom particular e do coletivo dos quais acabei de dar exemplos.

Entretanto, tudo o que relacionamos é mal passageiro, bem que por séculos demorados, porque o mesmo Apocalipse que prevê tantos *tsunamis* humanos e sociais para as nações da Terra, provocados por elas próprias, anuncia um novo Céu e uma nova Terra, com a nova Jerusalém, na qual

> 3 Não haverá jamais maldição. Nela estará o Trono de Deus e do Seu Cordeiro. Os Seus servos Os servirão,
>
> 4 contemplarão a sua face, e nas suas frontes está o nome de Deus.
>
> 5 Então já não haverá noite, nem precisarão eles de luz de lâmpada, nem da luz do sol, porque o Senhor Deus brilhará sobre eles, e reinarão pelos séculos dos séculos (Apocalipse, 22:3 a 5).

Ninguém é mais feliz do que aquele que se dispõe a servir ao Pai Celestial, servindo a Seus filhos, porquanto o Amor é o Bem supremo, é luzente expressão do Criador nas Suas criaturas.

Os *tsunamis* humanos e políticos

O Apocalipse não condena. Pelo contrário. Ele nos adverte e convida à Caridade, uma Estratégia de Deus a ser urgentemente conhecida e praticada pelos governos do mundo. Escreveu o criticíssimo Anatole France (1844-1924), em *M. Bergeret à Paris*:

> — A verdadeira caridade é o dom das obras de cada um para todos, é a bondade, é o gesto harmonioso da alma que se transborda como um vaso cheio de nardo precioso e expande-se em dinheiro; o dinheiro que se escoa misturado com o amor e com o pensamento.

A Caridade é muito mais do que até agora conseguiram conceber os nossos melhores pensadores. Basta lembrar que é sinônimo de Amor, aquele que "move os mundos"* e mantém em funcionamento o Universo, o cósmico e o humano, levando-nos à sobrevivência. Não se trata apenas das convenções políticas, que vêm preservando a frágil estabilidade dos povos. Há algo mais que a nossa pretensão não nos deixa ver ainda, porquanto realmente **o governo da Terra começa no Céu**.

Sem Caridade, a sabedoria humana não tem valor. Basta lembrar o que escreveu Paulo Apóstolo na sua Primeira Carta aos Coríntios, 3:19:

---

* **Amor que move os mundos** — Sentimento que move os mundos, na exclamação de Dante Alighieri (1265-1321), na *Divina Comédia*.

— A sabedoria deste mundo é loucura diante de Deus (...).

Por quê?! Porque não pode existir Sabedoria sem Caridade, pelo simples fato de que Caridade é sinônimo de Amor. E ele constitui a mais inteligente política. Por isso, o verdadeiro político entende o seu mister como um sacerdócio, o que me faz lembrar um pensamento de Gustavo Barroso, no seu *Luz e Pó*, p. 95:

— O preço da posição política é quase sempre a abdicação da individualidade.

Fora disso, o que vemos são os *tsunamis* que assolam os grupamentos humanos e sociais.

Protejamos nosso burgo da insanidade

Lamentavelmente, muito mais virá sobre *os quatro cantos da Terra*, conforme a advertência do Apocalipse, depois de serem assinalados *em suas frontes os servos do nosso Deus* (7:1, 2 e 3). Como aprendemos nas palavras de Jesus, *a semeadura é livre, mas a colheita é obrigatória*.

Portanto, devemos retirar dessa lastimável catástrofe uma grande lição: **temos de nos suplantar em tempos de adversidade**, a fim de que os esforços de todos sejam empreendidos de forma que protejamos nosso burgo terráqueo da insanidade daqueles que abalam o equilíbrio do Planeta ao permitir o desmantelamento de sua camada protetora, a de ozônio, ou mesmo com o ataque inconseqüente a seus recursos naturais. O maremoto da Ásia é uma pálida amostra natural do que seria uma hecatombe provocada pela ferocidade antinatural dos Seres Humanos. O que até agora temos visto são pequenas demonstrações do que é relatado por Jesus no Seu "Discurso do Fim dos Tempos":

> 21 Porque nessa época haverá grande tribulação, como desde o princípio do mundo até agora não tem havido, nem haverá jamais.
>
> 22 Não tivessem sido aqueles dias abreviados, ninguém seria salvo. Mas, por causa dos escolhidos, tais dias serão abreviados (Evangelho de Jesus, segundo Mateus, 24: 21 e 22).

Isaías, em seu livro, no Antigo Testamento da Bíblia Sagrada, 24:19 a 21, anunciou o que virá a ocorrer aos Seres Humanos, tendo em vista o mau comportamento relativo à **morada única** de todos nós, o Planeta em que vivemos:

> — A terra será de todo quebrantada, ela totalmente se romperá, **a terra violentamente se moverá**. A terra cambaleará como um bêbado e **balanceará como rede de dormir**; a sua transgressão pesa sobre ela, ela cairá e jamais se levantará. Naquele dia, o Senhor castigará, **no céu**, as hostes celestes, e os reis da terra, **na terra**.

Essa é uma descrição quentíssima de fenômenos, tais como terremotos e *tsunamis* planetários.

Temos de nos suplantar em tempos de adversidade, a fim de que os esforços de todos sejam empreendidos de forma que protejamos nosso burgo terráqueo da insanidade daqueles que abalam o equilíbrio do Planeta (...).

Armagedom, a Guerra Total e Final em dois Planos: Material e Espiritual.

As palavras do Profeta Isaías fazem-me lembrar das pregações do saudoso Alziro Zarur, quando vaticinava, na 19ª Chave Bíblica da Volta Triunfal do Cristo de Deus, que o Grande Embate ocorrerá nos dois planos:

Apocalipse de Jesus, segundo João, 16:13 a 16 — "Então, vi sair da boca do dragão, da boca da besta e da boca do falso profeta três espíritos imundos semelhantes a rãs; porque eles são espíritos de demônios, operadores de prodígios e **convocam os reis do mundo inteiro com o fim de juntá-los para a peleja do grande Dia de Deus Todo-Poderoso; (e diz o Cristo) "Eis que venho como vem o ladrão. Bem-aventurado aquele que vigia!** Então os congregaram no lugar que em hebraico se chama **Armagedom**".

Esta é a **Guerra Final e Total — Armagedom.** A LBV já explicou que **juntar, congregar os reis (governantes de povos e nações)** no lugar chamado Armagedom, por **inspiração e ordem de Satanás, do Anti-Cristo e do Falso Profeta, é levá-los à sua destruição, total e final.**

Apocalipse de Jesus, segundo João, 6:1 a 8 — "Vi quando o Cordeiro de Deus abriu o primeiro selo, e ouvi um dos quatro seres viventes dizendo, como se fosse voz de trovão: 'Vem, e vê!'. Vi, então, e eis **um cavalo branco** e o seu cavaleiro com um arco; e lhe foi dada uma coroa; e ele saiu vencendo, e para vencer. Quando abriu o segundo selo, ouvi o segundo ser vivente, dizendo: 'Vem, e vê!'. E saiu outro **cavalo, vermelho**; e ao seu cavaleiro foi-lhe dado tirar a paz da terra, para que os homens se matassem uns aos outros; também lhe foi dada uma grande espada. Quando abriu o terceiro selo, ouvi o terceiro ser vivente, dizendo: 'Vem, e vê!'. Então vi, e eis **um cavalo preto** e o seu cavaleiro com uma balança na mão. (...) Quando o Cordeiro abriu o quarto selo, ouvi a voz do quarto ser vivente, dizendo: 'Vem, e vê!'. E olhei, e eis **um cavalo amarelo** e o seu cavaleiro, sendo este chamado Morte; e o Inferno o estava seguindo".

Isto a LBV também já explicou na 1ª volta cíclica: o que está montado no cavalo branco, e que saiu vencendo, e para vencer, é o Cristo de Deus, eternamente vitorioso, como vemos também no Apocalipse, capítulo 19, versículos 11 a 21: "Vi o céu aberto, e eis um cavalo branco. O seu cavaleiro é chamado Fiel e Verdadeiro, e julga e peleja com justiça. Está vestido com um manto tinto de sangue, **e seu nome é o Verbo de Deus**. E o seguiam os exércitos que há no céu, montando cavalos brancos, com vestes de linho finíssimo, branco e puro. Sai de sua boca uma espada afiada, para com ela ferir as nações. E ele mesmo as regerá com vara de ferro. Tem no seu manto, e na sua coxa, um nome inscrito: **Rei dos reis e Senhor dos senhores**. (...) E vi a besta, e os reis da terra com os seus exércitos, congregados para pelejarem contra aquele que estava montado no cavalo branco e contra os seus exércitos. Mas a Besta foi aprisionada, e com ela **o Falso Profeta, que, com os prodígios feitos diante dela, se-**

duziu aqueles que receberam a marca da Besta e eram os adoradores da sua imagem. Os dois foram lançados vivos no lago do fogo que arde como enxofre. Os restantes foram mortos com a espada que saía da boca daquele que estava montado no cavalo. E todas as aves se fartaram das carnes deles".

Cavalo vermelho é o símbolo da guerra; cavalo preto é a fome, tão bem profetizada por Joel, logo no primeiro capítulo do seu livro, no Velho Testamento da Bíblia Sagrada. Ora, diante da guerra e da fome terrível, vêm todas as pestes, com a Morte e o Inferno dos horrores humanos; e eis aí o cavalo amarelo.

Vimos Satanás congregar os reis para a batalha do Armagedom. Isso confirma a profecia do Livro dos Salmos, capítulo 2, agora sintetizada: **"Os reis da terra se levantam, e os príncipes conspiram contra Deus e contra o seu Cristo (Ungido)"**.

Também vimos na profecia de Ezequiel que Gog, da terra de Magog, príncipe de Rosch, chefe de Mosoch e de Tubal, se lançará contra o Povo de Deus, **nos últimos dias ou nos últimos anos**.

Por sua vez, o Profeta Zacarias deixou esta sentença: "Eis que eu farei — diz o Senhor — de Jerusalém um cálice-de-tontear para todos os povos em redor, e também para Judá, durante o sítio contra Jerusalém. (...) **Contra Jerusalém se juntarão todas as nações da terra. (...) E, naquele dia, destruirei todas as nações que vierem contra Jerusalém" (capítulo 12, versículos 1 a 9)**.

Vishinsky, embaixador russo na ONU, disse numa sessão: "Ataquem e ocupem a Rússia, se forem capazes!". Realmente, a Rússia, com a Sibéria, representa a sexta parte da Terra. Deram-se mal todos aqueles que a atacaram: Ciro, da Pérsia, 500 anos antes da primeira vinda de Jesus; e os hunos, Carlos XII da Suécia, Napoleão e Hitler. **Nesses casos, a Rússia foi atacada; mas, no Armagedom, ela é que vai atacar. E, aí, terá de enfrentar uma força maior.** Como vemos, ainda, no Livro do Profeta Zacarias, 13:7 — "Erguerei minha mão em defesa dos fracos". E no capítulo 14, versículos 1 a 3: "Eis que vem o Dia do Senhor. Juntarei todas as nações para a batalha contra Jerusalém; e a cidade será tomada, e as casas serão saqueadas, e as mulheres forçadas; metade da cidade sairá para o cativeiro, mas o restante do povo não será expulso da cidade. **Então sairá o Senhor, e pelejará contra essas nações, como pelejou no dia da batalha**".

Com a vitória do Cristo sobre o Anti-Cristo, terá passado o último **Ai** do Apocalipse. E então, como ainda vemos no Livro de Zacarias, 14:9 — **"O Cristo será Rei sobre toda a Terra; naquele dia, um só será o Senhor". E confirma o Apocalipse, 11:15 — "O reino do mundo agora é do Senhor e do seu Ungido (Cristo), e Ele reinará pelos séculos dos séculos"**. Mas, neste momento, uma pergunta se impõe: **— O próximo e último Armagedom será apenas uma guerra humana, material?**

Vejamos o que diz o Profeta Daniel, 12:1 — **"Nesse tempo se levantará Miguel, o grande príncipe, o Defensor dos Filhos do Teu Povo, e haverá tempo de angústia, qual nunca houve, desde que houve nação até àquele tempo; mas naquele tempo será salvo o teu povo, todo aquele que for achado inscrito no livro"**. Qual o sentido dessas palavras? É o mesmo do Apocalipse, 11:7 a 9 — "Houve **peleja no céu**. Miguel e seus Anjos pelejaram contra o dragão (Satanás). Também pelejaram Satanás e seus anjos, mas não prevaleceram, nem mais se achou **no céu** o lugar deles. E foi expulso o grande dragão, a antiga serpente que se chama Satanás, o sedutor de todo o mundo; sim, **foi atirado para a terra e, com ele, os seus anjos**".

Aí está o significado completo do próximo Armagedom: será a guerra total e final em dois planos — o material e o Espiritual.

Que veja quem tem olhos de ver; que ouça quem tem ouvidos de ouvir!

"O Armagedom será a guerra total e final em dois planos — o material e o Espiritual". (Alziro Zarur)

* Os negritos são nossos.

Ships Running Aground in a Storm, obra de Ludolf Backhuysen (1631-1708)
Década de 1690
Óleo sobre tela, 173.5 x 341 cm
Musée Royaux des Beaux-Arts, Bruxelas

Tsunami, Deus e Solidariedade Mundial (VII/Final).

Resignação e vitória

Na hora da Dor, como esta tremenda que grandes populações atravessam, ou já atravessaram milênios afora, são compreensíveis as argüições desoladas sobre Aquele de Quem tudo se espera — geralmente sem nada Lhe oferecer, consoante o Seu desejo de que O amemos amando aqueles que Ele criou. Convém, portanto, que nos devamos valer de um excelente manancial de força chamado **resignação**, que sempre nos fará capazes de compreender o incompreensível.

Essa postura mental, moral e pragmática, ante as provações da existência humana, se encontra descrita no *Alcorão Sagrado*, no qual o Profeta Maomé (570-632) — "Que a paz e a bênção de Deus estejam sobre ele!" — na 103ª Surata conclama:

> **Em nome de Deus,**
> **o Clemente, o Misericordioso.**
> 1. A era
> 2. Que o homem está na perdição,
> 3. Salvo os fiéis que praticam o bem, aconselham-se na verdade e recomendam-se uns aos outros, a paciência e a perseverança.

Jamais preguei o acomodar-se ou o acovardar-se, visto que não faz o perfil do Ser de Boa Vontade. Entretanto, resignar-se diante do sofrimento é certeza de transformação futura, segundo nos demonstra o piedoso frade alemão Tomás de Kempis (1380-1471), em sua famosa obra *Imitação de Cristo*:

> — Quando te for tirada a consolação, não desesperes logo, aguarda, pelo contrário, com humildade e paciência, a visita celestial; pois Deus é bastante poderoso para restituir-te maior graça e consolação. Isto não é novo nem estranho aos que são experientes nos caminhos de Deus; porque nos grandes santos e antigos profetas houve muitas vezes esta mudança.

O sofrimento deveria ser traduzido como elixir sublime a estirpar do organismo debilitado a chaga consciencial que o atormenta. Infelizmente, muita vez, por não ser visto por esta perspectiva, vergasta o ser desventurado, arrastando-o a choque mortal contra as forças psíquicas.

Em seu livro *O Poder Curador da Graça**[1], o autor e missionário evangélico David A. Seamands ilustra o tema de elucidativa forma:

O escritor conta que o reverendo E. Stanley Jones ao discorrer sobre o primeiro nome dos cristãos — *aqueles que pertenciam ao Caminho* (Atos, 9:2; 19:23; 24:22) — amplia a sua idéia acerca desse caminho de salvação, levando-o a significar o caminho de Deus, o modo certo para tudo — o modo de pensar, sentir e agir. Enfim, o modo que Deus escreveu na natureza de todas as coisas no Universo, de forma que a vida se reduz a duas alternativas básicas: aquilo que é o Caminho e aquilo que simplesmente significa o engano. E prossegue:

---

*[1] ***O Poder Curador da Graça*** — Editora Vida, 1990.

Por que acontece assim? Por que Deus impôs ainda outras leis externas sobre nós, como os Dez Mandamentos? Não, porque Deus entreteceu essas leis na estrutura do Universo. O caminho é algo dado, nós não o produzimos, nem o construímos; ele simplesmente está aí, na natureza das coisas. E nós temos de aceitar esse caminho e seus princípios, ou seremos feridos. Assim não quebramos as leis escritas na natureza das coisas; apenas quebramos a nós mesmos sobre elas. Quando caímos de um edifício, não quebramos a lei da gravidade; ao atingir o solo, apenas a demonstramos. E essas leis embutidas são manifestações da graça preventiva de Deus; são barreiras construídas na beira do precipício a fim de impedir-nos de ir adiante. Stanley Jones menciona um cirurgião que confirmou esse princípio: "Descobri o reino de Deus na ponta do meu bisturi. Ele está dentro dos tecidos. O que é certo moralmente, sempre é saudável fisicamente".

Tenho usado a idéia do Dr. Jones durante muitos anos em meu ministério de aconselhamento, mostrando às pessoas como o Universo opera ou a nosso favor, ou contra nós. (...) Eu continuava a explicar (a uma distinta pessoa, em seus aconselhamentos): "Você pode escolher levar esse caso adiante, mas o Universo não a apoiará. Você está indo contra ele, e ele irá contra você". (...)

Ela descobriu o que Stanley Jones escreveu quase meio século antes: "O mal é o contrário da vida. É a vida tentando viver contra si própria. E isso não pode ser feito... é uma tentativa de viver contra a natureza da realidade, e sair ileso. É tentar o impossível. O resultado é inevitável: colapso e frustração". Este incidente lembra-me um velho provérbio, supostamente usado pelos marinheiros: "Aquele que cospe contra o vento, cospe em seu próprio rosto".

(...) Infelizmente, com muita freqüência nós temos de aprender da maneira mais difícil, e Deus embutiu o seu aguilhão da graça em todas as coisas da vida. (...)

Esse "estar contra" o mal encontra-se inscrito em todas as coisas da vida. Quando compreendemos essa realidade, vemos a ira de Deus de modo completamente diferente. Descobrimos que o juízo divino é, na verdade, uma forma da sua misericórdia. Nós o compreendemos como o outro lado da moeda do amor de Deus, manifestado em sua graça restritiva. É um dos caminhos graciosos que Deus usa para nos afastar do pecado, e nos atrair a si mesmo, a fim de nos redimir e restaurar.

Stead, "vivos", "mortos" e *Titanic*

Para os que acreditam na imortalidade da Alma e os que abrem a mente para o sentido real de felicidade, que transcende a nossa ainda restrita compreensão a respeito da Dor e da ausência dela, transcrevo o seguinte relato do Espírito William Stead*2, que sucumbiu durante o dramático naufrágio do *Titanic*. Essa mensagem foi transmitida na cidade de Paris, França, em 21 de maio de 1912, por intermédio da

*2 **William Stead** — Ilustre jornalista, escritor e publicista inglês, morto no naufrágio do transatlântico *Titanic*, ocorrido na noite de 14 para 15 de abril de 1912. Stead comandou, em 1871, o periódico *Norhern Echo*, da cidade de Darlington, e, de 1883 a 1889, o *Pall Mall Gazette*. Em 1890, fundou a *Review of Reviews*. Nos anos seguintes, lançou numerosas revistas nos Estados Unidos e na Austrália. De 1893 a 1897, dirigiu o órgão espiritualista "Borderland". Stead foi grande amigo de Rui Barbosa, tendo ambos participado da famosa Conferência da Paz, em 1907, na cidade de Haia, Holanda, que deu ao nosso brilhante jurisconsulto o apelido de "Águia de Haia". Curiosamente, em várias crônicas e artigos, Stead anteviu, conforme demonstram alguns historiadores, sua morte a bordo do *Titanic*. Tais escritos repercutiram até mesmo no meio dos mais céticos, a exemplo de *How the Mail Steamer Went Down in Mid* sensitiva Madame Hervy e se encontra publicada no excelente livro de Léon Denis — *O Além e a sobrevivência do Ser**3:

> Caros amigos, uma sombra feliz vem até vós. Desconhecendo-lhe a pessoa, não lhe ignorais, entretanto, o nome, nem a morte trágica no naufrágio do Titanic. Sou Stead. Amigos comuns, entre os quais a duquesa de P..., me trouxeram aqui para que me manifestasse por intermédio de Mme. Hervy, sua amiga. Talvez vos cause admiração que meus Espíritos familiares não me tenham avisado da fatalidade que pesava sobre o *Titanic*. É que nada pode prevalecer contra o destino, quando irremediável, e eu devia morrer sem que a nenhuma potência humana ou espiritual fosse possível retardar a minha derradeira hora. A agonia do *Titanic* teve alguma coisa de horrível, mas também de sublime. Houve desesperos loucos e manifestações covardes e brutais do egoísmo humano. Mas, quantos, por outro lado, medindo toda a extensão da coragem, se sentiram maiores diante da morte, mais nobres e mais

Atlantic [Como um Navio a Vapor dos Correios afundou no Atlântico] (*Pall Mall Gazette* de 22 de março de 1886), no qual ele descreve um naufrágio que resultou em enorme perda de vidas por causa da falta de botes salva-vidas. Em uma das notas, o autor alerta: "Isso é exatamente o que pode acontecer, e o que irá ocorrer se os navios forem mandados ao mar com falta de barcos". Stead também foi a inspiração por trás do romance de M. P. Shiel *The Rajah's Sapphire* [A Safira do Rajá] (1896), que outra vez envolve o naufrágio de um transatlântico e igualmente uma significativa perda de vidas. No entanto, talvez a mais misteriosa história de naufrágios de Stead seja *From the Old World to the New* [Do Velho Mundo ao Novo] (*Review of Reviews*, de dezembro de 1892), no qual o transatlântico *White Star* colide com um *iceberg* no Atlântico Norte. Assim como sucede com o *Titanic*, ele afunda pela proa, matando praticamente todos os seus passageiros e tripulantes.

*3 ***O Além e a sobrevivência do Ser*** — Editado pela Federação Espírita do Brasil (FEB).

santos, mais perto de Deus! Saber que se vai morrer na plenitude da vida, na exuberância da força, pela ação dessas potências da Natureza, indomadas sob a aparência da submissão. Morrer ao cintilar das estrelas impassíveis. Morrer na calma fúnebre do mar gelado, em meio de uma solidão infinita, que angústia para a pobre criatura humana! E que apelo desvairado ela dirige a esse Deus, cujo poder repentinamente descobre!... Oh! as preces daquela noite, as preces, os desprendimentos, as consciências a se iluminarem por súbitos relâmpagos e a fé a se elevar nos corações por entre as harmonias do belo cântico: "Mais perto de Ti, meu Deus".

Agonia de centenas de seres, sim, contudo agonia que para muitos era a aurora de um novo tempo. Há, para os que viveram, pensaram, sofreram, como também para os que muito gozaram das falazes alegrias que a fortuna dispensa às suas vítimas, um alívio interior e como que um arroubo de esperança, ao reconhecerem que dentro de alguns instantes tudo estará acabado. A alma freme na carne e a subjuga, malgrado os sobressaltos inconscientes da animalidade.

E quantos dentre nós, proferindo as palavras do cântico: "Mais perto de Ti, meu Deus!" se sentiram bem perto do Ser inefável que nos envolve com a sua onipotente serenidade!

Pelo que me toca, vi, cheio de estranha doçura, aproximar-se a morte, sentindo-me amparado pelos meus amigos invisíveis, penetrado de um misterioso magnetismo que galvanizava os que iam morrer e que tirava à morte todo o horror. Os que morreram sofreram pouco, menos do que os que sobreviveram. Os escolhidos já estavam a meio no mundo espiritual, onde em tudo rebrilha uma vida etérea. A maior amargura não era a deles, mas a dos que, presos à matéria, enchiam os barcos de socorro, que os levavam para continuarem nesse mundo a peregrinação da dor, de que ainda se não haviam libertado.

Suicidar-se é *pagar mico*

Essa notável revelação de forma alguma confere a quem quer que seja o direito de tirar a sua própria vida, à espera de um tempo melhor. Já declarei à saciedade — e não me canso de repetir — o que ensinou o velho Zarur:

— O suicídio não resolve as angústias de ninguém.

Todos os que se matam deparam com tremenda surpresa ao perceber que estão mais vivos do que nunca, enxergando assim, para seu tormento, que os problemas de que fugiam foram gravemente acrescidos pelo seu impensado ato*[4]. A respeito dos males do suicídio, verdadeiro *tsunami* para a Alma que o praticou, sugiro a leitura de *Memórias de um suicida**[5], do Espírito Camilo Cândido Botelho, psicografia de Dona Yvonne do Amaral Pereira (1900-1984). Como já dissemos, Zarur afirmava que "Deus não nos criou para nos matar". E completamos, lembrando que igualmente não é o Saturno mitológico que comia os seus próprios filhos. *Deus é Amor* (Primeira Epístola de João, 4:8).

---

*[4] **Suicídio** — Leia mais sobre o assunto no terceiro volume da coleção Diretrizes Espirituais da Religião de Deus, capítulo "Os Réprobos — O Vale dos Suicidas".
*[5] ***Memórias de um suicida*** — Lançamento da FEB.

Lei para uma Sociedade realmente Solidária

Nossa grande função é esclarecer e confortar os que sofrem, por ser esta a ordem de Jesus, o Cristo de Deus, e o fundamento de uma Sociedade realmente Solidária Altruística Ecumênica, que vimos pregando há tanto tempo, apesar de todos os *tsunamis* da vida.

—Amai-vos uns aos outros como Eu vos amei. Somente assim podereis ser reconhecidos como meus discípulos. Não há maior Amor do que este: dar a própria vida pelos seus amigos (Evangelho, segundo João, 13:34 e 35 e 15:13).

Jamais preguei o acomodar-se ou o acovardar-se, visto que não faz o perfil do Ser de Boa Vontade. Entretanto, resignar-se diante do sofrimento é certeza de transformação futura.

Grave expectativa

Maus augúrios anunciam tempos críticos para os seres terrestres e difíceis desafios para os seus Anjos Guardiães*[1]. O individualismo e a violência campeiam e refletem na mídia. Entretanto, sempre há solução para tudo. Todos distinguem que treva espessa baixa sobre o mundo. E, quanto mais compacta, mais intensamente necessária se mostra a presença da Luz entre nós. Para quem se debate na escuridão, urgente torna-se a Claridade, de forma que o viajante perdido encontre o roteiro acertado.

Vivemos em um Planeta de embates constantes. Todavia, disso se vale a Estratégia Divina, por caminhos que só ela conhece, de modo que a Terra seja semeada com a certeza da Misericórdia Celestial. Justificada, pois, a visão de Fé em um futuro no qual a Paz finalmente triunfe, exposta pelo Papa João XXIII (1881-1963) em sua inspirada encíclica *Pacem in Terris*:

> (...) Inflame Cristo a vontade de todos os Seres Humanos para abaterem barreiras que dividem, para corroborarem os vínculos da caridade mútua, para compreenderem os outros, para perdoarem aos que lhes tiverem feito injúrias. Sob a inspiração da Sua graça, tornem-se todos os povos irmãos e floresça neles e reine para sempre essa tão suspirada Paz.

---

*[1] **Nota do Autor** — O Mundo Espiritual não é uma abstração. Ele existe. E lá vivem os chamados falecidos, que continuam mais vivos do que nunca. Afinal de contas, os mortos não morrem. Como ensina Zarur, "Deus não nos criou para nos matar".

Aos que ainda temem o que consta da Revelação Apocalíptica, **visto que se esquecem das magníficas promessas nela também contidas**, recordo que com maior vigor se manifesta a dignidade humana quando o cinzel do Sofrimento entra em ação. Ele esculpe o caráter do discípulo pertinaz, que humildemente se alça ao merecimento do Seu Toque, o qual faz de pigmeus, gigantes; de fracos, sustentação de povos; de temerosos, seres capazes de arrostar os maiores desafios. Realmente, como tantas vezes lhes tenho falado e escrito sobre o Apocalipse, por meio do rádio, da TV, da internet e de artigos e livros, é nos momentos de crise que se forjam os grandes caracteres e se formam as mais poderosas nações.

Com a firme crença e o potente auxílio da Humanidade Espiritual Superior ou Espírito Santo, suplantaremos os fatos criados por homens ensandecidos.

Quando verdadeiramente se cresce

Em geral, transformações perenes surgem nos instantes de grande agitação histórica. Os seres tenazes crescem em tempos de refrega, posto que, paralelamente, **sinais inconfundíveis da aproximação*[2], há dois milênios anunciada,**

*[2] **A Volta de Jesus** — Há em toda a Bíblia Sagrada muitas citações à Volta de Jesus ao Planeta Terra. As mais conhecidas encontram-se no Apocalipse e no Evangelho. Por exemplo: na Boa Nova, segundo João, 14:18, podemos ler: *Não vos deixarei órfãos, voltarei para vós outros*. Já no Apocalipse, 3:11, na Carta à Igreja em Filadélfia, chamamos a atenção para esta afirmativa do Cristo: *Eis que venho sem demora. Conserva o que tens, para que ninguém tome a tua coroa.*

do Sublime Condutor da Humanidade falam ao íntimo dos corações íntegros, robustecendo-os. Esses prenúncios, anotados pela consciência dos que conquistaram o dom sutil de perceber as decisões do Governo Espiritual deste orbe, definem o horizonte das nações:

> — Na vossa perseverança, salvareis as vossas Almas (Evangelho de Jesus, segundo Lucas, 21:19).

Para quem se debate na escuridão,
urgente torna-se a Claridade,
de forma que o viajante perdido
encontre o roteiro acertado.

O Sermão da Montanha,
obra de Carl Bloch

A Volta do Cristo

A mensagem do *Tibetano*, sábio hindu, à Humanidade.

A preparação para a chegada do Cristo

As manifestações a respeito da Volta Triunfal de Jesus não ocorrem apenas nas regiões dominadas pelo Cristianismo humano. Da mesma forma, surgem no meio de indivíduos que professam outras crenças, o que demonstra existir uma unidade fundamental nos assuntos que versam sobre o Interesse Sagrado de Deus, que visam ao Bem de Suas criaturas neste Planeta. Por isso, tantas vezes costumo afirmar que o governo da Terra começa no Céu.

A revista *Boa Vontade* nº 12, de junho de 1957, publicou expressivo documento que retrata essa realidade:

> O Festival de Wesak é realizado todos os anos, no dia da Lua cheia do mês indiano de Wesak (correspondente ao mês de maio).
>
> Todos os membros da **Fraternidade Branca** comparecem a esse Festival, que se realiza num planalto, cercado de montanhas pouco elevadas, na vertente norte do Himalaia, perto da fronteira do Nepal, cerca de 400 milhas de Lhassa. O planalto mede uma milha e meia de comprimento e pouco menos de largura. O solo é inclinado do sul para o norte, estéril e pedregoso, aparecendo aqui e ali um pouco de grama rala e vegetação rasteira.

Um riacho desce do lado oeste do planalto e atravessa-o pelo lado nordeste, saindo ao norte entre pinheiros, para desembocar em lago próximo.

Os arredores são desabitados, havendo a leste a ruína de uma estância. No centro, ao sul, acha-se enorme bloco de uma pedra acinzentada, com veios brilhantes, medindo 3,60 metros de comprimento, 1,80 de largura e 0,90 de altura, na forma de um altar natural.

Dias antes do Festival começa a aparecer, ao longo do riacho, grande número de barracas de tonalidade escura e o planalto se anima com as fogueiras acesas pelos peregrinos que chegam de todas as partes para assistir ao Festival. Na véspera da Lua cheia, todos se banham e preparam para a cerimônia, que se realiza exatamente na hora da Lua cheia, momento em que se materializam os mentores espirituais budistas, com vestes brancas, tornando-se visíveis aos peregrinos.

Nessa ocasião, um desses mentores espirituais envia uma Mensagem à Humanidade.

Transcrevemos abaixo, pois, sua previsão a respeito da obra da Legião da Boa Vontade, a mensagem do Tibetano, hinduísta, dirigida a todos em 1947, três anos antes da fundação da LBV.

Ano após ano vos tenho escrito (assim como a quantos queiram ouvir) uma mensagem que, com freqüência, tem sido profética e, sempre, relacionada com a união espiritual e fundamental do Oriente e do Ocidente, quer dizer, de Buda e do Cristo, e nela se tem procurado sempre ressaltar a oportunidade espiritual imediata. (...)

Pouco a pouco vai amanhecendo — na consciência que desperta na Humanidade — a grande verdade paralela de Deus Imanente que divinamente "enche" todas as formas, condiciona de dentro todos os reinos da natureza, expressa a Divindade inata por meio de seres humanos e, há dois mil anos, demonstrou o caráter da Imanência Divina na Pessoa do Cristo. Na atualidade, como conseqüência dessa Presença Divina em desenvolvimento, vai penetrando nas mentes dos homens, de todos os lugares, um novo conceito: o do Cristo em nós, a esperança de glória. Cresce e se estende a crença de que o Cristo está em nós, como está no Mestre Jesus, **e esta crença modificará os assuntos do mundo e a atitude da Humanidade inteira em relação à vida.** (...)

O Cristo desempenhará Sua tarefa ante os olhos do mundo inteiro

Nesta Volta do Cristo, há um aspecto em que nunca se toca e ao qual jamais se faz referência. Eu, humilde discípulo do Cristo, desejo falar dele. Refiro-me ao que este voltar a estar entre os homens significará para o Cristo. Como se sentirá quando chegar a hora de Sua Aparição? No Novo Testamento fala-se de uma **grande Iniciação**, à qual temos dado o nome de "**Ascensão**". Dela nada sabemos. Os evangelhos só nos dão uns poucos elementos informativos: falam-nos do cume da montanha dos que a presenciaram e das palavras do Cristo, assegurando que não os abandonaria. Logo as nuvens se fecharam e desapareceu. Nenhum dos presentes pôde segui-Lo; a consciência dos mesmos não podia penetrar no lugar a que **Ele havia decidido ir**. Além disso, eles interpretaram erroneamente **Suas Palavras**, e a Humanidade, só de maneira vaga e em sentido místico, tem compreendido a "desaparição" do Cristo e o significado de Sua persistente e invisível

Presença. Os que presenciaram Sua "desaparição" receberam garantias de parte de dois conhecedores (Anjos) de Deus, que estavam presentes, de que Ele voltaria de maneira parecida. As nuvens receberam o Cristo, e hoje as nuvens que envolvem nosso planeta esperam para revelá-Lo, **o Ascenso. Agora o Cristo está esperando para descer.**

Este descenso a nosso infeliz mundo dos homens não pode oferecer-Lhe um quadro sedutor.

Do seu tranqüilo retiro na "montanha", onde tem esperado, guiado (e velado) a Humanidade, onde tem preparado Seus discípulos iniciados e o Novo Agrupamento de Servidores do Mundo, há de vir para ocupar Seu lugar proeminente no cenário do planeta e tomar parte no grande drama que neste se está desenvolvendo.

Desta vez desempenhará Sua tarefa, não na obscuridade, como o fez antes, ***mas, sim, ante os olhos do mundo inteiro****. Devido à* pequenez *de nosso planeta, ao rádio, à televisão e à rapidez das comunicações, Sua ação será observada por todos.(...) Ele vem como o Cristo, o Fundador do Reino de Deus na Terra, que vem completar a obra que iniciou e demonstrar* ***de novo divindade, sob circunstâncias muitíssimo mais difíceis****.*

Ele vem corrigir os erros e as representações equivocadas daqueles que, em termos de sua própria ignorância, têm interpretado Suas singelas palavras; e também para reconhecer aqueles cujo fiel serviço tornou possível a Sua Volta. Além disso, tem que fazer face a uma prova preparatória importante para uma grande Iniciação. Uma vez tenha vencido a prova e cumprido Sua tarefa, passará a uma posição ainda mais exaltada, na Casa do Pai, ou a algum lugar distante de Serviço, aonde só os Mais Exaltados poderão segui-Lo. (...) Mas, antes de que tudo isto ocorra, o Cristo há de entrar de novo na arena pública, desempenhar Sua parte nos assuntos do mundo e provar os méritos de Sua Divina Missão.

O Cristo será visível a todos e reunirá os Seus eleitos

O Cristo reunirá a Seu redor, em corpos físicos, Seus associados e eleitos. ***Estes não serão, apenas, os que reuniu naqueles longínquos e simples dias, mas membros da família humana que O reconhecem e com Ele preparam a Obra, até onde alcançam. É um mundo diferente, a que se propõe vir;*** *isso se deve em grande parte ao desenvolvimento intelectual dos homens, o qual oferece tremendas dificuldades;* ***pois ter-se-á de chegar ao intelecto e não somente ao coração*** *(como em dias primitivos), se a Vontade de Deus tem de ser cumprida inteligentemente na Terra. Sua tarefa principal é, seguramente, o estabelecimento de corretas relações humanas em todos os aspectos da vida do homem. Recomendo-vos que useis vossa divina imaginação* ***e trateis de pensar no que implica a tarefa que o Cristo tem****. Peço-vos que reflitais sobre as dificuldades a que terá de fazer frente; sobretudo, a dificuldade que a equivocada acentuação da massa "intelectual" dos terrenos apresenta:* ***ao Representante do Amor e de Deus*** *se pede que trabalhe de novo no palco do mundo, onde Sua milenar mensagem tem sido negada, mal interpretada e esquecida, durante dois mil anos, e onde o ódio e a separatividade têm caracterizado os homens em toda parte. Isso mergulhará o Cristo em uma atmosfera estranha e em uma situação em que necessitará de todos os Seus divinos recursos, postos à prova ao máximo. (...) É certo que, afinal, Ele conduzirá Seu povo, a Humani-*

*dade redimida, à Jerusalém (Celestial), mas não será a uma cidade judia, e sim "**ao lugar de Paz**" (que é o que a palavra Jerusalém significa). O detido exame da situação atual do mundo e o dedicado uso da imaginação revelarão ao pensador sincero a espantosa tarefa que Ele se impôs. Mas o Cristo de novo **está** resolvido a ir a Jerusalém; reaparecerá e guiará o gênero humano a uma civilização e a um estado de consciência em que as relações humanas verdadeiramente fraternas e a cooperação mundial, pelo bem de todos, serão a tônica universal.*

*Por meio do Novo Agrupamento de Servidores do Mundo e dos **Homens e Mulheres de Boa Vontade**, o Cristo completará Sua vinculação com a **Boa Vontade de Deus** (o trabalho de Seu Pai), de tal maneira que a **vontade-para-o-bem** será traduzida, pela Humanidade, em **Boa Vontade** e perfeito entendimento fraterno (...).*

Se os homens esperam o Cristo, que há séculos deixou (aparentemente) Seus discípulos, não reconhecerão o Cristo que está para voltar.

O Cristo não tem barreiras religiosas em Sua consciência; para Ele não tem importância o credo a que o homem está filiado.

*O Filho de Deus está a caminho e não vem só. **Suas vanguardas estão já aqui, e o Plano que tem de pôr em ação já está preparado e é claro: Que o reconhecimento do Cristo por todos seja o propósito!***

Nada mais vos posso dizer.

Existe uma unidade fundamental nos assuntos que versam sobre o Interesse Sagrado de Deus, que visam ao Bem de Suas criaturas neste Planeta.

O alertamento que vem do Mundo Invisível

Do Mundo Espiritual chega-nos, por intermédio do nobre Dr. Bezerra de Menezes, este seriíssimo alertamento:

> Vivemos tempos de angústias, de incertezas e de tenebrosas assolações que permeiam planícies, cidades, montanhas e oceanos, destruindo os bens constituídos pela Suprema Força do Criador. A Terra está em desequilíbrio, e os efeitos imediatos alertam homens e mulheres de todas as latitudes, que se encontram em busca de uma colaboração acima das forças terrenas, capazes de amenizar os resultados devastadores do inconseqüente Ser Humano.

Diante das palavras de nosso prezado amigo da Esfera (ainda) Invisível, podemos inferir que a mais urgente maneira de sobrepujar a poluição terrestre é haurir do ar de pureza chamado Deus. Higienizado o Espírito, limpo torna-se o que ele toca ou faz.

Nas horas mais tranqüilas ou nos piores momentos, nos paroxismos da existência humana, seja sempre o Pai Celestial o nosso norte. E, se até agora haja quem não creia Nele, a mais elevada Consciência, com o mais generoso caráter, dirija o rumo de suas vidas. Não é porque seja atéia uma pessoa que não vá desejar o Bem do semelhante.

O que acelera o processo de exaustão do Planeta Terra é a animosidade que persiste dentro do indivíduo. A estrutura egoísta de leis que regem povos é que estabelece as formas doentias da sociedade, que, enferma, exige a ação do bisturi para não apodrecer de vez.

Atenção,
cruéis irmãos,
eis que agora nos visita
e fala, neste momento,
o Professor Sofrimento!

Alziro Zarur, ao terminar o seu famoso "Poema do Grande Professor".

A mais urgente maneira de sobrepujar a poluição terrestre é haurir do ar de pureza chamado Deus. Higienizado o Espírito, limpo torna-se o que ele toca ou faz.

Homens, máquinas e Espírito.

Qualquer talento que o Ser Humano possua, se não for iluminado pelo espírito de Fraternidade, pelo *Amai-vos uns aos outros* — ensinado por Jesus —, por exemplo, pode transformar-se em "talento" para a morte pessoal ou coletiva. Basta ver que o progresso humano tem sido o da destruição, que devasta a fauna e a flora, portanto a própria criatura terrestre, com a feroz poluição do meio ambiente, a qual anda afetando o clima da Terra de modo implacável. É possível observar essa situação na matéria que a Agência Estado colocou *on-line* no *site* estadao.com.br em 30 de março de 2005, quarta-feira:

> • **Planeta pode entrar em colapso neste século***[1] — O mais amplo estudo já feito sobre ecossistemas, com 1.360 cientistas, alerta para esgotamento de recursos e de espécies.
>
> **São Paulo** — Cerca de 60% de todos os ecossistemas do planeta estão degradados ou sendo usados de modo não sustentável. Se nada for feito, as conseqüências poderão levar a um cenário desolador em 50 anos.
>
> Estas são as principais conclusões de um estudo realizado por 1.360 especialistas em 95 países: a *Avaliação Ecossistêmica do Milênio (AEM)*. Lançado em 2001, a partir de solicitação feita no ano anterior pelo secretário-geral das Nações Uni-

*[1] Século XXI.

das, Kofi Annan, o projeto divulgou nesta quarta-feira seus primeiros resultados.

"Dentre os problemas mais sérios identificados por esta avaliação estão: as condições drásticas de várias espécies de peixes; a alta vulnerabilidade de 2 bilhões de pessoas vivendo em regiões secas (...); e a crescente ameaça aos ecossistemas das mudanças climáticas e poluição de seus nutrientes", diz uma das principais mensagens do relatório, que tem como título *Vivendo além dos nossos meios — O capital natural e o bem-estar humano*.

Zonas mortas

A perspectiva é alarmante, advertem os especialistas, já que neste ritmo a devastação de 15 dos 24 ecossistemas do mundo provocará novas doenças, mudanças na qualidade de água, aparição de zonas mortas no litoral ou até o desaparecimento da pesca.

"Em alguns casos, se trata de viver com tempo emprestado", assinala o relatório. Por exemplo, o uso do recurso de água em um ritmo muito maior do que se gera se faz "às custas de nossos filhos".

"No último meio século nós alteramos as estruturas dos ecossistemas globais em uma velocidade mais rápida do que em qualquer outro período da história", afirmou um dos coordenadores da AEM, o norte-americano Harold Mooney, da Universidade de Stanford, em comunicado da instituição. (...)

Mentes preparadas para a Paz

No entanto, o Ser Humano pode comandar um desenvolvimento não destruidor. E por que não age assim?! Não adianta apenas o progresso das máquinas. Para que elas não se transformem em tormento dos povos, este orbe carece de mentes preparadas para a Paz e de Espíritos iluminados pelo Amor, pela Razão e pela Justiça.

> — A compreensão da natureza humana tem que ser a base de qualquer melhoria real da vida humana. A ciência operou maravilhas no domínio das leis físicas do mundo, mas a nossa própria natureza é menos compreendida do que as estrelas ou os elétrons. Só quando a ciência aprender a decifrar a natureza humana é que logrará trazer felicidade para as nossas vidas, felicidade que as máquinas e as ciências físicas não puderam criar.
>
> *Bertrand Russell (1872 - 1970)*

Não há para onde fugir

O progresso é valioso para a Humanidade, porém não precisamos, como loucos, extinguir a vida no Planeta. Para quem anda meio esquecido, convém lembrar que a camada de ozônio está bem acima de nossas cabeças e que o aquecimento global nos atingirá a todos. Não há para onde fugir...

A *Folha de S.Paulo* de 29 de abril de 2005, quarta-feira, numa matéria de Claudio Angelo, nos apresenta notícia preocupante:

Terra acumula mais calor do que dissipa

Dito assim, a seco, o número 0,85 Watts por metro quadrado parece tão irrelevante quanto enigmático. Mas essa cifra, que acaba de ser calculada por um grupo de cientistas americanos, é a mais nova medida da tragédia do clima: ela expressa a diferença entre o quanto a Terra absorve de radiação do Sol e o quanto ela emite de volta para o espaço.

A conseqüência prática do desequilíbrio energético — mais radiação chega ao planeta do que sai dele — é que a Terra aquecerá pelo menos 1 ºC a mais neste século, mesmo que as concentrações de gases que causam o aquecimento global fossem estabilizadas hoje.

Esse aumento, somado ao 0,7 ºC que já ocorreu no século 20, consiste em uma "interferência perigosa" da humanidade no clima da Terra, segundo o líder do grupo de cientistas, James Hansen. "Interferência perigosa" é um eufemismo para catástrofe: o nível dos mares aumentará a ponto de afetar cidades costeiras como o Rio e Nova York, secas trarão fome para grandes porções do Terceiro Mundo e doenças tropicais atingirão zonas temperadas.

Há muito os cientistas suspeitam que atividades humanas como a agricultura e a queima de carvão e petróleo estejam causando um desequilíbrio grande no balanço energético da Terra (...).

No entanto, apesar das suspeitas de que um desequilíbrio existisse, até hoje ninguém o havia comprovado. A confirmação apareceu num estudo assinado por Hansen e seus colaboradores, da Nasa (agência espacial dos EUA) e da universidade americana Columbia, publicado *on-line* ontem pelo periódico científico "Science".

"Esse desequilíbrio energético é a prova do crime que estávamos procurando", disse Hansen, cientista-chefe do Instituto Goddard para Estudos Espaciais, da Nasa. (...)

Segundo Hansen e seus colegas — que admitem que seu modelo não é perfeito —, a hora é de tomar medidas drásticas para reduzir as emissões. "Se esperarmos mais evidências empíricas avassaladoras da mudança climática antes de agirmos, a inércia implica que mudanças maiores nos aguardam no futuro, que podem ser difíceis ou impossíveis de evitar."

Progresso sem destruição

No decorrer do Terceiro Milênio, todos compreenderão que **espiritualizar ecumenicamente***[2] as criaturas — elevando sua condição moral — é a única forma de atingir o progresso, que não seja o da destruição*[3] para o Planeta.

Tudo se origina do Espírito, que deve ser educado consoante as Leis Divinas da Fraternidade e da Solidariedade, porque a cidadania completa tem início no Mundo Invisível. Não somos apenas matéria ou intelecto unicamente humano-mental. Ainda bem que um milênio é composto por mil anos, conforme o nome diz. Há tempo bastante para chegarmos à compreensão de que, além da carne, existe a predominância do Espírito nascido da Caridade de Deus.

> — Sofre a Humanidade porque os homens não cultuam a Fraternidade, que os levaria a trabalhar pela Igualdade de Direitos, dentro de um ambiente de Liberdade.
>
> Leon Gambeta (1838-1882)

---

*[2] **Espiritualizar ecumenicamente as massas** — Leia mais esclarecimentos sobre o assunto em "Sociedade Solidária" e "Paz para o Milênio", especialmente escritos por Paiva Netto para duas solenidades mundiais ocorridas na Organização das Nações Unidas, ONU.

*[3] **Progresso da destruição**: Discurso proferido por Paiva Netto em Santo André/SP, em 16/6/1983.

A Educação promove a produtividade, portanto, o progresso. Nenhum País cresce sem ela. E, no Milênio Terceiro, a **espiritualização ecumênica** das massas é fator inarredável.

Ninguém é dono da Verdade, nem ditador do saber, porquanto neste mundo, até agora, só existe perspectiva de conhecimento.

No decorrer do Terceiro Milênio, todos compreenderão que **espiritualizar ecumenicamente** as criaturas — elevando sua condição moral — é a única forma de atingir o progresso, que não seja o da destruição para o Planeta.

Advertência do Apocalipse

Urge, nesta era de grande aflição, **mas também de Esperança**, ler e estudar em Espírito e Verdade, à luz do Novo Mandamento do Cristo (Evangelho, segundo João, capítulos 13 e 15), o Apocalipse de Jesus. Ele nos livra dos suplícios e das amarguras, se for compreendido pela vertente do Amor. Afinal de contas, *Deus é Amor* (Primeira Epístola de João Evangelista, 4:8). Dessa forma, o Livro das Profecias Finais*[1], por força de seus alertamentos, nos convida ao acerto e nos torna inderrotáveis. "Um homem prevenido vale por dois", diziam os antigos. Zarur chamava-o justamente de o "Livro da Esperança", o contrário, pois, do que muita gente pensa da Revelação de Jesus, segundo o Evangelista-Profeta*[2].

Não devemos temer o sofrimento. Quantas vezes, na hora mais amarga, descobrimos a doce presença do Divino Amor. Ele não falha. Ajuda-nos mesmo quando, inconscientes de Sua Caridade, não percebemos o Seu Amparo constante. Todos, mais dia, menos dia, poderemos receber a visita da Dor, com maior ou menor intensidade. O benefício que a manifestação dela em nossa vida nos venha a oferecer dependerá muito de nós mesmos, porquanto um Deus que é Amor de

*[1] **Livro das Profecias Finais** — Como Alziro Zarur também chamava o Apocalipse.
*[2] **O Evangelista-Profeta** — João, o Discípulo Amado.

maneira alguma permitiria, na Terra, campear algo que nos trouxesse prejuízo eterno. Porém, privilegiar quem não merece é crime. É promover a impunidade. E isso o Pai Celestial não faz nunca. A Sua Lei de Justiça é clara:

— A cada um de acordo com as suas próprias obras*[3] .

Mas, para alcançarmos tamanho mecanismo em toda a sua plenitude, é forçoso que estudemos, sempre sem idéias preconcebidas, a Sua Lei Universal da Reencarnação*[4], sem a qual o Eterno Pai seria pior que o mais terrível carrasco.

O Apocalipse desmascara o erro

O Apocalipse não deve provocar pavor, já o dissemos tantas vezes, a não ser aos que atuam contra si próprios ou contra si mesmas. Esses são os que se associam ao crime, às perseguições, às torturas, aos malefícios lançados contra os seus semelhantes. O Livro das Profecias Finais apenas contém o relato das conseqüências de nossas boas ou más ações. Se há algo para temer, caso não nos apressemos a corrigi-los, são os resultados dos males que praticarmos.

O Evangelho-Apocalipse do Cristo, na verdade, é o fim do terror, porque desmascara o erro, afastando o medo. O Ser Humano receia o des-

---

*[3] Evangelho, segundo Mateus, 16:27; Apocalipse, 21:12; e Livro do Profeta Isaías, 59:14.

*[4] **Reencarnação** — Leia *A Reencarnação e suas provas*, de Carlos Imbassahy.

conhecido. Quem teme, persegue e, se possível, destrói. Por isso, a Divina Autoridade Espiritual de Jesus dá ao Apocalipse uma envergadura humano-espiritual cósmica que nenhum outro autor, por mais inspirado que seja, poderia outorgar a este Livro, tão importante para a sobrevivência dos povos. Entretanto, aquele que buscar sensacionalismo nele estará abrindo a obra errada.

Lei do bom companheirismo

Jamais, como agora, se faz tão necessária a Solidariedade. É o que o Divino Mestre[*5] preconiza, por intermédio de João Evangelista, logo no princípio do Livro da Revelação: **a lei do bom companheirismo**, não somente nas horas de alegria, como também nas de tormenta (Apocalipse, 1:9):

> — Eu, João, Irmão vosso **e companheiro na tribulação, no reino e na perseverança, em Jesus**, encontrei-me na ilha chamada Patmos, por causa da Palavra de Deus e do testemunho de Jesus Cristo.

Quando Vocês entendem o Evangelho e o Apocalipse em Espírito e Verdade, à Luz do Amor Divino, portanto nunca ao pé da letra, passam a escutar a melodia do Universo, de que fazem parte, dentro do próprio Espírito.

---

*5 **Divino Mestre** — É como Francisco de Assis, Patrono da Legião da Boa Vontade, se refere a Jesus na sua famosa prece, na tradução de Alziro Zarur.

Senhor,
fazei de mim um instrumento da vossa Paz;
onde haja ódio consenti que eu semeie amor;
perdão, onde haja injúria;
fé, onde haja dúvida;
verdade, onde haja mentira;
esperança, onde haja desespero;
luz, onde haja treva;
união, onde haja discórdia;
alegria, onde haja tristeza.
Ó Divino Mestre!
Permiti que eu não procure
tanto ser consolado quanto consolar;
compreendido quanto compreender;
amado quanto amar.
Porque é dando que recebemos;
perdoando é que somos perdoados;
e morrendo é que nascemos para a Vida Eterna.

(Prece de São Francisco de Assis — Patrono da Legião da Boa Vontade)

O Senhor do Futuro

A Intuição Divina é, em cada um de nós, a própria Razão do Criador. Por isso, quando efetivamente a cultivamos, o Senhor do Futuro nos avisa, com antecedência, a respeito dos fatos vindouros, pequenos ou grandes. Palavras do Profeta Amós, no seu livro do Antigo Testamento da Bíblia Sagrada, 3:7:

— Certamente, o Senhor Deus não fará coisa alguma sem primeiro revelar o seu segredo aos Seus servos, os profetas.

E essa mesma intuição nos mostra que grandes ideais não nasceram para pequenos desafios. O Ecumenismo, Irrestrito e Total*[6], amplamente pregado e exemplificado pela Religião de Deus, a Religião do Amor Universal, é um planejamento resultante do Gênio Celeste, Jesus, para a sobrevivência da sociedade neste mundo. Porém, como escreveu John Lukacs:

> — As idéias só importam quando os homens as encarnam.

Um Conforto do Apocalipse

Por isso, o Cristo adverte, com insistência, que Seus discípulos devem ser perseverantes até o fim:

> — Porque guardaste a palavra da minha perseverança, também Eu te livrarei da hora da tormenta que há de vir sobre o mundo inteiro, para experimentar os que habitam sobre a Terra (Apocalipse, 3:10).

O Apocalipse jamais poderá ser entendido como uma loteria. Tal coisa não se coaduna com sua missão seriíssima e elevada, pois em suas advertências a Alma se revigora, de modo a **enfrentar e vencer** os embates da existência.

---

*[6] **Ecumenismo, Irrestrito e Total** — Leia sobre o assunto em *Reflexões da Alma*, de Paiva Netto, 54ª ed., p. 133. O Ecumenismo, Irrestrito e Total, nasceu da Cruzada de Religiões Irmanadas, lançada por Alziro Zarur no término da década de 1940, visando ao inter-relacionamento religioso, porque, como ele mesmo dizia, "O maior criminoso do mundo é aquele que prega o ódio em nome de Deus".

A Intuição Divina é, em cada um de nós, a própria Razão do Criador. Por isso, quando efetivamente a cultivamos, o Senhor do Futuro nos avisa, com antecedência, a respeito dos fatos vindouros, pequenos ou grandes.

A atualidade da Grande Tribulação

Nem mesmo os cientistas, que, por décadas, andaram tímidos em suas manifestações alertadoras, não mais conseguirão calar-se e já começam a prevenir o mundo, quanto aos perigos do aquecimento da atmosfera terrestre, o famoso "efeito estufa" (*vide* capítulo "*Tsunami*, Deus e Solidariedade"). Vejamos ainda um pouco do que noticiou Claudio Angelo, editor de Ciência da *Folha de S.Paulo*, em 18 de março de 2005:

> **Aquecimento é irreversível, diz modelo climático.**
>
> Mais uma dos climatologistas para estragar o seu dia: dois estudos publicados hoje mostram que a Terra já está para lá de comprometida com o aquecimento global. Não importa o quanto a humanidade faça para reduzir as concentrações de gases de efeito estufa agora, o planeta deve continuar esquentando e os mares devem continuar subindo pelos próximos séculos.
>
> Os estudos vêm de modelos climáticos de computador e, portanto, suas previsões estão sujeitas a incertezas. Mas elas são assustadoras mesmo assim. Uma das pesquisas indica que, se as concentrações atmosféricas de gases como o dióxido de carbono (CO_2) tivessem sido estabilizadas em 2000 — na verdade elas subiram —, o planeta já esquentaria mais 0,5 °C e o nível do mar subiria 320% no final do século 21. (...)

Para nações-ilhas do Pacífico, que estão muito próximas do nível do mar e já sofrem com o aquecimento global, a perspectiva é catastrófica. Também o é para a Holanda, país que tem parte de suas terras abaixo do nível do mar e que tem sido um dos principais interessados no Protocolo de Kyoto, acordo para reduzir as emissões de gases-estufa que entrou em vigor no mês passado. (...)

A solução, segundo Tom Wigley*[1], é cortar emissões de gases-estufa de maneira drástica, algo que está além dos horizontes do acordo de Kyoto — que prevê uma redução de apenas 5,2% nas emissões de gás carbônico dos países industrializados em relação aos níveis de 1990. "Um cenário de mitigação drástico seria estabilizar as concentrações de CO_2 em 450 partes por milhão, mas esse é um alvo improvável", afirmou. (...)

Para o climatologista Peter Stone, do MIT (Instituto de Tecnologia de Massachusetts), nos EUA, os resultados devem ser tomados com um enorme grão de sal. "O estudo de Wigley é mais razoável, mas a taxa de absorção de calor pelo oceano que ele postula é grande demais, e ele não levou em conta as incertezas nos cenários futuros de emissão."

Os cristãos, pelo menos eles, deveriam tomar conhecimento maior de "A Grande Tribulação", anunciada por Jesus no Evangelho, segundo Marcos, 13:19, quando peremptoriamente adverte que esta será tão grave

— (...) como nunca houve nem jamais se repetirá no mundo.

---

*[1] **Tom Wigley** — Climatologista do Centro Nacional de Pesquisa Atmosférica dos EUA.

Lentas ou desarvoradas

Um país permanecerá pobre enquanto houver consciências lentas (até na percepção de que está em juízo a sua sobrevivência) na sua elite e mentes desarvoradas entre a sua população. (...) Ora, para o bem de uma sociedade que se globaliza, todas as pessoas têm de ser instruídas, suas mentes esclarecidas (não manipuladas) e suas Almas espiritualizadas. Vladimir Lenin*2 (1870-1924) afirmava que:

> — Toda cozinheira deveria aprender a governar o Estado.

Isto é, qualquer um necessita ter consciência do seu direito à cidadania, sem a qual o que continuará prevalecendo será o escravismo, em que o feitor e o capitão-do-mato são a ignorância sustentada até mesmo por meio da mídia, que sofre as limitações de sobreviver segundo as exigências de sondagens de opinião, que medem o "gosto" do bom Povo, mantido na ausência de conhecimento habitual.

> — Diminuí os males do povo e diminuireis a sua ferocidade, curareis as suas doenças com alimentação.
>
> *Sebastião Chamfort (1740-1794)* — Maximes e Pensées *(Máximas e Pensamentos), VIII-524.*

---

*2 **Lenin** — Vladimir Ilitch Ulianov foi um dos ideólogos da Revolução Bolchevique, ou Revolução Russa, movimento que eliminou o czarismo em fevereiro de 1917 e que levou, após a tomada do poder pelos bolcheviques, em outubro do mesmo ano, à instalação da República Socialista Soviética Federativa da Rússia.

No entanto, é necessário também alimentar as multidões com Educação, Cultura e Espiritualidade Ecumênica, como preconiza a LBV Mundial. As massas esclarecidas não aceitam algemas, e as espiritualizadas libertam-se delas para sempre, consoante disse Jesus:

— Conhecereis a Verdade (de Deus), e a Verdade (de Deus) vos libertará (Evangelho, segundo João, 8:32).

Por sua vez, ponderou Woodrow Wilson (1856-1924), Presidente dos Estados Unidos durante a Primeira Guerra Mundial e propositor da Liga das Nações, no que foi asperamente combatido pelo pensamento isolacionista norte-americano daquela época. Disse Wilson:

— Não há nada mais eficiente que a espontânea colaboração de um povo livre.

Porém, não se pode esquecer de que o Povo carece ser permanentemente amparado sob o aspecto humano-social para que não caia em desespero, o que poderia resultar no jamais visto caos. São Vicente de Paulo (1581-1660)*[3] advertia que:

— Antes de ensinar as pessoas a salvarem sua Alma, é preciso permitir-lhes viver em condições tais que possam saber que têm uma.

*[3] **São Vicente de Paulo** – Padre, doutor em Teologia e Direito Canônico e fundador da Congregação das Missões e da Confraria da Caridade. Em 16 de junho de 1737, foi canonizado pelo Papa Clemente XII e, em 12 de maio de 1885, declarado patrono de todas as obras de caridade da Igreja Católica, pelo Papa Leão XIII.

Eu mesmo já tive oportunidade de dizer, muitas vezes, em outras palestras, no rádio e na televisão, que barrigas vazias nem sempre estão dispostas a ouvir ou a esperar por toda a eternidade.

Respeito entre as nações

Não nos devemos esquecer do que sucedeu com a outrora poderosa Roma. Todo invasor acaba por ser invadido.

E tal fato não precisa ocorrer como nos tempos do moribundo império dos latinos, com as hostes de godos, visigodos, ostrogodos, partos, vândalos, hérulos, hunos, isto é, à moda da espada desabando sobre o antigo império. Hoje, as invasões dão-se com as mãos vazias de multidões à procura de trabalho, que as replete do que lhes falte e forre seus estômagos e de suas famílias. Roma, em certos aspectos, passou por situações semelhantes. Suas fronteiras não desabaram somente à força das armas, como também pela presença de escravos, letrados ou não, que foram mudando seus costumes, portanto seus destinos. Os gregos, arrancados da Hélade pelas tropas romanas e para a capital do Coliseu*[4] conduzidos, formam excelente exemplo.

O Cristianismo, vicejando a partir das massas pobres e dos cativos, com a adesão temerosa de alguns patrícios, tornou-se um dos maiores fatores dessa incrível transformação.

---

*[4] **Capital do Coliseu** — Roma.

Não há fronteira, livre ou policiada, inexpugnável. Além disso, o isolamento é esterilizador.

> Nenhuma nação pode fechar as suas fronteiras e esperar viver em segurança. Não podemos ter prosperidade num país e miséria no país vizinho, paz num hemisfério e guerra no outro. Jamais encontraremos segurança ou progresso dentro de fortalezas nacionais fortemente defendidas. Só os alcançaremos por meio da maior cooperação possível.
>
> *Anthony Éden (1897-1977), ex-Primeiro Ministro da Grã-Bretanha.*

Saúde para o corpo social

A pobreza é uma doença do corpo social, de uma comunidade afastada de Deus, ou seja, da mais elevada Ética. O Cristianismo **do Cristo**, por exemplo, oferece medicamento perfeito, jamais verdadeiramente experimentado pelos Seres Humanos, para a cura dessa triste enfermidade global: a iluminação, pela Fraternidade Ecumênica, de todas as criaturas. Sem a reforma do Ser Humano, qualquer outra será claudicante.

A pobreza é uma doença do corpo social, de uma comunidade afastada de Deus, ou seja, da mais elevada Ética. O Cristianismo **do Cristo**, por exemplo, oferece medicamento perfeito, jamais verdadeiramente experimentado pelos Seres Humanos (...).

Amor aos inimigos

(Mateus, 5:43 a 48; Lucas, 6:27 e 28 e 32 a 36)

Jesus é austero nos Seus ensinamentos, mas a aparentemente difícil realização de alguns deles, que irá ocorrendo no transcorrer dos tempos, singulariza a concretização do bem desejado de maneira mais intensa pelas curtidas populações da Terra: a Paz.

A seguir, uma das mais polêmicas passagens do Seu Evangelho, que tanta gente prefere esquecer, daí as guerras de todos os tipos.

> — Tendes ouvido que foi ensinado: — Amarás o teu próximo e odiarás o teu inimigo. — Eu, porém, vos digo: Amai os vossos inimigos; fazei bem aos que vos odeiam; bendizei os que vos amaldiçoam; orai pelos que vos perseguem e caluniam, a fim de serdes filhos de vosso Pai que está nos céus, Ele que faz nascer Seu Sol sobre bons e maus e faz chover sobre os justos e sobre os injustos; porque, se só amardes os que vos amam, que recompensa tereis? — Não fazem o mesmo os publicanos e os pecadores? — Se somente saudardes os vossos irmãos, que fazeis nisto de especial? — Não fazem o mesmo os gentios? — Sede, pois, perfeitos como é perfeito vosso Pai Celestial". — "Sede, pois, misericordiosos como vosso Pai é misericordioso*[1]".

---

*[1] *Síntese de O Novo Testamento*, por Mínimus, 4ª ed., Rio de Janeiro: FEB, 1979.

A Palavra do Alto

No livro *Obreiros da Vida Eterna*, de autoria de André Luiz, psicografia de Francisco Cândido Xavier, que narra alguns dos feitos heróicos dos grupos de socorro nas Esferas Invisíveis — porquanto, como a morte não interrompe a vida, **os mortos não morrem** —, encontramos preciosa lição de equilíbrio e tolerância, mesmo para com aqueles que se colocam como adversários, na observação dos ensinamentos de Amor deixados por Jesus em Seu Sagrado Evangelho.

Como se lê nessa obra mediúnica, na véspera da partida de um dos grupos socorristas, do qual também fazia parte André Luiz, Jerônimo, digno assistente dos trabalhos do lugar, conduziu o agrupamento ao Santuário da Bênção, situado em uma região espiritual próxima à crosta terrestre e dedicada aos serviços de auxílio, onde muitos se reúnem para receber a manifestação de mentores iluminados, habitantes de regiões mais altas da Espiritualidade.

O Instrutor Cornélio, diretor do Santuário em que se encontravam, começou a palestra anunciando que, naquele dia, conforme notificação que lhe fora entregue, receberiam a visita de um mensageiro da alta hierarquia celeste. Após um breve entendimento inicial, reuniram-se em um pequeno salão iluminado, repleto de uma suave fragrância, onde se destacava um gabinete transparente, curioso aparato que se assemelhava a uma tela cristalina.

Depois de algumas orientações, convocando os participantes à disciplina mental exigida pela tarefa, o diretor delegou o trabalho de construção de idílica paisagem, por meio da projeção mental dos presentes sob o peculiar aparelho, a ser oferecida ao especial visitante que ali compareceria.

Concluída a tarefa e postos em oração, na busca de sintonia com os planos mais elevados, segue-se o seguinte fato, narrado por André Luiz:

> — (...) Neste instante, sob nossos olhos atônitos, alguém apareceu no gabinete, entre a vegetação e o céu. Semelhava-se a um sacerdote de culto desconhecido, trajando túnica lirial. Fisionomia simpática de ancião, apresentava-se nimbado de luz indescritível e seu olhar nos mantinha extasiados sem que nos fosse possível qualquer fuga mental de sua presença sublime.
>
> Via-se-lhe apenas o busto cheio, parecendo-me que os seus membros inferiores se ocultavam naturalmente na folhagem abundante. Seus braços e mãos, todavia, revelavam-se com todas as minudências anatômicas, porque com a destra nos abençoava num gesto amplo, mantendo na outra mão pequeno rolo de pergaminhos brilhantes, deixando-nos perceber dourado cordão atado à cinta.
>
> Visivelmente sensibilizado, o diretor da casa saudou, nominalmente:
>
> — Venerável Asclépios, sê conosco! (...)

Palavras fortificadoras do ideal da Caridade

Dirigindo-se aos presentes, o divino mensageiro iniciou sua prédica tocando profundamente a Alma de todos.

A certa altura, a assistente Semprônia (que comandava um grupo de socorro o qual se consagraria ao amparo dos asilos de crianças desprotegidas) dirigiu um apelo ao venerável interlocutor, solicitando-lhe que os orientasse sobre o que dizer aos incontáveis cooperadores da crosta terrestre que sofrem perseguições contínuas no exercício de seus trabalhos de auxílio e que deles, trabalhadores socorristas, esperam palavras fortificadoras do ideal da Caridade.

A essa súplica, Asclépios, o celeste missionário, Espírito de tal envergadura que sua encarnação no plano terrestre ocorre, se assim for de sua vontade, apenas em períodos de 500 ou 800 anos, atendeu de forma surpreendente, como nos descreve André Luiz:

> — Vimos então o inesperado. O mensageiro ouviu, paciente e bondoso, revelando grande interesse e carinho na expressão fisionômica e, depois que Semprônia deu por terminada a consulta, retirou uma folha dentre os pergaminhos alvinitentes que trazia, de modo intencional, e abriu-a à nossa vista, lendo para todos nós o versículo quarenta e quatro do capítulo cinco do Evangelho (segundo o Apóstolo Mateus):
>
> *— Eu, Jesus, porém, vos digo — amai a vossos inimigos, bendizei os que vos maldizem, fazei bem aos que vos odeiam, e orai pelos que vos perseguem e caluniam.*
>
> Decorridos alguns instantes, Semprônia exclamou humildemente:
>
> — Compreendo, venerável amigo!
>
> O emissário, sem qualquer afetação dos que ensinam por amor-próprio, comentou:

— Os adversários, quando bem compreendidos e recebidos cristãmente, constituem precioso auxílio em nossa jornada para a união Divina. (...).

Credores diferentes

Por sua vez, Emmanuel*[2], por intermédio do mesmo sensitivo, nascido em Pedro Leopoldo, Minas Gerais, oferece-nos o seu abalizado ponto de vista que vem complementar o comentário de Asclépios sobre o papel dos adversários no mundo:

— O problema do inimigo sempre merece estudos mais acurados.

Certo, ninguém poderá aderir, de pronto, à completa união com o adversário do dia de hoje, como Jesus não pôde rir-se com os perseguidores, no martírio do Calvário.

Entretanto, a advertência do Senhor, conclamando-nos a amar os inimigos, reveste-se de profunda significação em todas as facetas pelas quais a examinemos, mobilizando os instrumentos da análise comum.

Geralmente, somos devedores de altos benefícios a quantos nos perseguem e caluniam: constituem os instrumentos que nos trabalham a individualidade, compelindo-nos a renovações de elevado alcance que raramente compreendemos nos instantes mais graves da experiência. São eles que nos indicam as fraquezas, as deficiências e as necessidades a serem atendidas na tarefa que estamos executando.

*[2] **Emmanuel** — O texto de Emmanuel foi extraído do livro *Vinha de Luz*, 11ª ed., Rio de Janeiro: FEB, 1952.

Os amigos, em muitas ocasiões, são imprevidentes companheiros, porquanto contemporizam com o mal. Os adversários, porém, situam-no com vigor.

Pela rudeza do inimigo, o homem comumente se faz rubro e indignado uma só vez, mas, pela complacência dos afeiçoados, torna-se pálido e acabrunhado, vezes sem conta.

Não queremos dizer com isto que a criatura deva cultivar inimizades. No entanto, somos daqueles que reconhecem por beneméritos credores quantos nos proclamam as faltas.

São médicos corajosos que nos facultam corretivo.

É difícil para muita gente, na Terra, a aceitação de semelhante verdade. Todavia, chega sempre um instante em que entendemos o apelo do Cristo, em sua magna extensão.

E, para o entendimento perfeito da Divina Lição do Cristo, o Dr. Bezerra de Menezes (Espírito) se apresenta, com chave de ouro, para o esclarecimento definitivo, a partir do título de sua página*[3], porquanto o que Jesus deseja, ao nos instruir quanto a amarmos até os inimigos, é:

A extinção do mal

— Na didática de Deus, o mal não é recebido com a ênfase que caracteriza muita gente na Terra, quando se propõe a combatê-lo.

---

*[3] **Página "A extinção do mal"** — Constante do livro *Brilhe Vossa Luz*, de Espíritos diversos, psicografia de Francisco Cândido Xavier, Instituto de Difusão Espírita, 1987, p. 69, 70 e 71.

Por isso, a condenação não entra em linha de conta nas manifestações da Misericórdia Divina.

Nada de anátemas, gritos, baldões ou pragas.

A Lei de Deus determina, em qualquer parte, seja o mal destruído não pela violência, mas pela força pacífica e edificante do bem.

A propósito, meditemos.

O Senhor corrige:

a ignorância: com a instrução;
o ódio: com o amor;
a necessidade: com o socorro;
o desequilíbrio: com o reajuste;
a ferida: com o bálsamo;
a dor: com o sedativo;
a doença: com o remédio;
a sombra: com a luz;
a fome: com o alimento;
o fogo: com a água;
a ofensa: com o perdão;
o desânimo: com a esperança;
a maldição: com a bênção.

Somente nós, as criaturas humanas, por vezes, acreditamos que um golpe seja capaz de sanar outro golpe.

Simples ilusão.

O mal não suprime o mal.

Em razão disso, Jesus nos recomenda amar os inimigos e nos adverte de que a única energia suscetível de remover o mal e extingui-lo é e será sempre a Força Suprema do Bem.

A maior força política

A ação do Pai Celestial é o Amor, mesmo quando o sofrimento vem sobre o mundo, para atender a uma exigência disciplinar, suscitada pelos próprios entes terrestres. O Amor Divino é a maior força política, sob o apelido de Justiça Social, quando iluminada pelo Saber advindo do Espírito. Repito: o governo da Terra começa no Céu.

Só o Amor pode salvar a Humanidade. Leva tempo, mas haverá uma época em que todos viveremos essa Verdade, hoje aparentemente difícil.

E enquanto isso não ocorrer, o Amor Celeste terá como excelente colaborador a Justiça Divina.

O Amor Divino é a maior força política, sob o apelido de Justiça Social, quando iluminada pelo Saber advindo do Espírito.

As Profecias sem Mistério

Fenômeno editorial

O livro *As Profecias sem Mistério* foi a grande atração da 15ª Bienal Internacional do Livro, que ocorreu do dia 29 de abril a 10 de maio de 1998, em São Paulo/SP. O lançamento da Editora Elevação tornou-se campeão de vendas em todos os estandes onde esteve exposto: Livrarias Saraiva e Siciliano; Editoras e Distribuidoras Record, Edibral e ATD. "É a obra mais vendida da Saraiva. Ao todo, são 22 mil títulos que o cliente pode consultar, e o livro do Paiva Netto está em primeiro lugar. Muito acima de autores renomados. É realmente uma alegria muito grande para nós", afirmou o Diretor de Eventos da rede de livrarias Saraiva, João Manuel Pires.

A professora Eliane de Oliveira conta: "Meu marido assiste todas as noites à programação de Paiva Netto. Ele passou a prestar atenção particular às explicações do Apocalipse e pediu que, quando eu tivesse a oportunidade, comprasse o livro para ele, porque gostaria de conhecer o pensamento por completo".

O Dr. Lair Ribeiro, destacado nome da literatura de auto-ajuda, também apreciou o lançamento: "Acabei de comprar o livro do Paiva Netto. Tenho certeza de que este vai ser mais *best-seller* do que os meus". O escritor e conferencista Cesar Romão, ex-Presidente da Câmara do Comércio do Mercosul, falou também com entusiasmo: "A coisa mais legal que eu vi na Bienal foi o trabalho do meu amigo José de Paiva Netto, eu já dei uma folheada, adorei e estou levando. Como dirigente da LBV, ele está escrevendo um destino fantástico para nossa nação. É um exemplo de cidadania para o Brasil. O sucesso desta obra é uma homenagem que a nossa pátria faz a esse homem".

O leitor Aparício Calais, de Florianópolis/SC, que acompanha as palestras do escritor a respeito do Apocalipse, adquiriu 50 exemplares do livro e explica: "Achei-me na obrigação, como tenho muitos amigos, de distribuir entre eles, porque acredito muito que pode trazer um grande benefício. Essa doutrina fará uma revolução dentro dos conceitos da Religião, da Política e de todos os segmentos da sociedade".

O administrador de empresas Renato Furtado escreveu: "Tive a honra de ter em mãos um exemplar do livro de sua autoria *As Profecias sem Mistério*, da Editora Elevação. Senti imediata emoção e identificação com o livro. Notei que seu invólucro é maravilhoso, a capa de uma beleza impactante, as cores muito bem balanceadas, enfim um conjunto de capa e conteúdo de muita felicidade. Aproveitei meu fim de semana para apreciá-lo e desfrutei imenso conforto e esclarecimentos espirituais".

Em meio à presença de escritores com tardes e noites de autógrafos, Paiva Netto surpreendeu a todos na noite do dia 5, ao chegar, de repente, ao Expo Center Norte. Percorreu os corredores que interligavam as várias lojas, seguido por leitores que lhe pediam autógrafos enquanto, gentilmente, conversava com as pessoas.

Nesta mesma noite, a advogada Dra. Alice Sampaio, telespectadora do programa *Boa Vontade com Paiva Netto**, nas madrugadas, esteve na Feira especialmente para adquirir a obra. Ao encontrar o autor, fez questão que ele autografasse seu exemplar. Na ocasião, disse que há muito vem procurando por livros que possam esclarecer este assunto em que tantos estão, neste momento, pensando. "Já ouvi alguns comentários a respeito deste livro e vim justamente adquiri-lo e aumentar meu conhecimento", relata.

Representantes da Editora Elevação visitaram os estúdios da TV Executiva, transmitida pela Embratel, no programa *Espiritismo Via Satélite*, apresentado por Alamar Régis Carvalho. Este, presenteado com um livro, fez questão de dizer: "Paiva Netto não tem de agradecer nada a ninguém, o Brasil é que tem de agradecer a ele pela importante caridade praticada. Eu fico muito satisfeito em receber o livro; já comecei a ler. Muito obrigado pelo seu carinho, continue cada vez mais forte, fortalecendo o Brasil com esse evento de dignidade e de amor que sempre marcou a nossa nação. Muita paz".

O sucesso também foi destaque na programação do Jornal CBN Brasil, da Rádio CBN, manchete nacional: "A Editora Record tem três

* Na Rede Bandeirantes de Televisão, assista ao programa *Boa Vontade com Paiva Netto*, na madrugada, de 2ª a 6ª feira, no encerramento da programação.

mil títulos e está distribuindo os livros da Editora Elevação que pertence à Legião da Boa Vontade. Entre os títulos da Editora Record, o mais vendido é exatamente *As Profecias sem Mistério*, do escritor Paiva Netto, Presidente da LBV".

A atriz e modelo Nicole Puzzi ao comprar seu exemplar destacou: "Estou feliz porque vejo o livro do Paiva Netto como o mais vendido. É muito bom saber que uma pessoa de quem gosto tanto, tem muito para ensinar e passar aos outros, está sendo reconhecida como escritor. Ele merece".

Maurício Colono, consultor da Simonsen Associados, entusiasmou-se: "Eu gostaria de cumprimentar Paiva Netto pelo primoroso trabalho. Cada vez mais fico impressionado, não só com sua clareza de exposição, mas sobretudo com a positividade com que assuntos, até mesmo polêmicos, são abordados".

O Fluminense indica *As Profecias sem Mistério*

O jornalista, professor universitário e crítico literário Roberto Santos, publicou em sua coluna *Livros* (2º caderno), na edição de 7 de junho, do jornal *O Fluminense,* de Niterói/RJ, uma resenha sobre o livro *As Profecias sem Mistério,* do escritor Paiva Netto. A matéria intitulada "O apocalipse como revelação e salvação" ressalta que "em *As Profecias sem Mistério*, Paiva Netto realiza análises e reflexões sobre temas atuais".

Roberto Santos é antigo admirador e estudioso dos livros do escritor Paiva Netto, já tendo feito inclusive, diversas resenhas de outros lançamentos literários do autor. Ele sempre pergunta se tem algum livro novo para ele ler e analisar. Da matéria publicada destaca-se o trecho em que ele se refere ao autor: (...)

"Paiva Netto — Presidente da LBV e voz Ecumênica da grandeza divina".

"O apocalipse como revelação e salvação Em *As Profecias sem Mistério*, Paiva Netto realiza análises e reflexões sobre temas atuais.

Apocalipse é (...) uma palavra de origem helênica que significa Revelação.(...) O Apocalipse é o Planejamento Divino para a Humanidade. (pág.146)

"Quando se usa o adjetivo apocalíptico, na linguagem corrente, a compreensão imediata refere-se a algo terrível, o 'fim do mundo'. O velho *Dicionário de Símbolos*, de Chavalier e Gheerbrant, mantém tais significados para os termos, mas admite ainda os de revelação, profecia e visão. E é exatamente sob esses últimos significados que *As Profecias sem Mistério* — em edição revista e ampliada — trazem um apocalipse de esperança, de justiça, da proposta por uma consolidação da Humanidade.

"Com as palavras que chegam diretamente aos simples de Coração, Paiva Netto — Presidente da LBV e voz ecumênica da grandeza divina — já levou o presente livro, que foi um dos mais vendidos em 1999, a mais de um milhão de leitores. Com isso, o Apocalipse foi popularizado como um texto que pode redimir e salvar o amanhã humano.

"Um fato relevante neste *As Profecias sem Mistério* está nas análises e reflexões que Paiva Netto desenvolve sobre muitos temas da atualidade, principalmente sobre os *tsunamis* humanos e políticos — em claro convite a que todos 'projetamos nosso burgo terráqueo da insanidade daqueles que abalam o equilíbrio do Planeta ao permitir o desmantelamento de sua camada protetora, a de ozônio, ou mesmo com o ataque aos seus recursos naturais'.

"Paiva Netto consegue mostrar que o Apocalipse depende de cada um de nós, pois ao invés do fim pode nascer o começo tão esperado pela comunhão fraterna entre os homens de bom e verdadeiro coração. Para ler, pensar... e praticar seus ensinamentos (...)."

Outras opiniões sobre *As Profecias sem Mistério*

"O Professor Paiva Netto é um homem iluminado e as suas explanações sobre o Apocalipse, sem sombra de dúvida, são uma complementação do que o Espírito Santo programou para que agora fosse conhecido. *O Apocalipse de Jesus para os Simples de Coração* é uma coleção que todas as pessoas de bom senso e que buscam a luz do Espírito Santo devem conhecer, ler e procurar difundir entre os seus."

Delevaldo Lopes
Presidente da Federação Independente de Umbanda no Brasil

"Paiva Netto é o melhor intérprete do Cristianismo."

Coronel Plínio Rolim de Moura
Autor de *Nostradamus, o Apocalipse e o Ano 2.000*

"O Paiva é o Nostradamus do século XXI."

Alíris Santos
Taróloga

"Transformar os textos bíblicos em uma literatura mais acessível é uma tarefa meritória."

Pasquale Cipro Neto
Professor

"Em *As Profecias sem Mistério*, o jornalista Paiva Netto explica as profecias como conseqüências das atuais políticas sociais, ecológicas e científicas, alertando que só depende do Homem reverter o futuro de destruição."

Gilda Telles
Jornalista da Folha da Tarde — *São Paulo/SP*

"No Apocalipse, Paiva Netto encontrou o *Pai Nosso*, aquele Deus de Amor e de Justiça que o Mestre fez absoluta questão de repartir conosco."

Jávier Godinho
Jornalista de O Diário da Manhã — *Goiânia/GO*

"O livro *Reflexões da Alma* foi um sucesso, vendeu uma quantidade muito grande. O público do aeroporto é comprador, sem dúvida, dos livros do Paiva Netto! Agora, ele está vindo com *As Profecias sem Mistério*, que tem capítulos novos, numa edição atualizada e revista pelo autor. Não tenho dúvida que o nome do escritor Paiva Netto é referência para este tipo de projeto. Com certeza a Laselva será uma das grandes vendedoras do produto."

Renato Scolamiere
Diretor de Marketing *da Laselva Bookstore*

"Na maior festa da cultura e da literatura brasileira não poderia faltar o lançamento do Paiva Netto, que, sem sombra de dúvidas, é um grande agregador e conciliador da família. Ele só vem a engrandecer este evento! A obra do Paiva Netto é rica na produção e no conteúdo, dispensa qualquer argumento de venda. A obra por si já vende muito! Nós estamos felizes com o sucesso dela aqui em nosso estande. *As Profecias sem Mistério* está entre os mais vendidos."

José Carlos de Carvalho
Representante da DPL Distribuidora

"É um prazer estar aqui conversando sobre a comemoração de um milhão de exemplares vendidos da coleção. Vocês não podem deixar de ler, mesmo quem já tenha (as edições antigas), garanto que é novo. Tem muita novidade neste trabalho. Eu não poderia deixar de mandar um abraço com carinho para toda a equipe e, principalmente, a você, Paiva."

Décio Braga
Profissional da área de publicidade e
especialista em Marketing

"Estou impressionado com a capacidade, o discernimento, com a profundidade do conhecimento de Paiva Netto. Ele realmente é o suprasumo da lingüística atual, não existe no que ele escreve uma vírgula faltando, um senão. A sua obra é irrepreensível. Eu procuro usar os textos dele em sala, em minhas aulas aqui no Rio de Janeiro, no colégio onde leciono. (...) Ele é um revolucionário. (...) Realmente ele é um educador na essência."

Valmi Figueiredo da Silva
Professor de Literatura
Portuguesa, Brasileira e Inglesa

Tudo quanto o Homem necessita
neste mundo
e no outro, em favor do seu corpo e
de sua alma: indulgências, proveito, bênçãos,
todo o necessário, enfim, já
está contido de sobra no *Pai-Nosso.*

Martinho Lutero (1483-1546)

Qualquer um pode rezar o *Pai-Nosso.* Ele não se encontra adstrito a crença alguma. Trata-se de uma oração universal, consoante o abrangente Espírito do Cristo. Qualquer pessoa, até mesmo atéia (por que não?!), pode proferir suas palavras sem sentir-se constrangida. É o filho que se dirige ao Pai, ou é o Ser Humano a dialogar com a sua elevada condição de criatura vivente. Trata-se da Prece Ecumênica por excelência.

Paiva Netto

Preces

Pai-Nosso

(Oração Ecumênica de Jesus)

Pai Nosso, que estais no Céu (e em toda parte ao mesmo tempo), santificado seja o Vosso Nome. Venha a nós o Vosso Reino (de Justiça e de Verdade). Seja feita a Vossa Vontade (jamais a nossa vontade) assim na Terra como no Céu. O pão nosso de cada dia dai-nos hoje (o pão transubstancial, a comida que não perece, o alimento para o Espírito; porque o pão para o corpo, iremos consegui-lo com o suor do nosso rosto). Perdoai as nossas dívidas, assim como nós perdoarmos aos nossos devedores. Não nos deixeis cair em tentação, mas livrai-nos do mal, porque Vosso é o Reino, e o Poder e a Glória para sempre. Amém!

Prece de Cáritas*

Deus, Nosso Pai,
que sois todo o Poder e Bondade,
dai forças àqueles
que passam pela provação,
dai luz àqueles
que procuram a Verdade,
ponde no coração do Homem
a compaixão e a Caridade.
Deus!
dai ao viajor a estrela-guia,
ao aflito a consolação,
ao doente o repouso.
Induzi o culpado ao arrependimento.
Dai ao Espírito a verdade,
à criança, o guia,
ao órfão, o pai.
Senhor! Que a Vossa Bondade
se estenda sobre tudo o que criastes.
Piedade, Senhor,
para aqueles que não Vos conhecem,
esperança para aqueles que sofrem.
Que a Vossa Bondade permita
aos espíritos consoladores
derramarem por toda a parte a Paz, a Esperança, a Fé!
Oh! Deus!
Um raio, uma centelha do Vosso Amor
pode iluminar a terra,
deixai-nos beber nas fontes
dessa Bondade fecunda e infinita.

E todas as lágrimas secarão,
todas as dores se acalmarão.
Um só coração, um só pensamento subirá até Vós,
como um grito de reconhecimento e de Amor.
Como Moisés sobre a montanha,
nós Vos esperamos com os braços abertos,
Oh! Bondade,
Oh! Beleza,
Oh! Perfeição.
Nós queremos, de alguma sorte,
merecer a Vossa misericórdia.
Deus!
dai-nos força,
ajudai o nosso progresso
a fim de subirmos até Vós;
dai-nos a caridade pura e a humildade;
dai-nos a fé e a razão;
dai-nos a simplicidade,
Pai,
que fará de nossas almas
o espelho onde se refletirá
a Vossa Divina Imagem.

---

* **Prece de Cáritas** — Paiva Netto pediu, pela Super Rede Boa Vontade de Rádio, que, se alguém soubesse da origem dessa prece, por gentileza encaminhasse a informação a seu programa. A ouvinte (e também leitora) Gabriella De Lucca enviou ao autor deste livro uma página na qual encontramos: "A Prece de Cáritas foi psicografada na noite de Natal, 25 de dezembro de 1873, por Mme. W. Krell, em Bordeaux (França), ditada pelo espírito denominado *Cáritas*, e publicada em '*Rayonnements de la Vie Spirituelle*'".

Prece de São Francisco de Assis

Patrono da Legião da Boa Vontade
Tradução de Alziro Zarur (1914-1979)

Senhor,
Fazei de mim um instrumento da Vossa Paz;
Onde haja ódio, consenti que eu semeie Amor;
Perdão, onde haja injúria;
Fé, onde haja dúvida;
Verdade, onde haja mentira;
Esperança, onde haja desespero;
Luz, onde haja treva;
União, onde haja discórdia;
Alegria, onde haja tristeza.
Ó Divino Mestre!
Permiti que eu não procure
Tanto ser consolado quanto consolar;
Compreendido quanto compreender;
Amado quanto amar.
Porque é dando que recebemos;
Perdoando é que somos perdoados;
E morrendo é que nascemos
para a Vida Eterna.

Bem-Aventuranças do Sermão da Montanha de Jesus

(Evangelho do Cristo, segundo Mateus, 5:1 a 12.)

Jesus, vendo a multidão, subiu ao monte. Sentando-se, aproximaram-se Dele os Seus Discípulos, e Jesus ensinava, dizendo:

Bem-Aventurados os humildes, porque deles é o Reino do Céu.

Bem-Aventurados os que choram, porque eles serão consolados pelo próprio Deus.

Bem-Aventurados os pacientes, porque eles herdarão a Terra.

Bem-Aventurados os que têm fome e sede de Justiça, porque eles terão o amparo da Justiça Divina.

Bem-Aventurados os misericordiosos, porque eles alcançarão misericórdia.

Bem-Aventurados os limpos de coração, porque eles verão Deus face a face.

Bem-Aventurados os pacificadores, porque eles serão chamados filhos de Deus.

Bem-Aventurados os que são perseguidos por causa da Verdade, porque deles é o Reino do Céu.

Bem-Aventurados sois vós, quando vos perseguem, quando vos injuriam e, mentindo, fazem todo o mal contra vós por minha causa. Exultai e alegrai-vos, porque é grande o vosso galardão no Céu. Porque assim foram perseguidos os Profetas que vieram antes de vós.

***Bookshelves*, obra de Giuseppe Maria Crespi (1665-1747)**
c. 1725
Óleo sobre tela
Cívico Museo Bibliografico Musicale, Bolonha

(Prateleira de livros)

Bibliografia

ALCORÃO SAGRADO. São Paulo : Tangará, 1979. 491 p.

BAUER, Jerry. Ebola : o vírus do apocalipse. Manchete. Rio de Janeiro, n. 2236, p. 86-87, fev. 1995.

BÍBLIA SAGRADA, A : antigo e novo testamento. Tradução por João Ferreira de Almeida. Brasília : Sociedade Bíblica do Brasil, 1969. 309 p.

CRUZ, Marques da. As profecias de Nostradamus. São Paulo : Cultrix, 1948. 424 p.

GOLDBERG, David J. e Rayner D. John. Os Judeus e o Judaísmo. Rio de Janeiro : Xenon Ed., 1989.

GORGULHO, Gilberto da Silva, STORNIOLO, Ivo, ANDERSON, Ana Flora (Coords.) A bíblia de Jerusalém. São Paulo : Paulus, 1995. 2366 p.

INTERNATIONAL WHO's WHO OF PROFESSIONALS. Jacksonville, North Carolina, USA : Gibralter, v. 1, n. 5, 1997. 1195 p.

INTERNATIONAL WHO's WHO OF PROFESSIONALS. Jacksonville, North Carolina, USA : Gibralter, v. 2, n. 5, 1997 1227 p..

KANT, Immanuel. Crítica da razão pura. São Paulo : Abril, 1980. 415 p.

MÍNIMUS. Síntese de O Novo Testamento. 4. ed. (do 16. ao 25. milheiro). Rio de Janeiro : FEB, 1949. 274 p.

NOVO TESTAMENTO : Bíblia Sagrada. Tradução por Padre Matos Soares. Porto, Portugal : Grandes Oficinas Gráficas da Sociedade de Papelaria, 1954. 4 v.

PAIVA NETTO, José de. A Bíblia para o povo. 1. ed. São Paulo : Legião da Boa Vontade, 1988. v.1, 251 p.

PAIVA NETTO, José de. Diretrizes espirituais da LBV mundial. 1. ed. São Paulo : Legião da Boa Vontade, 1987. v.1, 209 p.

__. __. 1. ed. São Paulo : Legião da Boa Vontade, 1991. v.2, 303 p.

__. __. 1. ed. São Paulo : Legião da Boa Vontade, 1991. v.3, 335 p.
__. Epístola constitucional do terceiro milênio. 1. ed. São Paulo : Legião da Boa Vontade, 1988. 90 p. (Coleção do Bolso de Cima).
__. O Apocalipse de Jesus para os simples de coração. 1. ed. São Paulo : Legião da Boa Vontade, 1991. v.1, 166 p.
__. Pensamentos e reflexões : Dialética da boa vontade. 1. ed. São Paulo : Legião da Boa Vontade, 1987. 253 p.
__. Reflexões da Alma. 54. ed. São Paulo : Elevação, 2004. 224 p.
__. Religião do terceiro milênio. 1. ed. São Paulo : Legião da Boa Vontade, 1987. 224 p.
__. Voltamos! a revolução mundial dos espíritos. 1. ed. São Paulo : Legião da Boa Vontade, 1996. 439 p.
PRESTES, Luiz Carlos. A tarefa da LBV é matar a fome do povo e reunir todos em prol da paz. Jornal da LBV. São Paulo, v. 4, n. 42, p. 7, dezembro. 1986.
PRESTON, Richard. The hot zone. 1. ed. [S.I.] (Sine loco) : Bantam, 19—.
REZENDE, Jonas. O fim do milênio e o apocalipse : a revelação de Simão Cireneu. Rio de Janeiro : Record, 1996. 173 p.
TAHAN, Malba. Lendas do Céu e da Terra. 16. ed. Rio de Janeiro : Conquista, 1964. 108 p.
VIRGÍLIO, Eneida. Rio de Janeiro : Tecnoprint, 19—. 136 p.
XAVIER, Francisco Cândido. No mundo maior. 3. ed. Rio de Janeiro : FEB, 19—. 240 p.

Painéis do Apocalipse
Sátyro Marques
Coleção do Templo da Boa Vontade

Índice (ordem alfabética)

Índice de Nomes